华章心理 | Psychological
HZBOOKS

No More Mean Girls

The Secret to
Raising Strong, Confident,
and Compassionate Girls

女孩养育指南

心理学家给父母的 12条建议

3~13岁女孩父母必读书

[美] 凯蒂·赫尔利（Katie Hurley） 著

赵菁 译

机械工业出版社
China Machine Press

图书在版编目（CIP）数据

女孩养育指南：心理学家给父母的12条建议 /（美）凯蒂·赫尔利（Katie Hurley）著；赵菁译. —北京：机械工业出版社，2020.7

书名原文：No More Mean Girls: The Secret to Raising Strong, Confident, and Compassionate Girls

ISBN 978-7-111-65746-0

I. 女… II. ① 凯… ② 赵… III. 女性-家庭教育 IV. G78

中国版本图书馆 CIP 数据核字（2020）第 094959 号

本书版权登记号：图字 01-2019-2820

Katie Hurley. No More Mean Girls: The Secret to Raising Strong, Confident, and Compassionate Girls.

Copyright © 2018 by Katie Hurley.

Simplified Chinese Translation Copyright © 2020 by China Machine Press.

Simplified Chinese translation rights arranged with TarcherPerigee through Bardon-Chinese Media Agency. This edition is authorized for sale in the People's Republic of China only, excluding Hong Kong, Macao SAR and Taiwan.

No part of this book may be reproduced or transmitted in any form or by any means, electronic or mechanical, including photocopying, recording or any information storage and retrieval system, without permission, in writing, from the publisher.

All rights reserved.

本书中文简体字版由 TarcherPerigee 通过 Bardon-Chinese Media Agency 授权机械工业出版社在中华人民共和国境内（不包括香港、澳门特别行政区及台湾地区）独家出版发行。未经出版者书面许可，不得以任何方式抄袭、复制或节录本书中的任何部分。

女孩养育指南：心理学家给父母的12条建议

出版发行：机械工业出版社（北京市西城区百万庄大街22号 邮政编码：100037）			
责任编辑：刘利英		责任校对：殷　虹	
印　　刷：北京诚信伟业印刷有限公司		版　　次：2020年7月第1版第1次印刷	
开　　本：170mm×230mm　1/16		印　　张：16.25	
书　　号：ISBN 978-7-111-65746-0		定　　价：65.00元	
客服电话：（010）88361066　88379833　68326294		投稿热线：（010）88379007	
华章网站：www.hzbook.com		读者信箱：hzjg@hzbook.com	

版权所有·侵权必究
封底无防伪标均为盗版
本书法律顾问：北京大成律师事务所　韩光/邹晓东

推荐序
No More Mean Girls

"我不想去上学,"吉娜告诉我,"所有的女生都讨厌我,所以当她们嘲笑我的时候,我就只能一个人待着了。我再也忍受不了了!"无论在哪个年龄段,来自同龄人的欺凌都让人心碎,并且吉娜才刚刚7岁。

如今的女孩不断遇到这样的困境,她们总会遇到"令人讨厌、斤斤计较和爱使坏"的同龄人,无论是在郊区还是城市,无论她们是富裕还是贫穷,这些在新时代长大的女孩似乎变得更冷酷、更有攻击性了。家长也注意到了这一点,他们同样为自己的女儿感到担心。

美国哈里斯调查公司在全美范围内调查了1144对父母,发现家里有3~7岁孩子的父母中有70%会担心他们的孩子被同龄人欺凌。[1]不仅如此,学前阶段和小学阶段孩子的父母比青春期孩子的父母更担心孩子被欺凌。我们的担心也被证实了:女孩群体中欺凌同伴的现象有向低龄化发展的趋势。

女孩欺凌同伴的行为,在专业上通常被称为关系攻击行为或者社会性攻击行为,但在忧心忡忡的家长看来就是一种欺凌行为。这些欺凌同伴的女孩的目的是通过有意操控别人对受害人的看法来破坏她的社会关系。这种破坏方式是冷酷且精准的,包括有意孤立或者将受害人排除在集体之外,散播对受害人不利的谣言,或者在网上散布一些破坏受害人声誉的谎言,以及使受害人被公开羞辱。是的,这些坏女孩就是在羞辱别人。

失去朋友,没有社会交往能力,在心理上会给人带来伤害,这种孤立和羞辱有时候让人无法忍受。受到奚落,所到之处人人避之唯恐不及,听到对自己的冷嘲热讽或恶意造谣，这些都会给人带来情绪上的创伤，后果绝不亚于身体上遭受的虐待。童年时期遭遇这些伤害，会给人带来毁灭性的后果，而这种情绪上的创伤有可能会持续一辈子。

童年应该是一个人建立友谊、发现自我、获得创伤修复能力、学习关心他人的重要时期。然而，太多小女孩痛恨上学，感受到压力、焦虑和抑郁，并逐渐失去同理心，害怕建立友谊。

无论我们多么想将这个问题抛诸脑后，女孩们的心理问题都依然层出不穷，所以必须受到严肃对待。如果对女孩欺凌同伴的问题置之不理，那么将会严重损害她们的幸福。所以，家长该做些什么呢？现在，你们要做的就是停止怀疑，相信你们可以养育内心强大、有同理心的女孩。

凯蒂·赫尔利给了我们一个礼物：这些从理论中提炼出的切实可行的方法，能够阻止女孩欺凌同伴的行为，让她们获得健康的情绪，拥有同理心和强大的心灵。我与凯蒂相识已久，对她的工作由衷赞叹。她打心眼里关心孩子。凯蒂是一位具有影响力的亲子教育专家，她的主要研究领域是儿童发展，在与有学习障碍、受焦虑和自信问题困扰的孩子打交道方面有着丰富的经验。她拥有多个专业资格证书，是儿童和青少年心理治疗师、研究者和作家，多年来一直单独或以团体和家庭为单位为女孩提供咨询。她自己也有一个年幼的女儿。如果有谁能够将所有这些丰富的经验提炼成一本书，那么非她莫属。

本书就像一个宝库，里面藏着各种好办法，能帮助你指导女孩如何爱自己、了解自己的天赋、和其他人友好相处、富有同情心、发现自己内在的勇气、过上成功满意的生活。书中提供的方法以完整的儿童发展理论和经过验证的研究为基础，且都切实可行，适用于每个女孩。也许你只需要阅读这一本书，就能够养育出非常优秀的女孩。凯蒂向读者展示了如何赋予女孩力量，使她们能够一起努力，创造一个更加光明、美好的未来。她将一步步指导你，使你能够帮助你的女儿：

❀ 提高遭受挫折后尽快恢复的能力，获得成功生活所必需的诚实品格和同理心。

- ❀ 学会交朋友，与别人友好相处，建立健康的人际关系。
- ❀ 培养社交情商，找到坚持自我和支持他人的勇气。
- ❀ 停止攻击性行为，不再欺凌别人或者伤害那些她在乎的人。
- ❀ 获得健康的自信和真正的诚实。
- ❀ 学会自我管理，应对压力，释放负面能量和负面想法。
- ❀ 获得自信的沟通技巧，能大胆说出自己的想法，学会拒绝别人，且并不因此内疚。
- ❀ 了解自己的天赋，拥有让世界变得更好的力量。

本书所提供的不止于此，凯蒂还在书中加入了她从事咨询工作多年来求助于她的"坏女孩"的精彩故事，以及她向女孩父母提供的解决方案。这些方案帮助父母彻底改变了女孩的生活。她还展示了一些你能和女儿一起参与的有趣活动，例如：在孩子需要勇气的时候，给她写些小卡片，鼓励她适当进行冒险游戏；告诉孩子通过写成功日记来提醒自己能够克服困难；当孩子遇到挑战时，为她提供鼓励性的小卡片；等等。书里甚至还有她给父母的温馨提示，这些提示能帮助你暂时停下来，思考如何使用这些技巧和策略帮助自己的孩子。

记住，读完本书后，你还有很多可以做的事情。你可以和其他妈妈一起在学校讨论这本书，请演讲嘉宾向其他家长推荐这本书。不管你要做什么，但请你一定要讨论为什么在女孩中会出现欺凌同伴的现象，并且一起制止这种现象的发生。

凯蒂已经给我们提供了帮助女孩实现这个目标的路线图。让我们昂首挺胸，一起努力，帮助女孩成为她们想成为的人。时时记着使用凯蒂提供的方法，帮助我们的女儿每天带着自信和力量生活——不仅是现在，更是余下的每一天。

你们一定会让这个世界变得更好！

米歇尔·博巴
教育学博士

作者的话
No More Mean Girls

我家一共 4 个孩子，我排行老三，比哥哥小 19 个月，夹在两个姐妹中间，所以我总被认为是"安静的那个"。在"内向"这个词流行之前，我就是个内向的孩子。在一天中的大部分时间里，我都在做白日梦，或者一个人安静地玩。我也很烦恼，不知道如何找到自我。

很幸运，我的父母从一开始就理解我的安静个性。他们在我慢慢走出自己精心构造的安全区，追逐自己梦想的时候，一直支持着我。当我想要冒险的时候（我想跟男孩一起打冰球），他们为我加油鼓气；当我遇到挫折的时候，他们会在旁边鼓励我。他们总是陪伴在我身边，给予我指导和无条件的爱。

我总觉得父亲有时候是个女权主义者。他和母亲一起养育了 3 个女儿，他们似乎决心要让我们 3 个人都能够坚持自我，接受良好的教育，有坚毅的品质。对，就是现在很流行的那个词：坚毅。

在童年的某个时候，我开始发现女性并没有得到和男性同样的机会。"女孩可以那样做吗？"我总是一遍又一遍地问这个问题（当然这是小孩能够做的事）。我总是这样问，父亲总是不厌其烦，每次都会以同样的热情和力量回答我："女孩可以！"这句话成了我成长过程中的座右铭。如今，我也向我女儿一遍遍重复这几个字。只不过，我又加了几个字：团结起来，女孩可以！是时候赋予女孩力量，让她们共同努力创造一个更好的未来。她们不用和谁竞争，因为只要团结起来，她们就一定能赢。

  写这本书是为了纪念我的父亲吉姆·歌德堡特,是他教会了我坚持自己的信念非常重要。能依靠朋友当然不错,但真正重要的是你自己选择做一个什么样的人,每个女孩都能够掷出完美的螺旋球("凯蒂,在男孩的赛场上打败他们!")。女孩可以!

前言
No More Mean Girls

与敌人对抗需要巨大的勇气,向朋友说"不"需要同样巨大的勇气。

——J. K. 罗琳

还记得只有高中或者初中才会出现"坏女孩"的时代吗?你是不是也曾觉得电视上那些关于大姐大的演绎过于戏剧化和夸张了?是的,我也很怀念那个时代。多年来,我为无数孩子提供过咨询,我看见过喜欢欺凌他人的坏女孩"被打倒"(过去到了中学才有拉帮结派的坏女孩出现,但是现在我们却在年龄很小的女孩身上看到了这种行为),以及小女孩中出现的各种不必要的竞争。我见过一年级的小女孩有意孤立别人,三年级的小女孩肆意在公开场合羞辱同学。但是,我并没有放弃希望。因为我也见过,前面提到的这些"坏女孩"学会了和同伴友好相处,理解他人的感受。我亲眼见证过她们从不可一世的女"霸王"变成了勤奋可爱的孩子。我一直坚信,我们能够帮助这些女孩。关键是,我们现在就要开始。

你得拿到很好的成绩,这样才不会有麻烦,因为现在我们每天做的每一件事都会影响我们的将来。但是你不应该炫耀自己的成绩,因为这对你的好朋友来说不太礼貌,而且你也不想变成一个爱炫耀的女孩。所以,你最好假装自己的成绩还可以。

体育方面也是一样。显然，你得努力成为队里最好的队员，但是你不应该吹嘘自己是最好的或者炫耀自己的比赛成绩很好，因为你如果老是这样，其他女孩会觉得受伤，不再跟你说话。有时候你得假装一下，但是这没关系的。每个人都会这样做。

——一个三年级的女孩

有时候，要好的女孩会穿一样的衣服。可能有一群女孩都喜欢这样的风格：穿黑色打底裤、白色T恤，绑高马尾辫，穿阿迪达斯的鞋子。有时候，她们会换一种风格，但还是会穿一样的衣服。可能有一群女孩会穿匡威的球鞋，喜欢运动的女孩还经常穿瑜伽裤，但不一定都是同样的颜色。我的朋友们就只是想穿啥就穿啥，但是每个小团体里的女孩都会穿相似风格的衣服，我猜她们肯定是为了好玩，不过我很高兴我不用这样。

——一个五年级的女孩

让我觉得最烦的就是不能抱怨，因为总有人比你过得还惨。如果有人说为什么她今天心情不好，其他三个女孩也就会开始抱怨，然后大家都得听她们说，好像谁最惨谁就赢了。所以我从来不向别人抱怨我过得多糟糕，因为这没有什么意义。

——一个六年级的女孩

我不知道怎样加入女生的小团体，因为我是新来的。每个人都属于一个小团体。在我原来的那个学校，我也有自己的小团体。这样很好，因为你知道自己有朋友。

——一个一年级的女孩

> 我不想成为一个团体的"头儿",因为那就意味着你必须告诉其他人应该做什么,小孩不喜欢让别人来告诉他应该做什么,或者那件事情行不通。我喜欢作为一个成员,大部分的时间只用听着,然后把自己负责的那部分集体"作业"做完。
>
> ——一个四年级的女孩

> 受欢迎的女生都很漂亮,只要是她们讲的笑话,男生都会笑。她们不见得会欺凌别人,但是她们不喜欢交新朋友。
>
> ——一个三年级的女孩

去宾夕法尼亚大学研究生院上学的第一天,我和一大群陌生人坐在一个拥挤的礼堂里,想着如何重新开始我的学生生活。大家都在聊着天,直到一位教授来到我们面前,让我们拿出纸和笔,回答一个简单的问题:你是谁?他让我们将自己在生活中扮演的各种角色写下来,但是只给我们1分钟的时间。我匆匆写下了我在生活中扮演的一系列角色:女儿、姐妹、孙女、朋友、保姆、学生,还有一些我现在已经想不起来了。最后,只剩几秒钟的时候,我用大写字母写下了"我就是我"。几年后,我会时不时把放在旧卧室里的那张纸拿出来端详,想着当时我为什么会写下这句话,还把这张纸保存了下来。为什么我总觉得我不是"我自己"呢?

我已经从事儿童和家庭咨询工作18余年,我发现了女孩们的一些共同之处。一个是,尽管生活在女性权益在很多领域有了巨大保障的时代,但她们仍然因为环境的局限在生活的每个转折点都会质疑自己的能力。另一个则是,女孩之间总是存在着明争暗斗,不是那种健康的、培养冒险精神、挑战极限的竞争,而是相互争斗,结果导致女孩的自信心下降,使她们失去坚强和自信。这些都会成为她们成长的极大障碍。前面那些小女孩说的话,其实从18岁的女孩那里也能听到。最重要的是:成长对女孩来说并不容易，所以现在是时候帮助那些年龄还尚小的女孩，让她们避免以后可能会犯的错误。

2008年，多芬自信基金会发布了一份题为"真实的女孩，真实的压力：关于女性自信程度的国家报告"，这份报告的结果令人警醒。[1]这个基金会采访了全美4000多个年龄在8~17岁的女孩，调查结果显示女孩的自信问题会影响她们生活的方方面面，如家庭关系、学业成绩、同伴关系和外表。70%的女孩感觉她们不够优秀，62%的女孩感到缺乏安全感或者不自信，75%的自信水平较低的女孩在心情烦闷的时候，会出现一些负面行为（例如饮食失调、欺凌别人、自残等）。

女孩公司是一家旨在激励女孩变得"坚强、聪明和强大"的非营利组织。它在2006年进行的一项调查更是揭露了女孩所遭受的无形压力。[2] 56%的受访女孩表示，外界社会会要求女孩说话不能大声，不要惹麻烦；44%的受访女孩指出，最聪明的女孩在学校并不受欢迎；60%的受访女孩指出她们时常感到紧张；69%的受访女孩说她们很注重自己的外表。这个调查中还有两组数据值得注意：74%的女孩说她们感到了需要取悦别人的巨大压力；45%的女孩表示，大人常告诉她们不要老是炫耀自己的长处和优点。所以，那个警告不要展露自己才华的女孩只是简单地将女孩每天在社会上感受到的压力内化了而已。

可能这些数据会使有些人心中产生巨大的恐慌（我自己刚看到的时候，也是吓出了一身冷汗），但我是来向你们报告一个好消息的。首先，多芬自信基金会指出女孩心中首要的愿望就是能跟父母更好地交流。这一点我们可以做到！其次，它们的调查还显示8~12岁的女孩中有91%会在感觉难受的时候向母亲求助，54%（同年龄段）会向父亲求助。[3]这让我们稍微松了一口气。是的，欺凌同伴的现象仍然存在，而且有向低龄化发展的趋势（第1章将会详细讨论这个问题）。年龄偏小的女孩对于年龄偏长女孩的看法不一，她们之间也会发生冲突，但好在她们会向父母寻求帮助。

社会上有很多帮助父母指导女孩度过关键的初中和高中阶段的资源，但事实是小女孩（学前班至小学阶段）会有被"大女孩"欺凌的现象，她们也缺乏必要的应对技巧。我在工作中里来来回回碰到的都是这些问题，似乎一直在循环播放,而家长们则对女儿还在小学低年级(甚至是幼儿园)就碰到这种问题感到震惊和疑惑。

这就是我写这本书的原因。多年来,我以一对一、团体或者家庭为单位为女孩提供咨询。有件事我非常清楚,越早帮助小女孩消除她们的困惑,有时候甚至是人际关系中和情绪上的障碍,她们就越能在初中和高中甚至以后的生活中走得平稳。我这本书就是写给那些小女孩的。你能在本书里获得以下信息和策略:如何帮助你的女儿在学前班、小学、中学期间发展友谊,应对同伴在情绪上的攻击和其他形式的欺凌,形成自信、坚强、坚韧不拔的性格等。本书并不仅仅是一本育儿书,更是一本可以和女儿一起使用的操作手册。这是一个你们共同参与的旅程。

本书号召所有家长赋予女孩能量,使她们能够战胜挫折、齐心协力、共同成长。女孩有能力打破人们对"霸道女孩"的刻板印象,共同朝向更高的目标努力。她们不用为了成功而彼此伤害,不用为了更高的社会地位而争得头破血流。她们可以是善良、自信和坚韧的,在童年和青少年时期无论遇到多少风浪,都能够相互支持、一起成长。

作为一名心理治疗师,我希望跟你们分享关于女孩成长的每一个有趣的研究,让你们看到更广阔的前景,同时作为一名家长,我也知道你们的时间都非常宝贵。考虑到这一点,本书提供了不少有趣的研究发现,也补充了一些实际的生活案例,以及能够切实帮助你的女儿,使你们能一起努力共同度过危机的小妙招。你可以一章一章地读下去,也可以跳着看,只读与你女儿现在碰到的问题有关的章节。我深知女孩非常善变,一天一个变化。我见过非常自信的女孩突然对自己的每个想法都产生了质疑,也见过没有什么自信的女孩突然变得大胆自信。你也许会发现女儿眼下因为交朋友的事感受到了莫大的压力,几个月之后又因为别的事情而纠结不已。

每章中你都会看到的"温馨提示",是提醒你停下来,在着手解决女儿出现的问题之前,先慢慢消化一些关键的信息。例如,你会看到一个列举了女孩自信度过低的表现清单,后面则会辅之以你能够跟女儿开展对话的一些话题。我把这个栏目命名为"温馨提示",是因为当孩子遇到困难的时候，她们会收到来自老师的温馨提示。我最大的希望就是家长和老师能够把这本书当作一本很好的实用指南。

"女孩可以"部分则提供了一些能够与女儿共同参与的活动和相关策略。注意，与女儿"共同"参与非常重要。当我问女孩她们最想从父母那里获得什么的时候，我听到最多的就是"花点时间陪我""听我说话""帮助我，而不是只告诉我该怎么做"。所以，我们的女儿希望获得我们的帮助（尽管有时候她们也会发脾气、跺脚或者摔门而去），但是她们更希望获得我们的陪伴。她们不想听到这样的建议（"别为这事烦心了"）或者听已经讲过几百遍的道理。她们想让我们坐下来，倾听她们的心声，和她们一起解决那个麻烦的问题。

所以，我希望你们能够和女儿一起读些书里的章节，或者至少把"女孩可以"那部分读给她们听。作为一名母亲，我完全知道如何保护我的女儿远离社会阴暗面，但是作为一名心理治疗师，我知道当我聊起像欺凌同伴、自尊、媒体（包括社交媒体、电视、电影与音乐）和（各种形式的）网络暴力这些话题的时候，我在赋予她能量。我给予她指导和她所需要了解的信息，这样她就能够更安全、更轻松地使用 Snapchat（色拉布，一款"阅后即焚"照片分享应用）以及类似的工具。和你的女儿一起阅读这本书，控制住自己想要说教的冲动，开诚布公地和她好好谈一谈。

以下是我希望你尽量避免的事情：为自己曾经做出的选择感到内疚，或者害怕你现在做的事情都是错的。我已经无数次听到家长这样后悔不已，他们读了我的书或者听了我的建议后，看到的只是自己所谓的失败，而不是未来的无限可能性。现在确实很流行将自己的失败归咎于父母，我们有时候也会觉得受到了父母的负面影响，但是这次在阅读本书的时候，请将注意力放在未来的可能性上，将注意力放在如何纠正自己的行为，促进女儿的健康成长上。

在阅读本书的时候，有时候你可能会震惊不已。书里有些话题的确让人感到难受，尤其是关于年龄还很小的女孩的内容。我们都希望保护自己的女儿，让她们远离欺凌、网络暴力和排挤，有时候甚至会想着干脆回避这些话题。但是如果我们不直面身边发生的一切，就不可能真正解决问题。

还有父母的内疚问题。相信我，你不是唯一一个犯过错误的父母。当你读到我们有时候说的挖苦讽刺的话是如何影响女儿时，你可能会觉得非常内疚，但是请允许自己放下那份内疚。为人父母有时候就像做实验，我们总是避免不了这样或那样的错误。也许我们会把一切弄得一团糟，既复杂又混乱，但同时做父母又是很温暖、美好的一件事，能给我们带来很大的满足感。已经犯过的错误再后悔也无济于事，你能够做的就是从现在开始真诚面对自己的女儿。你可以朝一个新的方向走下去，做出积极的改变，帮助自己的女儿。

如今女孩成长的这个世界瞬息万变，她们的发展道路充满了各种荆棘。本书能够帮助你披荆斩棘，养育坚强、自信和富有同情心的女孩。现在，让我们出发吧！

目录
No More Mean Girls

推荐序
作者的话
前言

第1章
什么是朋友 | 1

什么是同伴欺凌行为 | 6
闲言碎语和谣言 | 10
拉帮结派和孤立别人 | 14
当众羞辱 | 17
快节奏的童年 | 20
回到根本 | 23
女孩可以 | 26

第2章
成为最受欢迎的女孩 | 37

什么导致了女孩的自卑感 | 45
小心负面信念 | 49

喜欢 vs 招人喜欢 ┆ 51
受欢迎程度对女孩来说意味着什么 ┆ 51
女孩可以 ┆ 52

第3章
勇敢冒险 ┆ 58

是什么导致了自我怀疑 ┆ 60
同伴会导致女孩逃避冒险吗 ┆ 65
兄弟姐妹间的竞争会导致女孩逃避冒险吗 ┆ 67
同伴欺凌如何引发自我怀疑 ┆ 69
冒险带来的好处 ┆ 70
女孩可以 ┆ 71

第4章
完美女孩综合征 ┆ 78

完美主义从何而来 ┆ 82
完美主义如何影响女孩 ┆ 86
打破"完美女孩"的迷思 ┆ 87
女孩可以 ┆ 91

第5章
不给孩子贴标签 ┆ 97

我们为什么喜欢给孩子贴标签 ┆ 99
标签有什么问题 ┆ 100
标签造就了"坏女孩" ┆ 104
自我认知发展的重要性 ┆ 104
女孩可以 ┆ 107

第6章
找到真正的自我 | 112

上学后会发生哪些变化 | 113
同理心在同伴关系中的作用 | 117
找到真正的自我 | 119
从众心理与同伴欺凌现象 | 121
女孩可以 | 122

第7章
飞得更高 | 129

压力来自何处 | 131
压力的表现形式 | 135
压力加剧同伴欺凌现象 | 137
平衡的艺术 | 138
女孩可以 | 140

第8章
勇敢发声 | 146

什么是自信表达 | 148
女孩还需要哪些沟通技巧 | 149
关于边界 | 152
自信表达很重要 | 153
勇敢面对欺凌 | 154
女孩可以 | 155

第9章
表达自我 | 160

什么是情绪调节 | 162
建一个"情绪词汇表" | 164

辅助学习 | 167
女孩可以 | 169

第 10 章
勇敢接受失败，却永不言败 | 176

如何培养韧性 | 178
成长型思维 | 184
坦然接受失败 | 187
缺乏韧性导致同伴欺凌现象的产生 | 188
女孩可以 | 189

第 11 章
成为伟大的领导者 | 194

学校里仍然存在性别歧视吗 | 195
将领导力放在第一位 | 196
关注自我批评问题 | 200
重新定义"专横" | 203
提升领导力减少了同伴欺凌行为 | 203
女孩可以 | 204

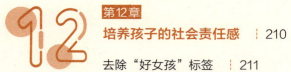

第 12 章
培养孩子的社会责任感 | 210

去除"好女孩"标签 | 211
社交媒体给养育带来的问题 | 213
将价值观付诸实践 | 216
女孩可以 | 222

致谢 | 229
注释 | 232

第1章
No More Mean Girls

什么是朋友

我们生存的唯一方式就是善良。

——艾米·波勒

我妈妈说我同学是个坏孩子。你知道吧?就是那种大姐大,会命令你该做什么,不准你跟谁说话的女孩。

——一个三年级的女孩

爱欺凌他人的女孩和大姐大当然不是什么新鲜事,这些标签已经存在很长时间了,但是从一个8岁的女孩口中听到这些字眼,还是会让人觉得有些不是滋味。我不认识那个"坏女孩",所以无法评价对错。但是我知道,我面前这个女孩已经下定决心:那个被贴上"坏女孩"标签的孩子已经被她归入"不能成为朋友"那一类。

"坏女孩"的故事由来已久,以至于我小时候读的故事书里就有她们的身影。事实上,不久前我给女儿读那本脍炙人口的小说《小妇人》时,就发现很久之前在女孩们的生活中就出现了"坏女孩"的身影。

"我不相信你们经历过我所遭受的痛苦,"艾米哭着说,"因为你们不用跟那些没教养的女孩一起上学。如果你没听懂上课的内容,她们就会让你难堪,嘲笑你的裙子;就因为你爸爸没钱,就叫他穷光蛋;如果你的鼻子

长得不好看，就羞辱你。" [1]

我们都知道，露易莎·梅·奥尔科在1868年和1869年分别出版了《小妇人》的第一部和第二部。是的，似乎只要有女孩的地方，就总有些不那么善良、专门欺凌别人的女孩。唯一的变化就是这些坏女孩的年龄越来越小了。

2001年年初，我作为洛杉矶的一名驻校心理治疗师，初次注意到小学女生之间的交往方式发生了微妙的变化。我所在的是一所规模很小的学校，孩子们通常相处得很融洽，但是在四年级的一群女生中间发生了一些变化。她们是从一年级或者二年级就在一起上课，彼此非常熟悉，每天都在同一个地方坐在一起吃午餐，直到某一天一切都变了。有三个女生离开了，这让其他女生很受伤。

莫莉是第一个来找我的，脸上带着明显的怒气。平心而论，莫莉确实经常生气：不是因为作业，就是因为她觉得无聊的课，或者下课的时候没啥可玩的。她骨子里是那种有些咄咄逼人的孩子。我能想象她肯定会冲到那几个女孩面前，握紧拳头，要求她们回答为什么要离开。不管她是怎么问的，回答都会让她深受打击——"我们今天就想自己待着。"

如果这事只是偶然发生，也没什么可说的。可是将近一个月的时间，这几个女孩都远离其他人。她们移动了课桌的位置，下课的时候不再跟其他女孩一起玩，似乎成了完全独立的一个小团体。其他女孩则觉得受到了伤害，迷惑不解，有种被抛弃的感觉。

此时，我很想弄清楚这几个女孩是如何变成现在这样的。当然，朋友之间拌嘴是很正常的事。我们也会结交新朋友。如果友情无法再继续，我们也会释怀，并且开始新的友谊。但是这次我感觉不太一样，仿佛有人拿了一支笔在她们中间画了一条界线。是因为社交媒体的影响，哥哥姐姐的干涉，还是这几个女孩中发生了一些大事？事实上，不是其中任何一个原因。导致她们决裂的是强烈的挫败感和缺乏有效的沟通技巧。

听了当事双方各式各样的委屈和辩解之后，我决定提供一个新的解决办法。我建立了一个女孩们的午餐小组，小组成员每周在午餐休息时聚一次。这个小组向所有想要加入的女孩开放。结果我发现，问题的症结在于原来这几个女孩在休息的时候觉得很无聊，这极大地影响了她们与那群女孩之间的关系。她们有很多不满，却没有想办法解决问题。

然而，更大的问题是她们正在成长，会渐行渐远，有时候需要一点自己的空间，但是她们没有表达过这种需求。她们没有相互倾诉，而只是远离了对方。她们受到了困扰，但又怕被认为是"坏女孩"而避而不谈，结果问题在课间休息或者大家一起午餐时慢慢凸显出来了。事件的进展起初很缓慢，但接下来的几周里，她们开始分享自己的感受，彼此沟通，大吵大嚷又互相道歉。她们谈到了其他女孩让她们感到困扰的一些行为，例如有个女孩在每次谈话中都试图占主导地位，以及她们真正需要朋友为她们做什么。这件事情的解决也许不算完美，但是她们学会了如何解决困扰自己、使自己和朋友疏远的问题。

坦白说，有好几周我都以为这个重新黏合她们的关系、教她们沟通技巧的计划并没有起到任何作用。我没有用全部计划，是因为我想知道女孩们的现状，并且从当下着手解决问题。问题很复杂，因为这个团体很大，而午餐休息时间又很短。但是有一天，我让她们每个人在气球上写下对某个朋友的赞美（例如某人总是为朋友们着想），然后把气球抛向空中。从那天起，事情发生了转机。女孩们一起哈哈大笑，在房间里把气球抛来抛去。她们跳来跳去，开着玩笑，像还没长大的小孩。她们忘掉了自己的不安全感，完全沉浸在了欢乐的气氛中。自那以后，她们重新找到了相处之道。她们的关系得到了改善，重新和好了。她们也学会了重要的一课：她们可以是互相支持的朋友，而这并不意味着她们必须整天黏在一起，须臾不能分开。

近年来，这个问题在上幼儿园的女孩们身上已经表现出来了。曾经我们以为只有中学生中才会发生这种矛盾，但现在已经提前到了学前教育的早期。到了中学时期，很多女孩会面临更复杂的人际关系。当她们孤立别人，在背后说别人坏话，或者利用社交媒体散播对于其他女孩的不满时，她们的目的就是伤害其他人。另外，幼儿园的小孩们还没有能力去理解这种行为，但并不表示她们就不会这样做。例如，当一群小女孩决定孤立一个小女孩的时候，这个群体里有些小女孩可能知道这样做不对，甚至感觉这样做自己不舒服，但是她们不见得会用语言把这种不舒服表达出来，或者用坚定的语气来阻止这种行为。哪里都有默然袖手旁观的人。

温馨提示

小孩们经常会陷入非对即错（非此即彼）的思维模式以及其他认知错误中。当她们的友谊陷入困境时，看看她们是不是出现了这些思维模式。

❀ **以偏概全**：只因为一件小事就匆匆下结论（例如，我这次没跟她一起玩，她很不开心，所以她再也不会跟我玩了）。

❀ **过度悲观**：首先想到的是最坏的结果，而不是理解客观事实（例如，就因为我不会踢足球，她肯定不会跟我做朋友了）。

❀ **夸大或者忽略事实**：会把一件小事无限夸大或者完全忽略事实。

❀ **错误解读**：喜欢猜测并（错误）解读另一个孩子的行为或者表情。

❀ **责怪别人**：有的孩子总能找到借口去责怪别的孩子。

❀ **选择性忽视**：有的孩子不知道积极沟通的益处，反而只关注消极的那一面（例如，她只是因为我跟她的朋友在一起才跟我打招呼，其实她一点也不喜欢我）。

❀ **预测结果**：以为自己能预测未来（例如，我知道她们不想跟我坐一起，所以我也不需要去尝试了）。

❀ **全盘否定**：我在很多小女孩身上看到过这种思维模式（例如，她没有跟我一起坐，我们肯定不再是朋友了）。

曾经有一个还在上幼儿园的小女孩来到我这里，她低头站在我面前，盯着自己的脚，局促地绞着双手。她因为自己的沉默感到很不好意思，使劲想要开口说话。嗫嗫嚅嚅几个回合之后，她终于敢抬头看我的眼睛，开始哭了起来。那天，她犯了一个"很大"的错误。有两个小女孩要她跟她们一起玩搭房子，她只好离开了自己最好的朋友。因为那天她真的想在课间玩搭房子，但是她也因此付出了代价。代价就是搭房子没有她想的那么好玩。她在玩的过程中一直张望自己的好朋友，而好朋友则一个人待在院子里，等着她回头找自己玩。她没有去向自己的好朋友道歉，而只是默默看着好朋友。她觉得已经犯了错误，没有办法挽回了，所以一直担心会永远失去这个好朋友。她产生了一个很大的错觉，而这个错觉引发了她和她的好朋友的痛苦。

在从业多年的经历中，我一次又一次地发现女孩们不知道怎么交朋友。多年前，学前班和幼儿园会花大量的时间帮助孩子们学习与人交往的技巧和塑造她们的品格。如今的社会生活节奏日益加快，孩子们早期并没有足够的时间学习一些基本的生活技能。她们没有时间练习社交技巧，在如何建立更好的伙伴关系方面无法得到足够的反馈。

读小学四年级的时候，我和最好的朋友以及另外一个女孩成立了一个女生俱乐部。这是一个一时兴起成立的俱乐部，主要是为了将那些讨厌的男孩排除在外。我们花了一个周六的下午在我最好的朋友家的地下室里设计还不存在的俱乐部的标志。我们把自己叫作"臭味运动鞋"。特别好记，是不是？接下来的周一上午，我们又犯了一个严重的错误，就是在学校说到了关于俱乐部的事。到吃午饭的时候，我们要成立俱乐部的事儿不胫而走。之后老师把我们叫到办公室，让我们谈谈被别人孤立是什么滋味。尽管这个俱乐部除一个标志和一个滑稽的名字以外，还什么都没有（而且我们也不是想"孤立"别人，我们只是碰巧那天在一起玩而已），但还是被勒令解散了。"臭味运动鞋"也很快成为历史。我们三个人学到了重要的一课：即使有时候你觉得有些事看起来很好玩，但还是有可能伤害别人的感情，所以要三思而行。

现在看来，如果不加干预，这件事很有可能发展成为欺凌同伴的行为。我们的老师借机教育了我们，让我们了解了成立一个秘密俱乐部可能会产生哪些影响。她当时也许没有用到"同理心"和"同情心"这样的词，但是她确实让我们思考了被别人孤立会是一种什么样的感觉。当从老师的办公室回去后，我们加入了一个更大的群体，俱乐部就这样结束了。从那天开始，我们下课的时候都是想玩什么，就跟大家一起玩。这是当时的情形，但是现在一切都变了。

现在的女孩们过着完全被安排好的生活——父母们以她们的名义安排聚会，下午都是由成年人指导的计划好的活动，周末则是各种比赛和出游（还是由成年人监管），总之她们没有机会练习必要的社交技巧。"臭味运动鞋"俱乐部也许就是一个试图建立友谊的失败尝试，但是我们三个女孩从中却学到了重要的一课，这些也都转换成了较好的社交技巧。遗憾的是，如今的女孩们不见得有时间或者机会去独立学习这些重要的社交技巧，因为她们的生活无时无刻不受到大人的监督。

什么是同伴欺凌行为

如今，欺凌行为在女孩们中是一个很严重的问题。我无法告诉你我收集了多少关于这个话题的证据，部分原因是这种行为不容易判定。女孩们、父母和老师很难去分辨某个缺乏善意的行为是由于缺乏社交技巧而导致的错误，还是故意去伤害别人的行为。像拉帮结派和说某人坏话的行为通常是悄悄进行（或者是借助于社交媒体）。在这种行为发生的当下，很难被老师发现。

奥菲莉亚项目是美国一个专门针对欺凌行为的全国性公益组织，它将欺凌行为定义为："通过破坏或者操控某个男孩或女孩与他人的关系而恶意伤害他人的行为。"[2] 奥菲莉亚项目披露的一些事实令人不寒而栗。它的数据显示，48%的学生经常遭受同伴欺凌。[3] 另一项研究显示，年龄在11～15岁的学生报告说，他们一周会面临33起欺凌同伴的事件。[4]

同伴欺凌行为会给受害者带来一些长期的后果。实际上，欺凌行为带来的痛苦和伤害不亚于身体上的攻击，而这种行为的负面影响还可能持续得更久。[5] 部分原因毫无疑问是同伴欺凌行为很难被人发现，所以解决起来也是相当困难。当女孩们想报告这种行为的时候，却经常被大人视为"女孩的大惊小怪"（我最讨厌的一个词），或者很快演变成大人与孩子之间的争吵。这对于受害者（当然也包括行为的实施者，因为她没有学会如何成为一个更好的朋友或者如何停止伤害其他女孩）来说是两败俱伤的局面。

如今，欺凌同伴的行为表现为多种形式，科技的进步意味着即使是年龄很小的女孩也必须面临一些大人需要面临的问题，无论她们在身心上是否已经发展到这个水平。现在孩子得到智能手机的平均年龄为10.3岁，大概是四年级，但真正严重的问题是有些小得多的女孩也会接触到高科技。过去，欺凌同伴的行为仅限于传纸条或者说某个孩子的坏话，但是现在只是一条群聊信息就能在瞬间打击一个孩子。那么，让孩子远离高科技能解决问题吗？不能。了解社会上正在发生的变化，熟悉现代女孩常用的通信交流方式，对她们进行教育，才是更好的解决之道。

温馨提示

同伴欺凌行为在学前班的孩子中已经出现，同时也伴随着严重的后果。

- 讨厌上学。
- 精神健康问题（抑郁、焦虑、自杀的想法）。
- 头疼和胃疼。
- 学业成绩不佳。
- 行为问题（在学校和在家）。
- 饮食失调。
- 滥用药物。

要达到这个目的，我们需要了解一点关于同伴欺凌行为的知识。闲言碎语、传播谣言、当众羞辱、孤立和拉帮结派都是某种形式的同伴欺凌行为。你可能还是不知该如何定义或者界定这种行为，例如事情的发生是因为想和别的孩子一起坐还是纯粹的孤立行为？没关系，有很多人和你一样。这种行为很难察觉，是因为它比较隐蔽。有时候欺凌同伴的行为似乎是故意伤害，但也很有可能是缺乏相应的社交技巧，这就是我们尽早教会女孩们如何结交朋友的原因。我们不能坐视不管，直到有一天这种社交技能的缺乏转变成了欺凌同伴的行为。我们必须事先做出预防。我们必须帮助女孩们了解她们的行为可能会给别人带来什么样的负面影响，以及正确的做法。

7岁的索菲亚有一个关系很好的朋友。她经常跟她一起吃午饭，下课时两人一起玩，一周有几天放学后两人也一起玩。然而，到了二年级的时候，她们被分到了不同的班级。索菲亚很快就交了三个新朋友，还邀请她们跟她和她的好朋友一起吃午餐。结果那天晚些时候，她的好朋友给她下了最后通牒：要么你不要再跟那些女孩一起玩，要么我就再也不跟你做朋友了。索菲亚感到自己被分成了两半。她喜欢她的新朋友，但是也不想失去以前的好朋友。她做了跟她同样处境的女孩们会做的事：她不再跟那三个女孩说话，回到了好朋友的身边。几周后，那个所谓的好朋友找到了自己的新朋友，把索菲亚晾在了一边。索菲亚的妈妈埋怨她做出了错误的选择，老师也只是轻描淡写地说这就是"成长的烦恼"，但是索菲亚彻底崩溃了。

和很多女孩面临的困境一样，索菲亚的案例也非常复杂，因为她既扮演了加害者又扮演了受害者的角色。当她的好朋友威胁要抛弃她的时候，她感到害怕和沮丧，她不想失去一个从幼儿园起就在一起玩的好朋友。她不知道应该寻求帮助，与好朋友据理力争，或者轮流和好朋友及三个新朋友一起玩，而是二话不说转身抛弃了三个新朋友。她并不想伤害别人，她真的很喜欢那三个女孩，也想结交新朋友，但是害怕失去好朋友的恐惧感太强烈了，她不知道该如何面对。结果她最后变得形单影只，出现了焦虑的迹象。

麦琪是个三年级女孩。她个性开朗，在幼儿园就交了一大群朋友。多年来尽管换了不少老师和班级，她们的关系始终很好。但是到了三年级之后，情况发生了变化。她认识并且信任的几个女孩开始嘲讽和挖苦她。她们一开始是在她离开座位之后，窃窃私语和悄声嘲笑，后来发展成将纸巾捏成小球扔到她的座位上，当她站起来的时候，连裤袜上沾满了小纸球。最后，变成了微妙的威胁。"你觉得她坐在大头针上会疼吗？"这些行为都没有被老师发现，因为她们总是拿笔记本和课本挡住自己。

虽然课堂上的小动作让麦琪很伤心，但真正让她受到羞辱的是她们吃午饭时玩的小把戏。专家们通常会提醒教育者注意那些午餐时自己一个人坐的孩子，我认为同样值得关注的还有这样一群孩子，她们虽然和别人坐在一起，但很明显不高兴，同时桌子上的其他人还在悄悄地笑话她。

一天，麦琪和她最好的朋友坐在她们一贯坐的地方。她们想悄悄地交换零食而不被老师发现，同时小声讨论着《多克日记》这本书，这是她们一直以来的习惯。这时，她们从前的朋友过来了，三个女孩直接坐在了麦琪和她的朋友对面。麦琪一直是两人中比较开朗的那个，就笑着跟她们打了声招呼，然后又继续跟好朋友聊天。三个女孩中打头的那个，在麦琪的眼里是个"个子高高的，长得很好看"的女孩，她直直地盯着麦琪，用很大的、所有人都能听见的声音说："这个桌子好臭啊！我们去别的地方。"其他两个女孩朝麦琪和她的朋友耸耸肩，拿上午餐去了别的地方。从附近桌子传来的笑声让麦琪陷入了尴尬的沉默。

温馨提示

注意，如果一个女孩出现了以下行为，那么她很有可能成了同伴欺凌行为的受害者。

❀ 焦虑或者紧张行为（咬指甲、缠头发、过度依恋父母）。
❀ 身心失调，例如抱怨头疼或胃疼，尤其是在上学或者参加集体活动前。
❀ 经常自己一个人吃午餐，看起来也没有朋友。
❀ 对什么事都没有兴趣或者抑郁。

- 避免下课或者下课时自己一个人坐着。
- 学业成绩出现变化。
- 在课堂上或者在家里表现怪异，甚至可能会把桌子推倒或者欺负别人。
- 谈到自己没有朋友或者被人"讨厌"。
- 谈到死亡或者有自残行为，例如拿刀割伤自己。
- 睡眠出现问题。
- 饮食习惯改变。

你也许觉得这已经是最糟糕的情况了，但其实不是。当那个似乎最讨厌她的女孩发现她在接受心理治疗后，给了麦琪重重的一击。一天早上，她等老师走出教室，然后大声宣布："我妈说麦琪心理问题太多了，只能去找心理医生看病。"教室里充满了不友好的笑声，麦琪双手摊在桌子上。她彻底崩溃了。

闲言碎语和谣言

我曾有一次问麦琪她是否曾经在团体里处于领导地位——她是否被大家视为小团体的头头。她毫不犹豫地回答："不可能。我不够漂亮或者也不够完美，不可能让她们每个人都喜欢我。要那样的话，你得真的特别好看。"听到她的话，我的心一沉。她并没有哭，也没有表现出愤怒。事实上，她对此没有任何情绪上的反应。因为在她看来，这就是非常简单的事实。

麦琪其实是个非常聪明的女孩。她在上幼儿园之前就已经学会了自己阅读，数学成绩也一直很好。周末，她会去骑马，为参加马术比赛进行训练。她非常善良，比你想象中的任何8岁小女孩都更具有同情心，对同伴绝对忠诚。还有，她从来没有放弃过任何一位朋友，即使她们表现出了自己最坏的一面。她的优点我简直不能尽数。令人伤心的是，这些对于那些三年级的女孩来说似乎不值得一提。显然，对她们来说，最重要的是那些高高在上的女孩传播的谣言和闲言碎语。

　　小孩中间存在的传播闲言碎语和谣言的问题很难处理，一部分是因为除非你是事件的亲历者，否则很难体会它们造成的影响。"偷窥"别人的生活已经成了一种全民消遣，以至于在像名人离婚、当一个偶像意外离世后在社交媒体上表示真心哀悼（仅仅因为这个偶像写了一首感动他们的歌或者一本书）这类话题上，人们会自动站队。人们会就政治人物进行激烈的辩论，寻找所有非"个人"的信息来证明自己的观点："看！我就是对的！"

温馨提示

父母应该在早期就反复告诉孩子什么是"闲言碎语"和"谣言"。我们无法保护孩子远离闲言碎语和谣言，但我们能够赋予她们力量，让她们不受到闲言碎语和谣言的影响。

闲言碎语：①关于其他人的行为和生活的信息；②关于名人的信息；③也可指长舌妇，即经常谈论别人私生活的人。[6]

谣言：一个人传给另一个人的未经证实的信息或传言。[7]

问孩子以下问题，让她们就闲言碎语和谣言进行思考：

- 闲言碎语通常是恶意的吗？
- 当你把一个秘密告诉朋友，而她又告诉另外一个人时，你会有什么感觉？
- 作为传播秘密的人会有什么感觉？
- 什么时候分享一件事情会变成传播闲言碎语？
- 传播关于其他人的信息合适吗？什么时候可以传播他人信息？
- 如果你传播了闲言碎语，那么该怎么补救对别人造成的伤害？

当我们需要了解名人文化，并为我们做的所有事情（例如在个人社交媒体上转发：看！本·阿弗莱克在独自一人吃冰激凌！）正名的时候，界限模糊得逐渐不可逆转。我们觉得自己认识这些人（很遗憾，你身上发生了不好的事情，但还好我们没有），这好像以某种方式给了我们权利来监督和批评他们的每个举动。我们有这种权利吗？这是我们对待我们认识和尊敬的人的方式吗？我们在传递什么样的信息？

你也许会以为自己能够保护你的女儿免遭谣言的侵害，但是我发现这真的很难。我不喜欢那种充满了谎言和写着"名人：他们和我们一样"的杂志，但是我发现谣言真的很难避免。杂货店、药房、报摊、美发沙龙、候诊室和无数孩子们不得不去的地方都是谣言满天飞。有一天，我发现女儿正盯着詹妮弗·安妮斯顿的一张照片，"她看起来状态不错。"那张照片里的她确实"看起来"状态不错，但是照片的标题可没那么友善。我快速浏览了一下女儿身边大部分杂志的封面，然后告诉她："事实上，大部分杂志的报道内容都不真实。我不知道为什么这些报道这么受欢迎，但是我怀疑有时候人们只是想觉得自己和名人没什么两样。仔细看一看，三本杂志的封面都是她，但是标题都不一样。一个说她怀了一个女孩，一个说她想要一个小孩，最后一个则说她正准备离婚。这些都是谣言，他们伤害了别人，甚至是名人。这些人都有感觉。"我们当时并没有继续聊下去，但是当天晚上我们聊了很长时间，谈到了谣言是如何开始又是如何被传播的。我们也谈到了制止谣言的方法。

在欺凌同伴的行为中，传播闲言碎语和谣言是针对一个小孩的最方便的工具。手机短信和社交媒体（是的，即使是一个9岁的孩子，也知道如何绕过年龄限制成功注册）显然会使问题更加恶化，我与女孩们的交流让我知道了闲言碎语和谣言在小学和中学校园都是一个很严重的问题。

每次我跟传播谣言的女孩们交谈的时候，她们都不知道这些谣言会给其他女孩带来什么伤害。事实上，很多女孩从传播谣言中获得了很多积极反应，以至于她们根本就不会想到谣言的受害者。我经常问女孩们（既有谣言的始作俑者，也有受害者）她们从闲言碎语和谣言中获得了什么，她们的回答如下：

- 当我有关于某个女生的最新消息时，其他人都想听我说。
- 分享其他女孩的事情能帮助我融入集体。
- 说别人的闲话很好玩！
- 每个人都在背后议论别人！
- 传播别人不好的消息让我觉得自己比她好一点。
- 如果我生朋友的气了，我可以用分享她的秘密来报复她。

温馨提示

我们要做的不是试图将闲言碎语和谣言隐藏起来（或者扼杀在摇篮里），而是找机会跟女孩们讨论一下如何成为一个"保护者"（面对谣言能够保护别人的人）。

- 驳斥谣言。
- 以德报怨。
- 为谣言的受害者辩护。
- 从成年人那里获得帮助。

　　有一次，一个四年级的女孩告诉我，闲言碎语和谣言本身不可怕，可怕的是被当场抓住。她向我解释了每天在她们学校的午餐桌上用的一套复杂的谣言传播系统。每次传播谣言的不能是同一个人，否则大家都知道了她是喜欢背后说别人坏话、散播谣言的人。传播的谣言必须有趣，能吸引每个女孩的注意力。但如果谣言太离谱，其他女孩就会知道这是个彻头彻尾的谎言。还有，别的女孩说话的时候你不能抢风头，尤其是那种大姐大，因为这在小学和中学绝对是很没有眼力的一种做法。

　　父母常把这种行为归因为小孩子不懂事（例如父母会说，她压根不知道自己说了什么），但孩子们描述的完全是另外一回事。例如，在前面提到的案例中，女孩们得考虑散播谣言的时机、内容以及可以说谁的坏话，她们在开始散播谣言或者闲言碎语之前得考虑这么多！这显然不是无知的表现。

拉帮结派和孤立别人

闲言碎语和谣言并不是给女孩们带来负面影响的同伴欺凌行为的唯一形式。精心选择和谁成为朋友能够保证女孩们在需要的时候获得同伴的支持，但也会付出一定代价。有时候，一个错误的举动就会让一个女孩在没有任何心理准备的情况下被小团体抛弃。就像闲言碎语和谣言能让一个女孩感到被羞辱，被小团体抛弃也会让她们深受打击。

一年级快结束的时候，安妮觉得自己找到了一群下课能一起玩的好朋友。尽管有时候因为玩的项目不一样，但安妮每周至少有三天会固定和两个女孩一起玩耍。一天，安妮决定邀请另外一个女孩跟她们一起玩，尽管她知道这个女孩有点笨笨的，还爱假装，但她觉得多一个人会好玩一点。她想错了。那两个女孩离开了安妮和她的朋友。吃午餐的时候，她们离安妮远远的。直到放学以后，这两个女孩把安妮拉到一边，警告她："我们不喜欢她，她太烦人了。她跟我们不是一类人。如果你要跟她做朋友，就不能跟我们做朋友了。"安妮觉得很伤心，也很困惑。她真的很喜欢跟那个女孩玩，而且她也知道这两个女孩有点不近人情，但是她不知道该怎么做。她只好假装肚子疼（也许她没有假装，孩子们有时候因为太焦虑也会肚子疼）。到了第三天，她还是肚子疼，她的妈妈只好带她去看医生。

有时候，女孩们会自然而然地抱团。知道有一群人什么情况下都会一直陪着你，会让人感觉很温暖。当女孩们结交亲密的朋友时，会自发形成积极的小团体，从中获得支持、同情和理解。然而问题是，女孩们的抱团会让其他女孩觉得被孤立。女孩们形成小团体有时候是为了相互支持，但有时候也会把其他人排除在外。

在安妮的案例中，那两个朋友通过抱团来逼她做出选择。她们不仅说那个女孩"烦人",也表达了想把她排除在外的意图,但她们也引起了安妮的不安全感,让她不好意思强迫那个女孩离开。她们不停地提醒安妮三个人一起玩,没有其他人的时候多有趣。但羞愧和负罪感会在孩子心中引发强烈的情绪,而安妮在面对两个朋友和那个女孩时都产生了这两种情绪。她跟那两个女孩确实玩得很开心,但她也不想伤害那个新朋友。安妮觉得,她唯一能做的就是待在家里,避免见到她们任何一个人。

令人难过的是,拉帮结派还有第三种作用:报复犯了"错误"的人。艾莉就有过这种经历。她是一个很外向的三年级女孩,在交朋友这件事上从来没有遇到过困难。实际上,后来艾莉认为这没准也是一个问题(当然它不是)。艾莉的妈妈答应在她生日那天让她开个睡衣派对,她可以邀请六个人来这个派对。但问题是艾莉已经有了三个跟她同龄的表姐妹,而且还住在她家附近。她只能再邀请三个人来家里过夜。经过一番激烈的讨论后,艾莉认为"公平"的做法是邀请三个她认识时间最长的小伙伴来家里。你能够想象得到,这件事进行得不太顺利。

艾莉不想让任何一个人觉得被孤立了,所以她用邮件的形式把邀请函发出去,还要求收到信的朋友在学校要保密。其实,是她妈妈让她那么做的,而且这种做法一般会奏效。可惜就在快要举行派对的时候,一个女孩在吃午餐的时候不小心说漏嘴提到了这个派对。她很兴奋,所以脱口而出艾莉要在家里举行派对的事,小孩都难免会如此。围坐在一起吃午餐的女孩都沉默了,一起盯着艾莉。她很快解释说因为邀请了表姐妹,妈妈只允许她再邀请三个女孩了。她还解释说她让她们保密只是为了不伤大家的心。"你搞砸了!"一个女孩回答说。"别担心,艾莉,反正我们的关系也没那么好!"另一个女孩说。她一遍又一遍地向朋友们道歉,还求妈妈让她邀请其他人。

有那么几天,她们仍然还在一起玩。但是,有一天,一切都变了。那三个没被邀请的女孩疏远了她们。这就好像她们要开始一场仇恨艾莉的竞赛。她们把这件事告诉了班上的其他同学,班上的同学就这件事讨论了很长时间,其实老师也捕捉到了一点风声,还让艾莉跟她解释关于请谁参加她的生日派对这件"不敏感"的事。

最终，三个觉得被"抛弃"的女孩开始跟班上其他的女孩结成联盟，包括那几个被邀请参加派对的女孩。幸好，艾莉的朋友跟她站在了一起。她们不敢跟其他女孩作对，但也没有抛弃艾莉。艾莉很伤心，她的第一个睡衣派对没有她期待的那么完美。那几个女孩也不再像从前那样亲密，而是分道扬镳。友谊的破裂给艾莉留下了长久的伤痕，从那之后，她会一遍遍怀疑自己做的决定，也没有胆量表达自己的需要。她觉得只要尽量避免跟朋友在一起，就不会再伤害到她们了。

当然，不是所有的抱团都会带来负面影响或者旨在伤害别人。事实上，有至少一个亲密的朋友是女孩们在社交中获得支持的最好方法。跟其他女孩聊天，以解决自己在交朋友这件事上遇到的困惑是一个很好的办法，也是她们走向独立的重要一步。问题在于有时候试图获得朋友的支持会像滚雪球一样带来意想不到的负面后果。

温馨提示

拉帮结派的行为可能不容易被发现，也很难去处理，因为它涉及很多人际关系的操控。以下是一些与拉帮结派有关的事实。

- 两个朋友之间的小问题也可能升级为拉帮结派。
- 女孩间的很多问题与误会有关，因为她们思想的成熟度不一样。
- 通过抱团来孤立团体中的某个人可能会导致社会性孤立、焦虑或者抑郁倾向。
- 女孩们抱团的唯一目的就是为了"惩罚"某个做"错事"的女孩，这已经成了一种普遍做法。
- 当女孩们中出现冲突的时候，她们以抱团作为一种形式上的支持。
- 有时候女孩们为了将另一个女孩赶出团体会故意制造冲突或不满。
- 女孩们的角色有时候会发生转变，你也许会发现"受害者"其实是假装受害以试图从成年人那里获得支持的施害者。

我就曾经遇到过三个女孩试图孤立原来跟她们一起玩的一个女孩,还在背后说她的坏话。这三个女孩的目标非常明确,精准地编制了一个清单,上面全是关于那个女孩的不好的事情。她们团结在她们支持的那个女孩身边,却忘了停下来想一想:①她们也许夸大了一些事实;②也许某件事的事实不是她们想的那样。其实她们闹翻也就是一天前的事,但她们那么快就倒戈相向会让整个事件朝向负面发展。

为了帮助那三个女孩,我利用她们的团结来解决问题(而不是针对另一个女孩),我把她们三个和那个被孤立的女孩一起叫到我的办公室。首先,我立了一些规矩。我让她们用"我觉得"这样的句子来描述整个事件,以避免指责或者抱怨。其次,我让她们轮流将自己的不满发泄出来。然后,我来居中调停。我重复她们的话以便她们做出澄清,然后又问了几个问题。我的调解并没有那么顺利,女孩们还哭了,但是最终那三个女孩都意识到是言语间的误会导致了她们的冲突。通过一起合作解决问题,理解对方的处境,她们终于修补好了彼此之间的关系。

当然,要解决这样的问题从来都没有那么简单,我约见了她们好几次以利于她们相互有效地沟通,互相帮助而不是互相伤害。而且她们也很了解和信任我,知道我会帮助她们。这一点很重要。当女孩们面临拉帮结派和其他形式的欺凌同伴的问题时,处理自己在情感上受到的伤害将是一个漫长又孤独的过程。而这些行为又往往在学校里得不到足够的关注。

当众羞辱

嘲讽这种行为在儿童早期就会出现,有时候很难去界定是"善意的"还是以伤害他人为目的。我发现很多家庭都以挖苦和嘲讽作为一种幽默感的体现。为了让孩子们明白不是所有的嘲讽都是恶意的,挖苦有时候也是一件很好玩的事,父母们会时不时地对孩子开这样的玩笑。如果你的孩子已足够成熟,这样做可能会很好玩,但小孩们其实还不能处理和理解嘲讽这件事,即使是"友好的"玩笑,她们也不见得能够理解。绝大多数时候,嘲讽和挖苦只会让她们觉得受伤或者困惑。之后，她们可能会尝试对朋友们进行嘲讽和挖苦，结果导致冲突和伤害发生，即使是在开玩笑之后赶紧接上一句："我只是开玩笑！"更让人感觉受伤的是，有些大孩子会用"我只是在开玩笑"或者"开玩笑"来掩饰自己恶意的行为。后面我会继续讨论这个问题。

　　卡罗琳就是那种喜欢"开玩笑"的女孩。她比一般 10 岁的孩子更有幽默感，思想上也更成熟。如果大人们开了玩笑，她总是会让他们解释是什么意思。她就这样成了玩笑的收集者。尽管她的幽默感相对于年龄来说已经很成熟，但她却缺乏与朋友相处的技巧。她很费力地想要讨好其他人，这是困扰她这个年龄的孩子的一个普遍问题。为了引起注意或者加入新的群体，她会用开玩笑或者讽刺的方式，可这种做法却往往事与愿违。其他女孩不喜欢她的玩笑，当她开玩笑的时候，她们只会觉得受伤。说起来，她的玩笑有时候确实会起到反作用。

　　例如，"哇，这件真的是我见过的最丑的衬衫。"这是她在课外班上说的一句话，结果得到的只是没有表情（同时也是尴尬）的沉默。"我在开玩笑！好笑吧！"这句话也丝毫没有减少尴尬。我在远处观察，想看看卡罗琳能否意识到自己的错误并且找机会道歉，但是她没有这么做。当其他女孩摇着头走开的时候，她的脸涨得通红，但接下来的课上她并没有试着跟她们聊天以缓和气氛。整个场景也许只持续了不到一分钟，当时老师正在走廊里跟一位家长谈话。当老师再走进教室的时候，女孩们已经撇开了卡罗琳，自己玩去了。

　　开玩笑和嘲讽两者在性质上完全不同。你是否曾观察过一群孩子一起玩的时候通过开玩笑来调节气氛？在这种情形下，你会观察到开玩笑的人和被开玩笑的人的角色会互换。当"开玩笑"永远都是一个人的"专利"，而且她还不愿意停下时，她就越过了这个界限。

　　由于善意地开玩笑是个非常复杂的技巧，因此我发现现在很多女孩真的不知道什么时候就越过了界限。在卡罗琳的这个案例里，她只是试图模仿在家里看到的她觉得很有趣的一些场景。她的父母常在家里开些善意的玩笑，她在旁边看着，也就学会了。卡罗琳错在她想用父母的语言来和同龄人交流，但往往这样的话完全让人不知所云，对听众来说也完全不好玩。她的本意并非讽刺她的朋友，但她蹩脚的玩笑却伤害了她们。

> **温馨提示**
>
> 了解善意的玩笑和恶意的嘲讽之间的区别非常重要，这样成年人才能妥善处理孩子们在这方面的冲突。
>
> **善意的玩笑**
> - 玩笑通常是机智的、轻松的和好玩的。
> - 开玩笑的人和被开玩笑的人的角色常常互换。
> - 玩笑使用的语言本质上不会造成伤害。
> - 玩笑的目的是让其他孩子和开玩笑的人一起欢笑。
> - 当有人反对开玩笑或者让开玩笑的人停止的时候，她会停止。
>
> **恶意的嘲讽**
> - 嘲讽是单方面的，嘲讽者处于强势地位。
> - 即使被嘲讽的人提出抗议，嘲讽者也不会停止。
> - 嘲讽很可能是具有羞辱性质和残忍的。
> - 嘲讽的目的是伤害被嘲讽者。
> - 嘲讽者想让别人嘲笑被嘲讽的人。

我发现，女孩们如今面临的是一个总想让人"快点，赶紧长大"的世界。从时装趋势到媒体报道，竞争激烈的体育文化，想把孩子当成朋友的父母，压力巨大的校园环境，女孩们被迫处理超出她们年龄的行为问题。即使是跟其他女孩和她们的妈妈"约会"的做法，也颇有些成年人的色彩。当然，我会跟朋友约着喝咖啡，讨论一些难题，但对女孩们用这种词不合适。当女孩们要在妈妈们的"关注"下"解决"冲突时，她们很难不受情绪的左右而进行有意义的对话。但是，我却时时看到这种情景。事实是，女孩们有时候确实需要成人帮助她们来解决交朋友过程中遇到的问题，但是这样的"约会"会让她们觉得很有压力，而大一点的女孩通常在独立解决问题之前需要时间和空间来厘清自己的感受。在这种情况下，父母的干预只会有害无益。

温馨提示

女孩会用当众羞辱的方式来将圈子里居于领导地位的女孩拉下马。请注意以下这些超越界限的行为。

❀ 关于外表的残忍评价（即使是加上"我是开玩笑的"这种话）。

❀ 在别的女孩背后做些有贬损意义的动作（例如模仿某个女孩的动作、翻白眼、假哭、扮鬼脸等）。

❀ 在公开场合（午餐室、操场、走廊等）嘲讽或者羞辱。

❀ 开玩笑，偷偷把某个女孩的东西藏起来。

❀ 传纸条或者利用现代信息技术开一些残忍的玩笑，并且让其他孩子参与进来。

快节奏的童年

快节奏的童年生活导致孩子们的行为超过了她们的身心发展水平。一次，一位妈妈问我："从什么时候开始一个三年级的孩子表现得跟中学生一样了？"但现在一年级的学生甚至是幼儿园的孩子已经出现了很多"成熟的"社交行为。当然我们尽可以将此归罪于媒体或其他家庭（我们知道，有时候哥哥姐姐的影响会引起父母的担心，例如从他们那里学会了翻白眼），但我们也应该考虑一下自己的行为。是的，女孩们会受到朋友的影响，但绝大部分时候她们是向我们学习如何与别人相处。当出现问题的时候，我们第一时间指责别人，我们的女儿也会变成一味指责别人的人。如果我们因为一点好处就立即背叛朋友，我们的女儿也会变成见利忘义的人。如果我们总是阴阳怪气地表达自己的想法，而不是清晰、真诚地与别人沟通，那么我们的女儿也会如此效仿。

> **温馨提示**
>
> **讽刺**：通过使用具有相反意思的词语来表达你的真实想法，特别是为了羞辱某人，表达恼怒，或者仅仅为了好玩。[8] 根据这个定义，讽刺的目的就是为了伤害别人（只是以一种看似"幽默"的方式），可我们经常会讽刺小孩。以下是我们不应该讽刺小孩的原因。
> - 讽刺通常难以理解，也会让人觉得受伤。
> - 小女孩们通常无法理解对话的上下文，但她们能听懂语气语调和看懂类似翻白眼这样的动作。
> - 讽刺通常无法解决问题。
> - 讽刺让人觉得尴尬。
> - 讽刺会导致女孩对自己的看法趋于负面（例如，我很坏，我不招人喜欢，即使是妈妈也觉得我很烦）。
> - 很多女孩告诉我，她们不愿意跟妈妈讨论私人话题，因为她们害怕听到的只是批评或者"刻薄的玩笑"（这是孩子们对于讽刺的定义）。

谈到快节奏的生活，我们就不能不了解一些关于女孩社会化倾向的最新研究结果。例如，肯尼恩学院（Kenyon College）2016年所做的一项研究发现，儿童万圣节服装、人形玩偶甚至情人节卡片中的女性角色有超过半数穿着挑逗性或者暴露的服装。[9] 很可怕，是不是？然而，在我们认为百货商店该为女孩们的堕落负责时，看看这个：《身体意像》(*Body Image*)杂志于2014年发表的一项研究发现，很多4～10岁的女孩通过使用最新的化妆品和追逐最新的流行趋势来融入"青少年文化"。这项研究调查了815位4～10岁女孩的母亲，发现女孩们出现"早熟"和"过早性别化"行为对她们的成长没有好处。[10]最后，根据一项发表在《儿童发展》上的2015年所做的研究，208位6～10岁的儿童中近3/4认为穿着低胸装和超短裙或者超短裤的纸娃娃比穿着宽松、长袖上衣和牛仔裤的娃娃更受欢迎。[11]让人惊叹的是，她们也认为那些更女性化的娃娃不那么聪明、健康、友好。

我们能从这些研究中获得两点启示：女孩们的行为（由于多种因素的影响）超过了她们的身心发展水平，她们以此为基础来评判和评估自己和其他女孩。我不知道你们那个年代的时尚，但在我小时候，宽松牛仔裤和加大码条纹橄榄球衫特别流行。我当然不是说让女孩们回头去穿过去的衣服，但是我们得刹住这股风气，不要让小女孩们打扮得像少女，并且让她们过多接触媒体和其他针对成年人群的内容。

当我们催促女孩们快速成长而不考虑潜在后果时，就会导致她们出现负面行为，并且在人际关系上出现问题。当我们跳过那些基本知识（例如如何成为别人的好朋友）而直接进入到更高级的阶段（例如如何进入某个小"圈子"），我们就剥夺了她们去体验和了解什么是友谊的机会。我们在幼年时期的朋友大都来自同一个班或者是关系比较好的两个家庭，但是当女孩们长大后，她们会尝试接触不同的朋友，找到与自己兴趣相投的人。但我发现，现在女孩们不再像过去的女孩那样去主动寻找朋友。

最近有一个小女孩发现自己被同伴们抛弃了，她来向我求助的时候，我帮助她看清楚了自己的交友模式，原来她的所有朋友都是她妈妈帮她安排的。"我不能告诉妈妈她说了什么，因为我妈妈和她妈妈是最好的朋友。"她一遍又一遍重复这句话，直到我终于转移了她的注意力，让她告诉我她心目中的友谊。当我跟她妈妈谈起孩子遇到的问题时，她妈妈向我承认，让女儿和朋友的女儿一起玩对她来说是更方便的选择。她没有什么可担心的，因为她非常了解其他妈妈，也不用从头开始认识。"我只是希望她能有一群玩伴，如果所有的妈妈都是朋友，那她们也更容易玩在一起。"这种说法我已经听过无数遍了。

我相信，当妈妈们干涉女儿交友的问题时，她们的本意是好的。很多妈妈向我吐露，她们不想让女儿经历她们自己小时候经历过的挫折，如果能够主动承担帮女儿找朋友的责任（或者为女儿创造友谊），她们就能够让女儿的友谊有个好的开始——她们的朋友是能够信任的人。但问题是，我们的女儿和我们很不一样。作为父母，我们总是希望一切都简单化。我们试图在女儿身上找到自己的一些性格特点，但事实是她们有自己的性格。她们会经历属于自己的挫折，也会体验自己赢得的胜利，同样也会找到自己的友谊……如果我们能够放手的话。

我们不能控制周遭发生的一切，但是我们能够选择让孩子的生活节奏慢下来，让她们按照自己的节奏学习和成长。女孩们需要通过没有大人干涉的游戏、自由自在地玩耍和长时间的无所事事来发现自己的长处和兴趣。她们需要学会了解彼此的差异，学会如何解决冲突，明白如何相互成就而不是互相伤害。父母干涉和安排孩子们的友谊，只是为了让孩子快速成长，帮她们避免幼年时期每个人都会自然而然经历的痛苦，这样就剥夺了女孩们练习社交技巧、成为善良之人和学习解决问题的机会。

尽管女孩们和她们的妈妈可能会感到痛苦，但它们是人生中的重要时刻。这些幼年时期形成的友谊和遇到的挫折，都是她们成长过程中继续获得友谊的基础。父母支持女儿的方式是在她们生活上有起伏的时候能够聆听并且分享自己的经验，而不是剥夺她们成长的体验。

回到根本

过去，孩子们会在学校学习一些社会交往的技巧。这些技巧不一定是课程大纲的必要内容，但老师们在必要的时候有时间也有自由来教授孩子们。他们会预先教孩子们遇到问题时如何应对、如何解决，帮助她们缓解各种各样的人际关系上的压力，而不是只关注如何解决女孩们遇到的最严重的社交问题：同伴欺凌。

今天，老师们面对的是排得满满当当的课表，很多老师告诉我，他们会尽力在孩子们出现这样或那样的同伴关系问题时努力解决，但却没时间为全班一起开设一堂社交课。总之，只有在人际关系出现问题的时候，孩子们才有机会得到有意义的教育。

我们的学校没能提供足够的社交－情感教育，这实在是个遗憾（尽管好消息是像心升（MindUp）、标尺（RULER）这样的情绪管理和情商课程越来越多），因为研究表明在课堂内教授这些软技能能够帮助孩子们提高她们的情绪稳定性和学业成绩。《儿童发展》上发表的一项报告指出，学生们参加社交和情商学习不仅能将他们的标准化考试成绩提高11个百分点，他们的社交技巧也能得到改善，情绪问题将会更少，学习态度更好，也会更少出现同伴欺凌现象，更多出现积极行为（例如，合作和帮助他人）。[12] 这个结果并不奇怪。沉着、稳定的孩子当然能创造沉着、稳定的教学环境。

女孩们在家里所受的教育也影响她们在外面和别人打交道的方式。如今大家都知道，女孩们每天都非常忙碌。我自己本是个喜欢闲散的人，但似乎也很难找到一种平衡方式。现在的孩子们都需要会一项体育运动，我女儿也不例外，所以每周都要进行多次练习。现在她又突然对文学戏剧感兴趣了，所以很难在这么多的活动里找到合适的休息时间。

我自己在给女孩们做咨询的时候也发现了同样的问题。父母们都很想为自己的女儿发掘更多的机会，尝试更多新的东西，但是所有这些活动加起来就会让孩子们每天都很忙，所以几乎没有休息时间，睡眠质量也不能保证。这些就会导致行为上的改变和社交－情感障碍，同时她们在家里又没有足够的时间来解决这个问题，所以女孩们学会了将这些问题隐藏起来，不做处理。

我在从业的过程中，发现女孩们睡眠不足的问题很严重。晚上的训练和放学后的各种课程，得花几个小时才能完成的家庭作业，一晚上忙忙碌碌，这些都让女孩们难以得到充足的睡眠。实际上，睡眠缺乏的问题已使得美国睡眠医学会公布了最新的睡眠指导原则。

> **温馨提示**
>
> 我们的女孩需要更多睡眠！看看下面这些基本原则。
> - 3~5 岁：10~13 小时。
> - 6~12 岁：9~12 小时。
> - 13~18 岁：8~10 小时。[13]
>
> 　　如果你注意到你的女儿出现了情绪或者行为上的改变，那么仔细观察她的睡眠习惯，尽量让她按时上床睡觉。

　　美国心理学会为"压力美国"调查收集的数据显示：在青少年人群中，高压力水平和睡眠不足有直接的因果关系。不仅如此，调查结果还显示，压力过大的青少年如果睡眠不足，更有可能易怒或者抑郁。[14] 有一件事情我很肯定，那就是如果孩子睡眠不足，承受的压力又过大，父母很难跟他们有很好的交流。易怒和负面情绪可能会导致女孩们与父母之间的冲突和争执，修补这种紧张的亲子关系就成了家里首先需要解决的问题，这就会导致女孩们没有时间去解决在外面出现的与其他人之间复杂的社交 – 情感问题。

　　对于养育女孩来说，睡眠、饮食和休息都是最基本的问题，教会她们交朋友的技巧也很重要。我发现，如果我们忽略了这些重要的早期社交技巧，女孩们就不知道怎么跟其他人相处。事实上，一项研究在调查了 123 位中学生和他们的父母后发现，当父母对孩子进行社交技巧上的辅导（给予如何与同龄人交往以及如何应对相关挑战的建议）后，孩子的友谊得以巩固，并且也更受同龄人欢迎。[15] 这项调查的结果强调了聆听和指导女孩们以帮助她们改善社交技巧的重要性。

　　我最近就辅导了一个二年级的女孩，以帮助她在校外找到新朋友。我们一起练习了如何简单地跟别人开始聊天（例如，"你最喜欢的电视节目是什么？"），这样她就明白了如何跟群体中的新伙伴开始聊天。可是当她到了那儿，看着一张张不熟悉的面孔时，她慌极了。她忘了我们曾经一起练习过的对话，又开始重复过去她那有些拙劣的交友方式。她忘了要对当时周围的情况进行一些评论或者询问对方的兴趣,而是朝一个女孩走过去,直愣愣地问:"你想做我的朋友吗?"这种幼稚的交友方式把那个女孩吓了一跳,从她身边跑走了。她伤心地哭了。

这种缺乏社交技巧的女孩并不止她一个。我们作为父母,总是希望她们什么都能做好(如果她们做不好,我们就会有负罪感),当前的流行文化又是"越忙越好"(这是一种成功的象征),因此女孩们无法接触到最基本的社交技巧。是的,她们成了科学家、程序员、运动员、音乐家……但是成为全能女孩(或者"超人")是需要付出代价的。

以培养一代超级女孩的名义,跳过关键的学习社交-情感技巧的发展阶段,并不能赋予女孩们真正的能量。事实上,只会适得其反:因为它创造了一种残酷的竞争氛围。只有爬到顶端的才是赢家,而她是不是真的赢了还见仁见智。那不是真正的能量,只是培养"坏女孩"的手段。它让女孩们不择手段地竞争,拉帮结派,互相敌对。一句话,我们不能跳过那些必要的增进社交技能(积极的交友技巧,例如建立同理心、同情心和倾听的技巧)的阶段。实际上,我们需要预先教授女孩们这些技巧,让她们感受到什么是真正的能量,以及如何赋予其他人能量(感受并且给予其他人"女孩力量")。

要让女孩们理解友谊的力量和互相支持的重要性,而不是以欺凌或者其他负面行为相互打压。我们需要和她们坦诚地讨论如何交友,以及遇到困难时如何处理。我一遍又一遍地告诉女孩们:你们不一定要和遇到的每一个女孩成为最知心的朋友,但是对别人友好是没有坏处的。当我们赋予女孩们力量,让她们能够一起合作、相互成就时,我们就教会了她们如何发现每个新朋友的优点、每个新环境中的积极能量,让她们能够对友谊和生活中的新的可能性保持开放的心态。

女孩可以

做一棵友谊树

我们经常跟孩子聊起家族树(家谱),有的学校甚至会把它变成一项作业。创建家谱的时候，我们会把家族里的每个人放上去，做成一棵树的样子，而树枝的尽头可能是些我们已经不太认识的远亲。这棵树告诉我们，家人并不仅仅是跟我们生在同一个家族里的人，也是像树根一样支持着我们的人。

我喜欢用树打比方来帮助孩子们理解什么是友谊。大人们总是告诉女孩们要找一个最好的朋友。但是友谊并不像一个总是在那里陪伴着你的好朋友那么简单。我有一个从小就一起玩耍、无论顺境逆境都陪伴着我的好朋友吗？是的。我们什么时候住在一个城市，甚至近到能够经常见面？很多年以前。

拥有亲密的友谊是很美好的一件事，但有一份不那么亲密的友谊也很美好。一个女孩在成长的过程中会遇到无数朋友。在学校，在运动场上，在课外活动中，即便只是去操场上玩，女孩们也能找到新朋友，她们的友谊树慢慢枝繁叶茂。

帮助你的女儿创建一棵友谊树，这样她能够客观地、真正欣赏她在生活中遇到的各种各样的优秀女孩。在树枝上贴上搞笑的照片或者贴纸，提醒她们是在哪里遇到的或者她们有什么相似之处。跟孩子聊聊如何跟很久没见的朋友保持联系，有时间记着给她们发个电子邮件，鼓励她想办法使友谊长青。友谊树是一个很棒的工具，因为它不仅可以让女孩们看到不同形式的友谊，还可以让她们在感觉孤单的时候想起自己有很多朋友。

聊天开场白

我女儿和我正一起学法语，所以我们常常聊起正式和非正式用语。"那我跟米米聊天的时候该用正式用语，跟朋友聊天的时候用非正式用语咯？"当你学习一门外语的时候，你会学到人们使用语言的不同方式。当你迷失在每天的生活中时，你会忘了这些知识非常重要。

还记得那个让每个女孩都成为她朋友的女孩吗？她缺乏圆融的聊天技巧，这也影响了她在新环境中交到新朋友的能力。最后，我又和她回到原点。我教她如何跟不同的人打招呼：一群已经认识的朋友、一群第一次见面的孩子、一位成年朋友、一位不认识的成年人、一位老爷爷、一位老师等。我们一步步地将整个步骤过了一遍。老实说，我觉得很多孩子应该学习这些知识。

另一个应该学习的技巧是如何巧妙地加入和结束谈话。例如，如果一群人已经开始聊天，那么大声打断别人的谈话显得既不礼貌也讨人厌。为了教女孩们如何巧妙地加入谈话，我鼓励她们至少与其中一位成员有眼神接触，微笑，静静地等待，直到谈话告一段落，然后再适时地与大家打招呼。

练习这个技巧的绝佳场合是一场大型的家庭聚会或者生日派对，在那里，人们通常会三五成群地聊天。练习这个技巧的时候，可以同时练习一些聊天的开场白。我发现有些女孩如果不知道怎么加入别人的聊天时就会变得沉默，而有的女孩则是冒冒失失地想到什么就说什么。练习一些适合当前场景的有趣的开场白（例如，你去过充气屋吗？），能帮助你的女儿学会如何巧妙地加入别人的谈话。*实用小技巧：将一些开场白写在便条纸上，放进透明拉链袋里，然后塞进手袋。这样孩子去参加派对或者其他活动前可以很方便地练习！*

自我记录卡

有时候，女孩们会陷入一种行为模式，无法改变。不论好坏，欺凌其他同学或者拉帮结派让她们感觉好像挺有用的。她们有了朋友，不会感到孤单，而其他人也很尊敬她们。当女孩们陷入负面行为模式中时，她们不一定能看到这些行为的后果。

帮助你的女儿制作一个每周或者每日记录卡，将她所使用过的一些软技能，例如同理心、善良、帮助别人和积极社交技巧记录下来。语言可以简洁一点。下面是几个范例：

- 称赞了一位朋友。
- 帮助了一位需要帮助的朋友。
- 邀请某人加入我的小组。
- 说了好话。
- 倾听别人。

让你女儿在每项上给自己打分，可以用一些表情贴纸，让这件事变得有意思，然后解释为什么给自己这个分数。同时你自己也制作一个同样的卡片，记下自己在社交技巧上的优点和缺点。

这个记录卡能让女孩们大开眼界。有时候坐下来讨论我们如何跟别人相处，能帮助她们看到自己的行为如何影响别的女孩。

定义"坏女孩"行为

我知道有很多父母不太愿意跟女孩们讨论这个话题，因为他们不担心自己的女儿，或者害怕聊了反而起了反作用。首先，你的女儿没准正为这样的事发愁，因为她眼前正好碰到了这样的"坏女孩"；其次，告诉孩子什么是错误的行为并不一定会催生这样的行为。还有一句话我也希望父母不要再说，那就是："所有女孩都会碰上这种事。"这倒不一定，但如果我们不面对，那么这种事肯定会发生。

跟你的女儿谈谈同伴欺凌这件事。解释流言、玩笑、嘲讽、当众羞辱、排挤、拉帮结派和网络暴力（即使你的孩子"从没有机会接触电脑""也没有自己的手机"）是怎么回事。对这些问题避而不谈只会让她对这些现象一无所知，而当她真正碰到这些问题的时候，就会不知所措。告诉她这些现象的存在，告诉她什么才是正确的行为，才能真正赋予她力量，并让她做好该做的准备。

有情节的故事是帮助女孩们将这些知识运用于实践的好办法。给你的女儿描述一个场景（例如，有一群女孩不让另一个女孩吃午餐的时候跟她们坐在一起，因为她不喜欢购物精灵玩偶或者不喜欢用 Instagram），让她创作两幅卡通画：第一幅从那些排挤另一个女孩的孩子们的视角；第二幅则是从一个好心想要帮忙的女孩的视角。让孩子通过故事情节来练习社交技巧，会内化那些需要在一瞬间做出的正确选择。

勇敢者和支持者

有一件我们可以经常做的事就是为孩子做出示范，让她们了解什么是"勇敢者"和"支持者"的行为。在面对欺凌时能够挺身而出真的很难，有些孩子在面临欺凌的时候要比别的孩子更加坚强一些，我们可以在生活中和在家里以角色扮演的方式为孩子做出示范，告诉她们面临欺凌的时候如何积极采取行动。

- 勇敢者：能够以语言或者行为与欺凌者对抗的人。可以在家里练习勇敢者常说的话（例如，"停下！我不喜欢你们这么对待我的朋友"）。
- 支持者：你不一定要用自己的声音来表达你的支持。如果觉得奋起反抗欺凌者很不容易，可以尝试一些简单的方法，例如与被欺凌者有眼神接触或者站在被欺凌者旁边也能表达你的支持，让她们感到不那么孤单。

我的不同面孔

你觉得你的女儿在学校就像一个完美的天使，但回到家却像换了一个人，这是很多女孩的父母会有的疑虑。不幸中的万幸是，你的女儿足够信任你，会把她试图隐藏的所有负面情绪在你面前爆发出来。愤怒、眼泪、绝望、摔门而出，这些都只留给她们最信任的人。她知道无论状况多糟糕，你始终都爱她。为自己感到幸福吧，因为这么多年来无条件的爱和支持都有了回报，即使此刻它可能不太像是一种回报。

每天都摆出一副勇敢的面孔需要太多能量，尤其是当女孩们要面对复杂的情绪和交友问题时，所以她们会在不同的场合换上不同的面孔。如果你停下来好好想一想，你也许会跟她们有同样的举动。

"我的不同面孔"是你和孩子可以一起做的一个很棒的活动。当你跟女儿分享你的"面孔"和经历时，她就会明白你对她的信任和理解。你用这种方式来告诉她你懂得她的感受，她一定会理解你的用意。

你也可以试着使用一些手工的方式，例如用厚纸片或者利用高科技在你的平板手机或者电脑上做些表情不一的面具，花点时间跟孩子聊聊你在不同场合会呈现出的样子。例如，在家里和在父母会上，你会表现出哪些不同？你在家庭聚会上和与朋友一起烧烤时会有什么样的不同表现？"职业型妈妈"和"主妇型妈妈"（或爸爸）会有什么不同？用这些面具代表你的不同表情，鼓励女儿也这样做。

你也可以反过来，为每个场合创造一张面具。你可以和女儿讨论在什么样的场合应该有什么样的表现，这样做也很有疗愈作用。一位妈妈曾经告诉我："我现在才发现，这么多年来我都只是往下看，从没有真正地看着她的眼睛，专心聆听。"理解我们如何沟通，以及为什么沟通，能帮助女孩们明白什么样的交友方式行得通，什么样的行不通。所以，讨论我们的行为如何影响别人是一种很好的方式。

友谊遇到波折时，我们该做什么，不该做什么

请诚实回答：当女儿向你抱怨和朋友的关系出了问题时，你是否总告诉她"那就走开"或者"顺其自然"？如果你的答案是"至少有过一次，可能还有更多"，那你也和很多父母一样。实际上，很多欺凌－预防课程建议孩子被欺凌之后若无其事地"走开"或者"不放在心上"。女孩们常常一遍又一遍地听到这种建议。请记住：并不是所有的同伴关系问题都会表现为同伴欺凌，但是"走开"或者"完全无视"都不容易做到，尤其是对于还处于需要即时满足阶段的女孩们来说。

在交友过程中遇到困难的时候，女孩们需要一些指导。你最了解自己的女儿，你知道她现在能够做什么，所以你可以给她一个该做和不该做的建议，帮助她渡过难关。请看下面的建议。

应该

- 花时间思考一下。你不需要立即解决所有问题。
- 聊聊你现在的感受。
- 用"我"开头的句子避免对别人的无端指责（例如，"当别人开我玩笑的时候，我觉得很尴尬。"）。
- 如果发生冲突，就负起自己该负的责任。
- 用平静而坚定的声音表达你的想法（在第8章中将深入探讨如何变得坚定、自信的技巧）。
- 做诚实的人。

- 聆听。
- 从朋友的角度考虑问题。
- 一起合作：把问题说清楚，聊聊双方的感觉，想想可能的解决办法。
- 如果不知道如何解决问题，就和一个你信任的成年人聊聊。

不应该

- 夸大或者撒谎，使整件事情看起来更糟糕。
- 散播流言或者拉帮结派使其他朋友也卷入冲突。
- 指责别人。
- 用沉默来报复别人。这种做法永远不能解决问题，只会让事态恶化。如果你需要一个人想想，就请告诉你的朋友。
- 假装你什么感觉也没有或者不表现出任何情绪。
- 用"随便"或者"我不在乎"这样的话来隐藏你的真实感受。
- 在背后议论朋友。
- 讥讽你的朋友，引其他人发笑。
- 对朋友的感受不予理睬。

玩"告诉还是告状"游戏

我发现很多女孩不知道告诉（因你解决不了问题但又想解决而向大人求助）和告状（为了让另一个孩子陷入麻烦而向大人求助）的区别。当孩子们将某件事情告诉大人的时候，她们通常感觉很无助，需要大人的帮助以平息冲突。当孩子们告状的时候，她们只想让大人注意到"冲突"的存在而非解决冲突。这也是一种隐秘的当众羞辱某个孩子的方式。

让你的女儿想象两个场景：一个场景是一个女孩也许需要将某件事告诉大人（例如，一个朋友正在做一件危险的事）；另一个场景是一个女孩想要告状（例如，她"平时"吃午饭的地方被别人占了），用游戏的方式把两个场景表演出来。跟她讨论每个场景的细节，让她理解告诉和告状的区别。如果她能想到避免告状的解决办法，就给她一些额外的奖励。我自己一般喜欢用彩虹糖而不是干巴巴的得分来作为奖励，当然你也可以有自己的创意。

走出迷宫

有时候，帮助孩子解决她们在同伴关系中遇到的冲突，会让人觉得像掉进了一个让人晕头转向的迷宫。就在你以为已经走到拐角的时候，却又碰上了另一个死胡同，哪里都是围墙，没有出口。女孩们总是告诉我，一旦问题变得越来越严重，就根本没有解决办法了。所以，赋予她们能量，让她们继续努力，非常重要。

在一张纸上画一个迷宫。走出迷宫的关键不是避免遇到死胡同，而是努力闯过死胡同。这个游戏里没有所谓的"正确"路线，只是每个死胡同都设计在一条道路的旁边。这个游戏的目的是帮助孩子在解决问题的时候能够有始有终。

在起跑线上写一个问题（例如，我跟最好的朋友吵架了）。在第一站写上："是什么导致了问题？"在这里停下来，讨论引发冲突的可能的原因。在下一站写上："我做了什么导致了问题的发生？"帮助孩子弄清楚她在冲突中扮演的角色。接下来，在下一站写上："我对这个问题感觉如何，我们该如何解决这个问题？"鼓励孩子把她对冲突的感觉说出来，以及她如何与自己的朋友交流。在下一站写上："想出三个可能的解决办法。"花一点时间进行头脑风暴，考虑可能出现的结果。在她到达迷宫终点前的最后一站写上："选择一个解决办法。"

通过和女儿玩这个走出迷宫的游戏，你教会了她对问题进行思考，关心对方的情绪反应，以及找到问题的解决办法的重要性。

"救生员"牌圈圈糖

还记得我们小时候玩过的糖果项链吗？我还记得在炎热的夏季跟朋友们到处闲逛，分享各自的糖果项链，无缘无故地大笑，又觉得什么都那么好笑。那个时候我还很小，不知道女孩可能变得很"坏"，友谊也可能会在没有任何征兆的情况下戛然而止。我多么希望能回到过去，安慰小时候的我。

一个帮助女孩们认识到她们终将走出困境（跟朋友吵架、令人尴尬的时刻、被排挤的感觉）的办法是鼓励她们明白可以向谁求助。我想用我一直以来最喜欢吃的"救生员"牌圈圈糖和绳子来阐明这一点。

绝大部分女孩知道如果遇到困难，可以去向妈妈和爸爸求助，他们是最显而易见的支持者。但是我也想让女孩们想想，除亲人以外，还有谁是她们的"救生员"。我将"救生员"描述成无论任何情况下都能够倾听、支持和帮助她们的人。我给女孩们一包圈圈糖和一根绳子，让她们一次说一个"救生员"。"救生员"可以是一位老奶奶、一位阿姨、一个朋友或者一位老师，甚至可以是一个邻居或者图书馆的管理员。在将圈圈糖穿在绳子上之前，她们必须说出为什么这个人符合"救生员"的标准。这个人的哪些条件可以让他成为一个"救生员"？

有几个女孩最后在项链上只穿了三四个"救生员"，有的十多个。无论多少，她们都觉得很宽慰，也比做这个游戏之前更自信了。女孩们跟朋友交往通常只是为了能一起玩耍，但事实并不仅仅如此。我们都需要能够支持自己的人，我们都需要自己的"救生员"。知道在困境中有谁能够依靠，能让女孩们在遇到挫折时保持冷静和自信。

友谊饼干配方

我喜欢烘焙。这是我最喜欢的消解压力的方式，能让我立刻感到心静神宁。我最美好的儿时记忆就是与妈妈和兄弟姐妹一起烘焙，尤其是在节假日，所以现在厨房是家里最令我开心的地方。当我跟一群女孩一起工作的时候，突然想起我也许可以利用自己对烘焙的热爱来帮助她们。

我给了她们一些绘画材料，让她们做一块自己想象中的饼干，当然我也建议你真的和你女儿在家里一起烤饼干。至于饼干的配方，其中有些配料是甜的（糖），有的平淡无奇（泡打粉），有的可以加点刺激色彩（巧克力），但是你需要正确分量的所有材料，这样才能烤出好吃的饼干。如果你忘记放那些平淡无奇的材料，例如泡打粉，你的饼干可能就会太干瘪。如果你想让味道变得比较特别，加了很多巧克力，你的饼干可能就太甜了。你得把所有的材料都拌在一起，每样都用一点。

女孩们做饼干、讨论配料的时候，我让她们仿照饼干的配方为友谊拟一个配方。例如，如果配方里有一茶匙香草，那在友谊的配方里就是一茶匙善良。一开始她们觉得很难，但是很快她们就进入了热烈的讨论，想着友谊的配方是什么样的，或者那个想象的饼干的配方是不是真的能够烤出好吃的饼干。

这是一个很棒的跟女孩们讨论重要话题的方式，还很好玩。而且，谁知道呢？没准你们真的能发明一个能做出很好吃的饼干的新配方！

赞美自己的友谊

这个方法听起来太简单了，但是我们的女儿就是通过观察我们如何与他人相处来学会交朋友的，而不是听我们一遍又一遍地耳提面命该怎么做一个好朋友。然而，你自己是不是也总懊悔做错了什么，当然也觉得很内疚。

跟孩子聊聊你的一些很好的朋友。跟她们分享你有哪些持续了一生的友谊（我女儿就很喜欢看我和我那些老朋友穿着及膝袜的照片），聊聊那些每天帮你端茶倒水的朋友。找时间跟朋友聚一聚，这样女儿就能看到你如何与朋友相处，当你帮助了一位处于困境中的朋友，也要让女儿知道。最重要的是，成为一个你希望你的女儿能够成为的人。

友谊的钥匙（关键）

当女孩们在交友的过程中遇到困难来向我求助时，她们总是想着埋怨其他人做错了什么。她们不知道为什么自己跟朋友的相处出了问题。我当然会让她们把想说的都说完，并且提供帮助，我也会帮她们明白一个简单的道理：一个巴掌拍不响。当然，有时候别人会伤害我们、让我们失望，但我们也应该想想自己做错了什么。我们为这份友谊做了什么？我们还有什么需要做的？

这种活动很适合一群女孩一起参与，因为会引发她们热烈的讨论，但如果是一对一的活动，效果也不错。从网上下载一个钥匙的图案，打印一些。跟孩子们聊聊钥匙如何开门、启动汽车、打开包厢以及其他功能。没有钥匙，我们没法将贵重的东西锁起来，或者在我们想迎接新朋友、新体验的时候能够打开心门。在现今这个时代，钥匙尽管显得没什么技术含量，却在我们的生活中一直扮演着重要的角色。

现在，我们来谈谈成为一个好朋友的关键。成为一个好朋友意味着什么？一个好朋友应该具备什么样的品质？和女儿一起装饰你们的钥匙，每次说一个好品质，讨论你们如何才能拥有这些品质。每个人设立一个目标，即成为好朋友该具备的一个品质，一周之后再回过头来检查你为具备这个品质做了哪些努力。

这些活动有些看起来似乎太肤浅了。这些与交友有关的活动怎么保护你的女儿不遭受同伴欺凌和网络暴力呢？其实，你不可能让你的女儿不接触这个世界的任何黑暗面，但是当你帮助她提高自己的能力，教会她如何成为一个朋友时，她们就能够勇敢地面对别人的欺凌，并且挺身而出保护朋友。所以，赋予女孩们能量，让她们成为别人的好朋友，才是帮助她们脱离困境的最好办法。

第 2 章
No More Mean Girls

成为最受欢迎的女孩

> 避开名望,它有许多陷阱,没有实际好处。
> ——威廉·佩恩

西耶娜有很多朋友,部分原因可能跟她的焦虑有关。她内心里有一种迫切的需要,希望能受到所有人的喜欢。当她觉得人们不喜欢她的时候,她就会变得焦虑不安。到了四年级的时候,她已经有了长长的一串好友名单。

喜欢结交朋友带来的一个问题是,西耶娜不得不变得八面玲珑。她总是想改变自己,以迎合新的朋友,建立新的友谊,但这也让她现有的友谊出现了问题。她没法跟所有人都说实话,随着时间的推移,不断撒谎的行为又加深了她的焦虑。讨好朋友变成了她根深蒂固的一个习惯。她需要朋友们喜欢她。在努力想被所有人喜欢的过程中,她毁掉了与她交往多年的好朋友的关系。到了四年级快要结束的时候,她觉得自己一个"真正"的朋友也没有了。一天,她泪流满面地向我倾诉了她的悔恨和内疚(对于一个才 10 岁的孩子,这两种情绪已是相当复杂了)。她用"最好的"友谊交换了一大群表面上的朋友,她希望自己能够回到过去,来弥补那个对她来说仿佛改变了她一生的错误。

我们知道,对于少年和青少年来说,身份认同是一个亟待解决的难题,但事实是,孩子们早在青春期之前就已经开始探索自己的新身份,并且思索自己是谁以及自己应该是谁。童年中期（6～10岁）是社交及情绪的快速发展时期。孩子们努力获得自主权、能力和个性。他们也努力争取友谊，与家庭以外的成年人（老师、教练）建立联系。这段时间，孩子们开始构建自己的朋友圈，也飞速成长和发展。

> **温馨提示**
>
> 鉴于以下原因，童年中期是一个孩子自我认知发展的重要阶段。
> - 孩子们离开家庭的时间更长，开始思考自己在社会中的角色。
> - 他们不再那么以自我为中心，开始有了更多同理心。
> - 开始学习更多的技能，尝试新的事物（艺术、体育等）。
> - 他们的社交活动在生活中占据更多的时间，开始考虑其他人如何看待或者评价自己。
> - 学会从不同的角度看待事物，开始研判自己的社会角色。
> - 归属感变得重要，开始努力思考需要做什么才能归属于某个群体（一个团队、一群朋友、一个班级等）。
> - 他们开始努力在更多的个人自由、自己的个性以及外界影响导致的更高要求之间取得平衡。

童年中期，女孩们开始走出父母的控制，管理自己的行为和关系。当然，这只是在理论上。有时候，父母也会参与到这个本就已经很复杂的过程中去。紧抓着孩子不放，总在孩子身边待着，时不时地耳提面命（当然，他们本意是好的），这样其实阻碍了女孩做出选择和掌控关系的能力。其实我有时候也会给女儿讲冗长烦人的道理，那些道理也许只是我女儿需要，但父母们真的应该放弃对孩子的控制，等到孩子真正需要的时候再提供建议。如今的父母们总是想着采取主动，在孩子受到任何伤害之前预先解决问题！但是，更重要的是，给予女孩们自己管理生活的自由，即使这样的自由有时候会带来眼泪、挣扎和复杂的情绪。

走出父母精心保护的舒适区，让女孩们有机会去想清楚她们是谁，想要成为什么样的人。在女孩们将时间花在培养自己的能力（打垒球最开心了）、承受失败（跳舞太难了）上时，她们开始渐渐与父母分离。她们会花大量的时间努力知道她们如何才能表现突出，如何融入周围的环境。

在这个阶段，女孩们的自尊心来源于她们取得的成功。她们开始拿自己和其他女孩比较以达到所谓的其他人的期望，缺乏成熟的社交技巧会导致她们与同龄人的交往出现问题，而这又直接影响了她们的自信心。总的来说，对取悦别人、显示自己的能力和被喜欢的需求给女孩们带来了极大的压力，如果任其发展，则会演变成焦虑和抑郁。

父母们经常问我，自信心受损在多大程度上会影响他们的女儿。我们也都经历过这样的阶段，就是觉得我们无法达到外界对我们的期望，是不是？几乎所有的女孩都烦恼过自己的体形、被其他女孩欺凌和自我价值感低，难道这不是成长过程的一部分？这些过去曾是十几岁女孩的父母在她们经历叛逆青春期时问我的问题，可是如今我竟然听到小学低年级的父母问我同样的问题。在我给出建议之前，如果他们愿意回答这些问题，我听到的答案大都类似："她得自己应付这些事。女孩不都得经历这些吗？"

我不否认，女孩们有时候需要自己应对一些复杂的事情，但是父母这种"让她自己应付"的态度并不能真正教会她们如何应对类似身体肥胖、同伴欺凌等问题，也忽视了很严重的一个问题：自卑。

自卑并不是一瞬间就产生的感觉，也不会慢慢消失，不再困扰她。这不是她主动做出的选择，谁愿意整天就想着自己的不好呢？大部分时间，女孩们甚至都意识不到她们陷入了自卑的恶性循环中。当她们陷入了自卑的怪圈中时，常常脱口而出"她们不是真的喜欢我"和"我不聪明"这样的话。自卑并不仅仅是"感觉糟糕"，它是一种心态，会影响一个孩子生活的方方面面。它会影响她的学习成绩、社交关系以及对于体育运动、俱乐部和其他活动的参与，也会损害家庭关系。父母们绝不能忽视这个问题，因为它可能会无声无息地摧毁一个孩子。

也许你会认为这些潜在的风险只属于青少年,但请记住女孩们会慢慢长大的。在小学阶段发生的事情会直接影响青少年时期,它们有着天然的联系。世界各地关于女孩的研究都显示父母、教育工作者需要立即采取行动。

温馨提示

自卑的女孩可能会出现以下问题:

- 焦虑症。
- 抑郁症。
- 自残(例如,拿刀割伤自己)。
- 饮食失调。
- 学业成绩较差。
- 早期性行为。
- 酒精及药物滥用。
- 犯罪行为。
- 退学。
- 未成年怀孕。

以英国女童军总会 2016 年所做的"女孩态度"调查的结果为例。女童军总会是英国最大的女童慈善组织,每年都会对超过 1600 名年龄在 7~21 岁间的女孩和年轻女性进行调查。以下是一些调查结果:

- 36% 年龄在 7~10 岁的女孩说,她们认为最重要的是她们的外表。
- 69% 年龄在 7~21 岁的女孩和年轻女性觉得她们不够好。
- 25% 年龄在 7~10 岁的女孩听到过别人对她们的体形进行恶意的评价。

- 28% 年龄在 7～10 岁的女孩担心或焦虑。
- 40% 年龄在 7～10 岁的女孩担心自己在学校表现不好。
- 31% 年龄在 7～21 岁的女孩和年轻女性担心其他人对她们的看法。
- 37% 年龄在 7～10 岁的女孩担心遭到欺凌。[1]

杰西卡做事总是半途而废，这让她的父母很失望：那些她选择学习又很快放弃的活动给家里增添了很大的经济负担（尽管我问过她妈妈，如果杰西卡没有放弃，这些费用是否会让她觉得是负担，她的回答是"不会"），杰西卡似乎没有任何"信念"或"方向"。这就是杰西卡的父母对她的看法。但是和我单独在一起的时候，杰西卡给我讲了一个完全不同的故事。

杰西卡百分之百地确定，自己什么都做不好。她放弃那些活动，并不是因为它们太难了，而是因为她觉得她的能力不够。其实，放弃对她来说也不容易。她是那种看起来什么都不在乎的孩子，但是每次求父母让她放弃的时候，她都会感到极大的内疚和羞耻。这些感觉更让她私下里觉得父母对她失望极了，每次她想"找到自己的方向"却又失败的时候，她的自卑就又多了一分。对于杰西卡来说，这种负面想法就像一个恶性循环，但是她又没有勇气向父母坦承自己的感受。不管你信不信，继续接受父母对她缺乏上进心和恒心的批评反倒比直面自己最大的恐惧感更容易。

关于杰西卡的故事，我已经从女孩们那里听到过无数次了。尽管如今我很高兴看到女孩们有了更多的机会（要是我 10 岁的时候能够参加长曲棍球联盟，而不是为了偶尔能得球而努力向男孩们证明我的实力，我会特别开心），但这对她们也是一种压力。伴随着压力而来的是期望，父母会期望女孩们在很小的时候就能找到自己的爱好、优势、人生目标。他们还期望自己的女儿能够立即获得成功。

玛莉讨厌足球。她妈妈告诉我"她真的很有天赋"，但是她一点也不喜欢足球。其实，她真正讨厌的并不是足球，而是它带来的压力。玛莉得到过很多关于她的"足球技巧"的"积极"评价。事实上，别人甚至告诉她，她是队里最好的队员。这些本是为了激励她的话，却起到了反作用。玛莉每周都觉得自己面临着巨大的压力。事实上，她都想退出了，这样她就不用再担心周六的比赛她踢得好不好了。

令人悲伤的是，足球并不是唯一让玛莉觉得承受不了的压力来源。其他女孩嫉妒她得到的关注。她们看到了玛莉射门得分，看到了父母和教练对玛莉的积极评价，有些女孩甚至得听着自己的父母拿玛莉跟她们比较（例如，"为什么你不能踢得像玛莉那样好？"），由于这些原因，女孩们开始排挤她。她们不想再看到玛莉那么突出。玛莉自己也厌倦了。本来是有趣健康的课外活动现在变成了极具竞争性的压力来源，孩子们之间的友谊也荡然无存。玛莉压力太大，不想再继续下去了。她宁愿有几个好朋友，什么都不做，也不愿意当一个没有任何朋友的足球明星。顺便提一下，她才读四年级。

自然，当玛莉提出想退出足球队时，她的父母惊呆了。他们无法理解，这么有天赋的一个女孩为什么这么没有自信。这就是问题所在。父母们总以为只要孩子有某方面的天赋，就肯定特别自信。他们以为，只要女孩们知道自己的优势，就一定会对自己感觉特别良好。父母们用这种简单的思维方式帮女孩们树立自信。问题是，有优点并不意味着就拥有了一切。以玛莉为例，在运动场上她感到自己很强大、很有能力，没人能够阻挡她前进。但是当她走出运动场，她会不知所措。尽管她的父母将所有的注意力都放在足球上，现实是，足球只是玛莉生活中很小的一部分，还有很多别的事她要面对。

女孩的自信心反映了她如何看待自己，如何看待周围的世界，如何对这个世界做出自己的贡献。虽然每个女孩的自信心每天会有轻微的起伏，但她们对自我价值有相对稳定的看法。这是件好事。如果没有一定的自信，女孩们不会愿意走出自己的舒适区去冒险。

当女孩们自我价值感较高，认为自己有能力时，会愿意尝试新事物，结交新朋友，适度地冒险。然而，当女孩们自我价值感较低时，她们会陷入自我贬低的恶性循环，表现为在新环境中不安，不愿意适度地冒险，只待在自己的舒适区里。这些行为并不容易被发现，因为自卑的女孩们很擅长掩饰这些感觉。她们只愿意和自己熟悉的朋友待在一起，参与一些自己擅长的活动，展现自己已经熟悉的技能。从某种程度上说，她们通常在外表上表现得没问题,但内心却挣扎痛苦。

> **温馨提示**
>
> 注意这些可能说明女孩们自卑的迹象(即使你觉得你的女儿还没问题):
> - 自我贬低。
> - 过度批评自己的能力或者努力。
> - 悲观的语言。
> - 缺乏自信的身体语言(塌陷的肩膀、下垂的眼角、悲伤的面部表情)。
> - 不愿意努力或者过早放弃。
> - 逃避行为。
> - 批评或者讽刺其他人。
> - 责怪别人。
> - 过度忏悔。
> - 远离同龄人。
> - 对于善意的批评或者反馈反应过度。
> - 行为上的改变(大吵大闹、顶嘴、故态复萌、欺凌同伴或者兄弟姐妹)。
> - 不愿接受表扬。

自卑感会在多方面影响一个女孩,实际上它会影响她们生活的方方面面。当女孩们缺乏自信的时候,她们在课堂上不愿意举手回答问题或者参与课堂讨论。这也会直接影响她们的学业成绩。在社交场合中,自卑的女孩不愿意结交新的朋友或者加入新的群体。遇到不公平的事,她们也不愿意出言劝阻。在运动场上,自卑的女孩不愿意冒险,总是后退,宁愿看别人玩也不愿意自己参与。在其他方面,她们也会有同样的表现。当女孩们觉得自己没有能力的时候，她们便不再愿意努力。

　　让我们很难看到自己孩子自卑的一个重要原因，是我们总是看到她们身上最好的一面。玛莉的父母不愿接受她自卑的事实，是因为在他们眼里女儿是坚强、有天赋的足球队长。像他们这样的父母，我见过太多了。他们问"她怎么能那么觉得呢"的时候，并不生气或者失望，他们这样问，只是因为他们太关注孩子的优点了，以为她因此就有了自信。父母只有因为孩子的行为烦恼或者希望找到问题的根源时，才会跟我分享孩子的缺点。但如果只是聊到孩子的自信心，我听到的都是"哦，她很棒，很快乐"或者"我们家女儿就是太自信了"。但关起门来，我从孩子那里听到的，却是完全不同的故事。

　　奈莉就是一个很善于掩饰自卑感的女孩。她每天都会悄悄地拿老一套应付妈妈。从学校开车回家的路上，妈妈会不停地问她问题。你考试考得怎么样？午餐吃得怎么样？你周末想邀请谁到家里来玩啊？问题没完没了，好像妈妈花了一整天的时间在想这10分钟的车程里该问她什么问题。有一段时间，这些问题让奈莉不胜其烦。她只想坐着看看窗外的风景，不跟妈妈说一个字。然而，某天，奈莉突然觉得妈妈问这些问题绝对是有目的的。她明白了，妈妈只是想知道她在学校过得好不好，是否受欢迎（或者类似的事）。因此她制定了一套秘密策略来应付妈妈：告诉她三件很棒的事，以及一件不那么高兴的事（这样妈妈也就有了要解决的问题）。这个策略果然奏效了，妈妈的问题停止了。

　　事实是，奈莉那一年在学校过得很不好。三年级的时候，上学突然变成了一件很痛苦的事。她发现自己的功课很难跟上，同时她的朋友们也似乎不再跟她那么亲密了。她不知道吃午餐的时候该坐在哪儿，所以她常常一个人坐着，假装在看书，其实她根本就看不进去。当然也不是一直都那么糟糕。有时候，她跟几个朋友一起玩，功课她也能跟上。但让她伤心的时候总是多过高兴的时候，更多时候，她觉得自己被落下了。妈妈不让她看朋友们都在看的电视节目，所以她总觉得朋友们聊天时插不上话。她被邀请去朋友家里过夜和一起玩的次数都没有以前多了。每天都有让她垂头丧气的事，但是妈妈希望她快乐，所以她装出一副高兴的样子，只说妈妈想听的事。没必要让她们两个人都垂头丧气的。

由于自卑有时候很难被察觉，尤其是你的女儿有意隐瞒的时候，一定要注意那些会引发女孩自卑的苗头。成年人常常只会注意到那些比较明显的征兆：不愿意跟朋友出去玩，学习成绩下降，或者跟亲密的朋友闹翻了（这只是其中几个例子）。这些事情当然能让女孩们受到打击，但不一定是这些大事才能打击女孩们的自信，我所说的那些"小压力"和"小挫折"也能让她们的自信受损。

我们仔细看看奈莉的故事，当她的自信心逐渐下降的时候，并没有一个特别明显的征兆。她只是觉得在学校很难过，但也不是一塌糊涂。她有时候觉得被排挤，但她也想办法延续了友谊。奈莉的生活没有什么大的变化能引起她内心的巨大波动，她的自我价值感只是在一点点地降低。

奈莉每天的确面对着一些小压力。大声朗读对她来说就是折磨，但是有时候她不得不读。她喜欢可以动手的活动，不太愿意在群体里发言，所以小组项目也让她压力很大。有时候作业很难，她也不得不面对一些小挫折，例如，调整与小伙伴的关系，每天都得向妈妈汇报家庭作业，被哥哥嘲笑，这些慢慢累积起来，让她感觉不堪重负。影响奈莉的也许不是什么大的事件，但数不清的小压力和小挫折累积在一起也能压垮她的自信心。

什么导致了女孩的自卑感

如果我能给你一个长长的清单，让你一项项对照着检查，然后你就不用再担心你家女儿出现自卑的问题了，听起来是不是很棒？我也希望有这么一份清单。可是，事情并没有那么简单。引起女孩们自卑的原因也许确实有些共性，但是，每个孩子都是独一无二的。我常常告诉女孩们，我们都是从自己的角度看待这个世界。有的女孩也许有种与生俱来的能力，仿佛自带玫瑰色滤镜，能看到最坏的事情中也有值得庆幸的地方，而有的孩子却只看到最坏的一面。所以，我无法给你一个类似的清单。我们能够做的，只有寻找一些规律。

首先，想想你女儿的性格。她对生活的基本看法是什么？你觉得她有哪些长处？她觉得自己有哪些长处？她有哪些不足？我们花点时间坐下来对我们的女儿做一个整体的评价，我们就会真正了解她们是什么样的人，有什么能导致她的自信心发生改变。

温馨提示

回答以下问题，你就会知道你的女儿与自信心有关的基本性格。

- 她一般是乐观还是悲观的？
- 她常常担心吗？
- 她如何解决问题？
- 她如何应对负面评价？
- 她空闲时间一般做什么？
- 她喜欢跟朋友们做什么？
- 如果事情没有按她的想象发展，她会有什么样的反应？
- 她的长处是什么？
- 为什么其他孩子会被她吸引？
- 她有什么不足之处？

一旦你确定了你女儿与自信心有关的基本性格，就可以想想哪些外部因素会提高或降低她的自信水平。她努力完成了一份报告，在得到老师的好评后可能会自信心大涨，而下课后练习长曲棍球时受到教练批评又会导致她的自信心下降。父母们可以看看以下这些方面存在的潜在的可能会导致孩子自信心下降的因素，仔细想想它们是否会影响你的女儿。

关系

与父母、兄弟姐妹、老师、教练和朋友的关系在还处于上学阶段的女孩们生活中扮演了很重要的角色。一旦女孩们开始上小学，她们就努力发展自己的个性和家庭以外的各种关系。与另一个女孩的关系（双方在关系里都付出了同样的努力）能够提升一个女孩的自信，而不和睦的关系也能降低一个女孩的自信。

来自父母的频繁的批评，来自老师或教练的长期的负面评价，与兄弟姐妹关系不好，感到被小伙伴们排挤或者拒绝都会引发一个女孩的自卑感。

外表和体形

我记不清有多少次了，女孩们来到我的办公室，告诉我她们希望改变自己的外表或者为什么"好看的"女孩朋友最多，可是每次听到她们这么说，我的心都会一沉。这是过去我跟中学女孩交谈时经常听到的内容，但是现在是一个二年级的女孩望着我的眼睛，问我她看起来到底有多胖或者其他人是怎么看待她们的。

当你觉得词穷的时候，当然也可以跟她们说些老掉牙的话，比如"内在美最重要"，但现实是女孩们遇到这些与外形有关的问题越来越早，也越来越频繁。如果她们问你一些尴尬的问题，让你觉得不知道怎么回答，只想移居到一个无人的小岛直到你女儿长到 21 岁再回来，那是因为她们每天在外面真的会经常听到人们在谈论这些话题，而她们又想弄清楚。对很多女孩来说，这些话题和感受都会极大地影响她们的自信心。

《多芬全球美丽与自信报告》（Dove Global Beauty and Confidence Report）在调查了 13 个国家超过 1 万名妇女和女孩后，结果显示妇女和女孩在身体自信心上出现了显著的下降。[2] 值得注意的是，79% 的女孩说当她们对自己的外貌感到不自信的时候，她们会选择不参加一些重要的活动，例如运动队或家庭活动以及自己喜欢的活动。不仅如此，70%"对身材不自信"的女孩说如果她们对自己的外表不满意，她们就不会坚持自己的观点或者决定。尽管老话有些道理，可我们的女儿们很显然正为自己的外貌和体形感到痛苦。

成就

前面我曾经提到过，有些女孩只有获得一些成就才会感到自信。不少专家指出，过度或者不正确地使用表扬可能是引起问题的原因之一。有些专家甚至告诉我们，这一代的孩子如果不能时时给予积极表扬，就什么也做不了了。这种极端现象确实存在，但我认为这不是唯一的原因。

当我问女孩们，为什么成功对我们这么重要时，她们经常告诉我，只有成功了，才能获得友谊。当然，当她们做了某件值得表扬的事情后，获得父母的赞许会让她们非常开心，但她们同时也觉得这样其他孩子会尊敬她，老师也会注意到她，因此她们喜欢进球得分、考试得满分或者获得奖杯（可不是那种参与奖）。但最重要的是，成功让她们感到喜悦。

当然，生活是复杂的，绝大部分孩子都会不断经历成功和失败。知道如何应对失败的孩子（第 10 章将有详细论述）能够顺利走出低谷，而对于那些不知该如何应对的孩子，这将会对他们的自信心造成极大的伤害。

生活中不可预料的变化

我们的人生中总有高低起伏，这些都可能或好或坏地影响我们的自信心。对于幼小的女孩们，生活中大的变故可能会引起情绪的剧烈波动。如果你的生活中出现了以下变动，一定要注意它是否影响了孩子的自信心。

- 搬迁
- 离婚
- 转学
- 家人的离世

学习压力

学习压力通常是造成孩子自卑的原因之一，其中的缘由不难理解。多年来，我一直为那些学习上有困难的孩子提供心理疏导。有的孩子来找我咨询之前，已在公立或者私立学校痛苦挣扎了许多年。当你一直觉得你上课时什么也听不懂的时候，怎么可能对自己有积极的看法？

我曾经在一个女孩的父母面前把这种情形比喻成轮胎漏气。当你的车胎轧了一颗钉子，它会立即漏气，但是轮胎还能跑。如果你不停地轧到钉子，轮胎漏气就会越来越严重，直到完全瘪了。对这个女孩来说，上学就像是踩在一颗又一颗钉子上。每次小考失败，单词记不住，或者没有理解作业的要求，她都会漏一点气。每一天都如此。

如果你女儿在学业上遇到了困难，即使是很小一点，她都很可能因此认为自己能力不行，自信心大受影响。童年中期是孩子的能力逐渐得到发展的阶段。如果你的女儿大部分时间都花在了学业上，但效果不佳，那么她就会像一只漏了气的轮胎一样垂头丧气。

小心负面信念

还记得那个不停寻找朋友、取悦别人的西耶娜吗？当我们对她希望博得所有人喜欢的需求进行仔细分析时，发现她的取悦行为根源在于她对自己的负面信念。原来，西耶娜一直觉得自己很"不讨人喜欢"。她很小的时候，父母就离婚了，她的爸爸经常出差，有时候会为了工作而临时取消周末陪她的决定。她跟妈妈几乎天天吵架。两人争吵的原因既有小事，例如谁忘了把垃圾拿出去，也有大事，例如该怎么跟爸爸搞好关系。西耶娜的家庭生活持续带给她负面影响，因此，她对自己有了极为负面的信念。

例如，每次跟妈妈吵完架之后，她都会觉得特别内疚。因此，她得出的结论是她不善良。每次爸爸因为工作取消周末一起玩的计划，她就会觉得痛苦和受伤。因为这些经历，她得出的结论是她不讨人喜欢。为什么她要拼命地在学校结交朋友呢？因为她觉得只有这样才能驱散那个自己不讨人喜欢的心理阴影。她不知道该如何改变自己的想法和感受，而是努力地在学校讨好别人，变成了一个完全不同的自己。

孩子们这样做也有家庭以外的原因。简在学校总是不容易交到朋友。她不知道如何跟别人聊天，只会站在人群外面看着女孩们聊得热火朝天。其他女孩一开始对她还不错，但她们不会主动找她玩。她就只是在那里看着。她也去观察电视剧里的角色是如何融入别人的，我觉得这个办法倒挺聪明的。为了引起大家的注意，她模仿自己最喜欢的电视剧里的台词。这个办法一开始也还奏效，但是后来有个女孩发现了她的秘密，然后大家开始躲她。当我帮助简分析自己的感受后，我们发现她的行为受到一个负面信念的直接影响：她觉得自己没有能力交到朋友。她只能扮演成另一个人。

负面信念不容易被察觉，因为它们并非一朝一夕形成。当糟糕的经历一次次打击女孩们的时候（例如简总是没法加入别的女孩群体），她们就会形成负面信念。她们开始丧失对自己的信心，觉得自己永远也不可能改变了。但好消息是，她们能够改变自己的看法。

女孩们希望在集体中找到归属感，这是非常自然的一件事。童年中期，孩子们面临的一部分挑战就是找到自己（除了家庭之外）的归属感。女孩们希望找到自己所属的小群体。父母们经常告诉我，他们要么担心自己的女儿拉帮结派，要么担心女儿被别人排挤，但女孩们可不认为这是拉帮结派。她们只是在寻找和自己趣味相投的人，她们只想找到和自己"一样"的人，她们想拥有归属感。

一个10岁的女孩曾经跟我描述过她们学校下课后操场的样子。她聊到有的女孩会玩"123，机器人"的游戏，有的会一边散步一边聊天，有的会玩过家家的游戏，有的会玩跳格子的游戏。我问她更愿意跟哪些女孩一起玩，她只是简单地告诉我，女孩们都是跟和自己有相同兴趣的人在一起。我问她哪些女孩"最受欢迎"，她说，只要看衣服就可以了。受欢迎的女孩穿的衣服都差不多，她们什么也不干，只是坐着聊天。要么，女孩们就是按自己的兴趣分成一组组。乍一听，这种做法似乎挺好的，每个女孩都属于某一个群体。唯一不太好的地方就是，这些群体一旦形成，就很少改变。如果离开某个群体加入另一个群体，就会被认为是"坏女孩"才干的事。

所以，女孩们的交往有时候会出现某种复杂的等级制度。如果你不明白在女孩们社会交往能力发展的过程中，为什么自信心扮演了很重要的角色，那么我的答案是，这是因为一旦你找到了自己归属的群体（当然前提是如果你能够找到的话），你就不能离开。你必须一直留在这个群体里并且努力取悦和打动其他的成员，否则你就会失去你的位置。这并不容易。跟外界每次积极的互动都能提升一个人的自信心，但消极的互动则会使自信心磨灭殆尽。对女孩们来说，交朋友并不简单地意味着找几个看起来不错的女孩一起玩，而是像在玩一个永不会结束的名为"你还喜欢我吗"的游戏。

喜欢 vs 招人喜欢

我曾经花了很长一段时间和女孩们一起分析"喜欢"到底意味着什么。在我的办公室里，我经常听到她们说"她不喜欢我""我不喜欢她"和"你觉得我招人喜欢吗"。希望融入群体和找到可以归属的群体的压力太大了，女孩们会花费大量时间琢磨其他人喜不喜欢她们。她们甚至担心父母是不是喜欢她们！一个二年级的小女孩曾告诉我："你爸妈不得不爱你，但这不表示他们真的喜欢你。"难以想象吧？

要扭转她们的这种负面想法，我们需要帮助她们理解喜欢和招人喜欢之间的区别（可借助稍后的"女孩可以"中的巧克力棒实验）。女孩们总是在纠结别人如何评价她们，完全忘了区区几个人的评判根本无法说明她们是什么样的人。有时候我们只需问她们一个简单的问题，就会帮助她们转换思考方式：为什么你招人喜欢？

受欢迎程度对女孩来说意味着什么

当女孩们将注意力放在好朋友的数量而非友谊的质量上时，跟其他女孩的交往就变成了一场数字的竞争。总有人的好朋友特别多，也总有人没几个好朋友。对女孩们来说，这就决定了她们之间的尊卑等级。为了成为那个好朋友最多的人，你可能不得不打败几个竞争对手，然后夺取她们的朋友。这种做法很危险，不论是对攻击者还是受害者。这种恶性循环将影响双方的自信心。也许你很难理解那个攻击者的想法，尤其当你是受害者的母亲的时候，但请注意，如果成功意味着你可能会在情感上远离所有其他女孩时，即使是成功爬上最顶端的女孩，也会觉得孤独。

这就是我们一开始就必须教授女孩们必要的交友技巧，而不是轻描淡写地把她们遇到的问题称为"大惊小怪"或者简单地将一个比较强势的女孩称为"坏孩子"的原因。我们必须设身处地为她们着想，帮助她们学会如何与别人交往，如何相互支持。

当我们鼓励女孩们从小就以积极的心态看待友谊时，她们就会学会用积极的态度来对待群体里其他女孩。她们不用去担心有多少女孩喜欢她们或者她们该做些什么才会讨别的女孩欢心，而是学会寻找每个女孩身上最特别的地方，利用自己的长处来博得大家的喜爱。这种积极的心态会帮助女孩们学会如何相互支持，相互成就，减少她们之间的恶性竞争。

在女孩们的成长过程中，她们的自信心会有高低起伏（这一点很正常），这在童年中期帮助她们形成对自己积极的看法非常重要。如果她们在这个阶段逐渐形成了对自己的负面看法，她们可能会陷入痛苦，并且需要极大的努力来摆脱这种负面心态。我们每个人都有不那么开心的时候，有时候甚至是很糟糕、很可怕、很难受的日子，帮助女孩们发现自己的优点能够提高她们的自信心。

女孩可以

巧克力棒实验

你曾经让孩子按照自己的喜好来将万圣节糖果分类吗？我记得我小时候就这样做过。首先，我们会将巧克力按品牌摆放。然后，我们将它们按喜欢到最不喜欢的口味分开，最后再互相交换。当我跟孩子们聊起"招人喜欢"这个话题的时候，想到了万圣节时的这个传统。从本质上来说，这个交换仪式就像是在评判这些巧克力糖果是不是招人喜欢。每个孩子对每种巧克力的喜欢程度不一样，而他们根据自己的喜欢程度来相互交换。

我用迷你巧克力棒（当然，是在得到父母的许可后）来帮助女孩们了解喜欢和招人喜欢之间的区别。尽管每块包裹着闪亮糖纸的巧克力糖看起来都很诱人，但肯定有的更招我们喜欢。当我们仔细分析是什么让它们招人喜欢时，就发现了外表之下的美丽。通过描述那些让巧克力糖好吃的小细节，女孩们学会了寻找细微的不同之处。再说，哪个孩子不喜欢有好吃的巧克力糖的实验呢？

拿一袋迷你巧克力糖（如果你不喜欢吃糖，可以用一包不同的水果），然后布置一个品尝中心。把你女儿的眼睛蒙上，让她只依靠自己的感官来描述每块糖的细节。是软的还是脆的？是甜的还是有点苦？它和其他的巧克力有什么不同之处？它有什么招人喜欢的特点？等你们品尝完所有的巧克力，让你的女儿思考，她有什么不为人知的特点能让她招人喜欢。她有什么突出的地方？为什么大家会喜欢跟她在一起？这个练习能帮助女孩们将思考方式从"那些女孩喜欢我吗"转变成"我招人喜欢是因为……"

重塑思考方式

我无数次听到女孩们向她们的妈妈抱怨与朋友的关系出了问题，结果得到的回答却是"别这么大惊小怪"，似乎女孩们就不应该说那些丧气话，可是我们都有感到生气或者失望的时候。我们要做的不是将她们的感受说成"大惊小怪"，而是教她们如何重塑自己的思考方式。当女孩们学会了将负面思考方式转换成积极、正面的思考方式时，她们就有能力独立处理棘手的情绪问题了。

首先，允许你的女儿发泄自己的情绪。我们都有倾诉自己感受的需要，即使这种感受是负面的，或者有些夸张。发泄自己的情绪能帮助女孩们先处理自己的愤怒和挫折感，再开始寻找问题的解决办法。其次，鼓励你的女儿将自己的消极想法用积极的语言重新表达。看看下面这个例子。

消极想法	积极想法
我没有朋友	我在学校有朋友
我不受欢迎	我有一小群好朋友
我不能解决这个问题	我会一直努力直到解决问题

当女孩们学会了重塑自己的思考方式,她们就有能力掌控一切,并且创造积极的结果或态度。自信心不足会让女孩们看不到自己的优点,这种思维方式上的转变有助于她们认识自己的优势,而不会陷入负面的思维模式。

积极思维模式花园

媒体对于表扬的态度总是褒贬不一。例如,它们会说不要过多表扬你的孩子,否则他们离开了表扬就什么都做不了了。表扬孩子付出的努力,而非得到的结果;只在真正需要的时候才表扬。这样的建议简直随处可见。但我的观点是,**表扬能让人心情愉快**。当你了解自己的优点,能够表扬一下自己时,心情就更愉快了。

和孩子共同建一座花园(当然是用做手工的方式)。用硬纸板剪几个圆形,接下来,剪一些花瓣。让女儿把自己的名字写在圆纸板上,然后让她在每片花瓣上写上或者画上跟自己有关的一些事。她可以写上"喜欢跳舞""好朋友"或者"喜欢数学"。她可以写上任何事情,不管大小。用胶水将花瓣贴在圆纸板上,画一些枝干,然后将这些花种在卧室的墙上!这个写满了表扬的花园会提醒女儿她很招人喜欢。她也许不能成为年级里所有女孩的朋友,但这并不意味着她就没人喜欢。

好朋友拼贴画

女孩们太想找到志同道合的好朋友了,以至于都忘了到底什么才是好朋友。所以,我们应该帮助她们将思维模式从"我怎么才能变得最受欢迎"转变成"我应该怎么做一个好朋友"。为了做到这一点,我们应该鼓励女孩们去想想她们的朋友们身上有哪些好的品质。

这个游戏可以让女儿自己玩或者跟另一个女孩一起玩。我发现,女孩们都很喜欢拼贴画,她们觉得寻找跟拼贴画主题相符的图片很好玩,还能跟小伙伴们一起讨论。通过需要创意的活动来跟女孩子们讨论比较复杂的话题会容易得多,因为这样可以减少无话可聊的尴尬。最后完成的成品还是一个很好看的纪念品,以后还可以时不时地拿出来看看。

把家里的旧杂志找出来，再拿一块大纸板。让女儿在杂志里找找哪些词或者形象代表了好朋友。一边找，一边跟她聊天，分享你们对于好朋友的理解。这个游戏能帮助女孩们打开自己的视野，同时仔细思考成为一个好朋友的重要性。

制作一个友谊词云

通过互相交往，女孩们得到一个错误观念，以为好朋友的数量就等于一个人受欢迎的程度。如果你有很多很多朋友，那更多的人就会想成为你的朋友。但是，朋友的数量并不等同于友谊的质量。

Wordle 是一个很有趣的网站，这里可以制作免费的词云，这是个很好的工具，能帮助女孩们理解友谊有哪些令人喜爱的特质。如果你对高科技不感兴趣，也可以用纸和笔帮女儿制作一个词云，但是我还是建议你和女儿一起探索高科技。让女儿告诉你，一个好朋友应该具备的特质，例如忠诚、有爱心、善良、有趣、聪明等。你应该知道怎么做。将这些词语放进词云的文本框，按"开始"按钮，然后一个她个人专属的关于友谊的词云就产生了。你们还可以用你们喜欢的颜色把这个词云打印出来或者保存起来。

专属彩虹

我发现，女孩们整天想的都是要变成什么样的人，而忘了自己本来的样子。我们都有优点和特长，但是整天想着别人有哪些优点，只会让我们妄自菲薄。此时我们可以借助专属彩虹这个游戏。

首先，我会提醒女孩们彩虹有什么特点。当暴风雨过去，太阳开始露出，天空会布满美丽的色彩。那个时候，整个世界就像被按下了暂停键。人们停下自己正在做的事情（驾车、工作、运动），抬头仰望，欣赏天空中那道美丽的风景。如果停下来仔细寻找，女孩们也能找到属于自己的优点和长处。

必需的工具：你所需要的只是一堆五颜六色的彩纸、彩笔、胶水或者胶带，以及一把剪刀。让女儿剪一片云朵，把她的名字写在中间。然后，剪彩虹的每个颜色。这个时候停下来，让她说说自己都有哪些优点。你可以问她一些简单的问题，譬如，你有哪些很棒的优点？你的哪些品质让你与众不同？让女儿将每个优点写在彩虹的每个颜色上，将它们贴在云朵上面。哈！你的女儿现在有了自己专属的彩虹，挂在自己的房间里，并且提醒着她，她有很多优点和长处。

喜悦日历

我们都知道，现在女孩们每天都过着忙碌的生活，她们总是停不下来，总有很多事情要做。她们甚至没有时间享受生活中的一些小乐趣，但正是这些简单的乐趣才能让她们感到平静和喜悦。

我会鼓励女孩们制作自己的"喜悦"日历，帮她们记得享受生活中的"小确幸"。打印一份日历（包括一年中的每个月）。让你的女儿在一周中每一天写一件她喜欢做的事。这些都应该是一些小事，但却能提醒她停下脚步，去享受生活，例如，她可以写骑单车、浇花、画画、荡秋千、在外面玩等。要把整个日历填满可能需要好长时间，而且可能会有很多重复，但是一旦完成，你女儿就有了一整年让她喜悦的事了。

点赞按钮

女儿肯定看见过你使用一些社交媒体，如果没有，那我希望你至少和她谈论一下社交媒体。我敢打赌，她肯定听别人提过。不管她从你那里还是别人那里了解到社交媒体，她肯定知道 Facebook 或者 Instagram 上的点赞按钮，按下这个心形按钮就表示你喜欢别人发布的内容。有一次在一个公园，我偶然听到一个 8 岁的小女孩每隔 5 分钟问她的妈妈一次："我发的视频有多少人点赞？"

社交媒体的好处是能让我们和朋友保持联系，我们能够方便地分享信息，和朋友们及亲人互动。不好的一面是女孩们（当然，你不应该隐瞒她的真实年龄为她注册一个账号）会太执着于得到点赞，开始用从别人那里获得的点赞数量来衡量自己的价值，这样会形成一个由希望和失望组成的无休无止的循环。

我鼓励父母们跟女儿开诚布公地谈一谈点赞这件事，也可以让她们主动寻求点赞。首先，和她们聊聊获得点赞时的心情。其次，讨论当别人按下点赞按钮的时候，它到底意味着什么。它会让一个人变得受欢迎吗？变得重要吗？变得自信吗？仔细分析这件事，让女儿知道生活在一个充斥着点赞的社会里有什么缺陷。最后，鼓励女儿勇敢寻找自己身上的优点，获得别人的点赞，不管是在网络上（针对那些已经长大，能够使用社交媒体的女孩），还是在生活中（针对所有女孩）。通过把注意力放在她们的优点上，给予她们正面的反馈（在网上，也在生活中），我们帮助女孩们和他人建立健康、积极的人际关系。我总是告诉女孩们，为别人点赞不会伤害到任何人，但吝于点赞也许会。

团队合作

不是所有的女孩都喜欢参加集体运动，这没什么大不了。我们不参加集体性竞技运动，也照样能够学习如何成为一个有团队精神的人。和其他女孩一起为一个目标努力也能够帮助女孩们练习社交技巧，学会如何互相支持和帮助。当然，我们也有一些正式的组织帮助女孩们学习合作，很多地方也专为女孩们开办了艺术课、戏剧社和各种俱乐部。

鼓励一个女孩参与集体活动最好的办法就是找到一个能够激励她的组织。但很多时候，父母们鼓励女孩参与集体活动只是因为她们的朋友也在其中，或者那些活动门槛不高，谁都能参加。但事实是，每个女孩都有自己独特的兴趣。找到那些符合她们兴趣的活动才是让女孩们参与集体活动最好的办法。有时候，我们只需要再多花点时间开车到处转转或者更努力地帮她寻找最适合她的活动，但这样的付出得到的回报可能是改变她一生的转机。女孩们的集体活动能让她们学会如何一起合作，互相理解，互相依靠。

女孩们想尽力融入集体，在女孩的天地里找到属于自己的位置，这是再自然不过的一件事，但是她们不应该在沉默中独自忍受。当我们帮助她们应对自卑、交友等问题时，我们就教给了她们长大后如何处理同类问题的本领。

第 3 章
No More Mean Girls

勇敢冒险

如果你总是循规蹈矩，那生活该多么无趣。
——凯瑟琳·赫本

"爸爸妈妈再也不让我爬树了。"弗琳木木地说。对此，她看起来似乎也不生气，听起来好像也不是很想再去爬树的样子。她只是简单地在陈述一个事实。我感到很好奇，问她为什么。"我从一棵树上摔下来，把胳膊摔断了。现在连树也别想靠近了。"我问她，不是还爬了公园的单杠吗？"是啊，可是大多数公园的单杠很安全，如果掉下来，下面有网能接住我们。"我接着又问她，在外面玩的时候是不是很想再去爬树。"我已经吸取教训了，我不想又把胳膊摔断。"

弗琳是个 9 岁的小女孩，会在秋天的时候踢足球，也喜欢放学后去骑单车。她喜欢绕着公园骑单车，但不敢骑车冲下山（那太危险了），而且还只能是在妈妈看着的时候骑。估计你这个时候肯定会大叫："直升机父母！"但我可以告诉你，弗琳其实希望有人看着她。当妈妈看着她的时候，她觉得很安全。这种安全感不会让她想去冒险，因为她在自己小心翼翼构建的舒适区里待得很舒服（在这里不会摔断胳膊，还有妈妈在旁边随时可以求助）。

现如今，我见过太多这样不愿冒险的女孩。即使她们知道自己的长处，也有清晰的目标，但是她们仍然觉得还是安全第一。当你小心行事时，你很可能就做对了。当你做对时，你就成功了。但这也会导致另外一个问题出现，那就是很多女孩会因为自我怀疑而止步不前。如果逼她们走出自己的舒适区，她们就会崩溃。

　　自我怀疑会带来深远的影响。负面情绪与自我怀疑就有着很密切的联系。《儿童发展》上发表的一项研究发现，高度焦虑和抑郁的儿童更容易表现出自我怀疑。[1] 研究人员在 12 个月内测试了 900 多个 9～13 岁的儿童，发现抑郁情绪与对自我的怀疑呈高度相关。这个研究表明，消极的核心信念，包括自我怀疑，将严重影响孩子与外部世界的交流。这对女孩们来说意味着什么呢？它意味着自我怀疑使她们不愿意去冒险。当你很确信任何尝试都只会带来失败的时候，要让你去冒险、走出自己的舒适区是很难的。

　　只要是父母，自然就会担心自己孩子的安全。我们会叮嘱孩子"小心"，因为我们不想让孩子受伤。而且说实话，我们也不想因为孩子摔断胳膊或者头部受伤而急急忙忙地往急诊室跑。在每个父母看来，警告孩子注意一些安全隐患，是最合情合理的一件事。可是，这种做法也有反作用。

　　我也是经历了一番折腾之后才意识到这一点。我现在认为自己是个对孩子管理很宽松的妈妈。我的孩子想玩什么就玩什么，想什么时候玩就什么时候玩。我不会给他们任何限制，我女儿在外面会完全放开了手脚地玩。当她想去冒险的时候，我只会时不时地心里默默祈祷，却不会阻止她。其实我以前也是个经常管束她的妈妈（因为从她会走路起，就永远在爬上爬下）。我说的话本意是鼓励她先掂量下自己行不行，可是她却解读为"你觉得我不行"。幸好，她很勇敢，把自己的心里话告诉了我："当你跟我说'小心'的时候，我觉得你是认为我笨手笨脚。"一时之间，我愣住了，不知该如何回答。我那个爱爬树、爱荡秋千、像爱尔兰人一样精力充沛的女儿的确是胳膊、腿都特别壮实，而且还是不达目的不罢休的那种人。我敢肯定，她绝对知道我有多崇拜她。但是我让她小心别摔下楼梯的话，却传达了另一种负面信息，尽管我本意并非如此。现在，如果她又准备上蹿下跳的时候，我最经常说的话就是："玩得开心！"（当然我也会默默地为她祈祷，以防万一。）

> **温馨提示**
>
> 也许每个女孩都有自己独特的成长经历，但当我跟她们聊起为什么她们不愿冒险的时候，我发现了她们的经历有些共同之处。如果你觉得自己的女儿总是"过于谨慎"的时候，请记住以下几点：
>
> - **对于失败的恐惧**：我们这个社会太过于以成功为导向，以致女孩们不愿意去冒险，以避免遭到失败的打击（第10章有更多关于失败和复原力的论述。）
> - **自我怀疑**：很多女孩谈到，很多时候她们缺乏成功所需要的勇气。
> - **不公平的比较**：所有女孩都有自己的长处，但有时候父母会拿她们和别的孩子比较，导致她们觉得很沮丧。
> - **安全考虑**："三思而后行"有时候确实是个很实用的建议，但女孩们太经常听到这句话了，让她们觉得这个世界好像很危险。
> - **害怕丢脸**：很多女孩告诉我，她们很顾虑同龄人对她们的嘲笑。
> - **缺少自己的时间**：可能很多人都不知道，把女孩们每天的活动排得太满剥夺了她们自己进行一些并不危险的尝试（例如爬树）的机会，其实她们可以试着在没有成年人监管和指导下小小地冒险一下。

是什么导致了自我怀疑

> 当我看到哪个女孩把一件事情做得特别好，而我觉得我不可能像她那么好的时候，我会走开，说我不感兴趣。
>
> ——一个四年级的女孩

有很多原因导致女孩们的自我怀疑。就拿阿曼达来说，她是个风趣、聪明、爱开玩笑的三年级女孩。她喜欢读书和打垒球（但是只有在爸爸教她打的时候）。她喜欢学校的课程（当然只是大部分），却为女孩们中存在的各种拉帮结派感到困扰。她很不喜欢每天午餐时那些女孩们总是换座位，今天跟这个好，就跟她坐一起，明天跟那个女孩好了，就换成跟她坐一块吃饭。但是，她最大的问题却是和妈妈的关系。也许与其他女孩的关系或者数学课的学习让她有些心理负担，但和妈妈的相处才是让她充满自我怀疑的主要原因。

阿曼达是四个孩子中最年长的，也是"不爱说话"的那个。因为成熟、懂事，她看起来似乎不需要太多关注，但她其实特别希望获得父母的关心。她总是谈起希望能和妈妈有单独相处的时间，能两个人一起"玩"。但是，每次她都很失望。尽管她的弟弟妹妹们总是吵吵闹闹，打个不停，需要父母时时刻刻的照顾，但妈妈却觉得阿曼达才是那个"不让人省心的孩子"。"就算只是跟朋友聚一聚，她也会让我觉得很内疚，"她妈妈解释说，"我每天很辛苦，就想有点自己的时间。"两个人之间的较量似乎没有停下来的时候。上了一天班之后，妈妈需要一点自己的时间放松放松，可阿曼达却想跟妈妈待在一起。妈妈只是想出去锻炼健身，可在阿曼达看来却是对她的一种狠心的拒绝。妈妈越想着该亲近哪个朋友，阿曼达就越怀疑妈妈更愿意跟那个朋友待在一起。

更糟糕的是，拒绝并不是阿曼达和妈妈之间存在的唯一问题。尽管阿曼达在学校几乎每门功课都表现出色，但她的阅读课成绩却一直平平。就是那种平均水平，也不低，并没有低于年级平均水平，但也就和年级平均水平一样。妈妈不仅没有表扬阿曼达做得不错，反而过于将注意力放在了她的阅读成绩上，认为那是她的弱项，还给她请了一位家教。家教老师每天晚上测试她在学校阅读课学的内容，然后帮她订正家庭作业。总之，妈妈让阿曼达对自己充满了怀疑，觉得自己无法掌握熟练阅读的能力。

父母的过度干涉很容易引发女孩们的自我怀疑。当父母把大大小小的事情都安排妥当时，女孩们只能绝对按照父母的要求去做，这样她们会觉得父母认为她们什么事都做不好。尽管我们都需要从积极建议中学会成长，可如果你听到的全是你这么做或者那么做更好，你就会开始怀疑自己的价值和能力。当女孩们从父母那里听到的全是负面反馈或者批评挑剔时，她们会觉得自己不够好，没有达到父母的期望。

与此完全相反的一种教育方式则是对孩子完全置之不理，这种教育方式也会让女孩们充满自我怀疑，因为她们渴望得到父母的关心、理解和心与心的交流。当父母对她们漠不关心时，她们会有一种被拒绝的感觉。她们希望父母能理解她们，并关心她们有什么兴趣爱好。即使你取得了最伟大的成就，如果没有人注意到，你也会觉得不被欣赏和理解。不是所有的女孩都喜欢每天晚上向父母汇报这一天在学校干了什么，她们会感觉这样很无聊。她们想跟父母聊聊自己的希望和梦想，遇到难题向父母请教，甚至只是跟父母待在一起就很满足了。

父母之间的冲突也会引发孩子的自我怀疑。无论父母是住在一起还是已经分居，两人之间的冲突会导致女孩们产生自我怀疑和焦虑情绪。实际上，有一项研究发现，婚姻不和谐（包括言语上的争吵、充满敌意的冲突和对于双方关系的负面看法等）会加大孩子的不安全感，内在表现为恐惧感和焦虑情绪的加剧、身体不适和不合群，外在表现则是言语和行为出格或者有过激表现。[2]

当父母或者看护人当着女孩们的面争吵时（想想这个年龄段的孩子是不是都像间谍一样敏感），她们可能会将所有的负面情绪和大人之间的交流模式照单全收。女孩们经常告诉我，当她们听到父母或者其他大人争吵的时候，觉得特别害怕，感觉天都要塌下来了，而且总担心自己才是他们争吵的原因。很多女孩都会陷入自怨自艾的泥沼中，觉得自己才是家里出现问题的根源。因为她们不知道大人们因为什么吵架，只能在自己那里找原因。例如，如果她们听到父母因为经济问题吵架，就会担心是不是学校的课外体育活动要交太多钱才让父母吵了起来。

> **温馨提示**
>
> 冲突不可避免，重要的是要让女孩们懂得，人们能够在不伤害别人的情况下进行"无伤大雅的争吵"。想想自己平时解决冲突的模式，让你的女儿学习一些积极的解决冲突的技巧（第9章将具体论述如何帮助你的女儿学习表达自己的情绪）。
>
> - **耐心倾听**：在做出回应之前耐心倾听伴侣的意见。
> - **避免冲动**：忍不住开口之前花"五分钟"的时间让自己冷静下来。告诉你的女儿你要做些什么让自己冷静（例如出去散步、深呼吸或者运动一下）。
> - **诚实表达感受**：我们应该鼓励的是如实表达自己的感受，而不是一味指责对方。充满了相互指责的争吵不会解决任何问题。用"我感觉"开头的句子充分表达自己的感受，但无须指责对方。
> - **从双方的角度看问题**：花些时间，从双方的角度将问题表述清楚，这种做法能帮助我们放下愤怒情绪，转而解决问题。
> - **一起解决问题**：在这种情况下，我最喜欢说的一句话就是："我们已经知道出现了什么问题，现在该一起做些什么解决这个问题呢？"将可行的解决办法列一个清单，并一一进行讨论。
> - **道歉和原谅**：气急了的时候，我们都会口不择言。为自己不妥当的行为道歉，并接受对方的道歉，让女孩们看到，我们可以弥补自己犯下的错误，修补双方濒临破灭的关系。如果发生了争吵，千万不要当作什么事也没有发生，一定要及时改正错误。

然而，自我怀疑并不仅仅与家庭内部的交流有关。还记得前面提到的那些小拒绝和小压力吗？它们也会导致孩子的负面信念，导致她们不愿意去冒险。很多女孩告诉我，长期受到来自权威角色例如教练、老师或其他家庭成员的拒绝，让她们感到自己一无是处。这些话听起来似乎有些夸张，但一旦不加干涉，任其发展，这些小拒绝就会像雪球一样越滚越大，最终导致孩子自我价值感偏低。

有一个自称"吃东西特别挑剔"的女孩（我就喜欢吃我喜欢的。有什么大不了？）就向我抱怨在家庭大聚会时吃东西感觉有多糟糕，因为她奶奶老是批评她不好好吃东西。她会一边把土豆泥拿到身边，一边大声说："这些土豆泥看着真好吃！当然，你连尝都不愿意尝。这是你的损失！"年复一年她都是如此，这个女孩已经很讨厌参加家庭聚会了。她知道又会听到奶奶说那些话，即使是在她默默把那些难吃的东西塞进嘴里的时候。心理创伤已经形成。

我们再来聊聊金的故事。她是一个10岁的垒球明星，大家都这么叫她。她告诉我，她没觉得自己是队里打得最好的，她甚至都不喜欢打垒球。"他们成天说我做错了，我真的受够了。"一方面，每次打完比赛或者在场下的时候，大家都把她看作一个"明星球手"。这是好事，对不对？另一方面，她的教练总是对她期望很高，在她训练的时候，教练绝大部分时间都在指出她犯了哪些"错误"。无论如何，反正她是这么觉得。如果不是在现场，你永远也不知道教练说那些话的意图以及金对教练的话的理解。她总觉得其他女孩得到的表扬多过纠正，而她得到的纠正却多过表扬。教练的纠正让她疲惫不堪。

对于金来说，她不想再参加比赛，也不想再听到那些喋喋不休的负面反馈。如果她不再打球，那些批评就会停止。她不想再承受每次被教练单拎出来训话的压力，完全不再打垒球似乎是最明智或者唯一的选择。

我常听到父母们抱怨女孩们太"软弱"，需要让她们"坚强"起来，更好地承受来自父母、教练、老师或者生活中其他成年人的批评。其实我不太赞成父母这种大道理下潜藏的"毫不在乎"的心态。是的，孩子们确实需要学会如何聆听和应对有建设性的批评，这是学习和成长的一部分。但是让女孩们"坚强"起来并不等于赋予她们力量，使她们能够应对挫折。哭泣、感到被拒绝、表达负面情绪并不一定就是"软弱"的表现。而恰恰相反，当女孩们有能力将她们内在的情绪表达出来时，才能更好地聆听和吸收有建设性的批评。

> **温馨提示**
>
> 女孩们需要学会接受来自成年人和同龄人的有建设性的批评和反馈。帮助她们的一个好办法就是提供长期的、内容前后一致的反馈。提供这种反馈有助于女孩们认识到自己的优点和不足,她们总有值得改进的地方。例如,父母可以说:
>
> "你做得真的很好的是……"
>
> "我注意到你在做……的时候遇到了一些困难。"
>
> "你有什么想要实现的目标吗?
>
> 我们不需要刻意说些负面的评价来帮助女孩们了解自己在哪些方面还需要努力。我们只需要给出一些直接、诚实和不偏不倚的反馈意见。专家提示:你可以分享一些自己的长处、困难和目标,来让她们感觉讨论这些是很正常的。

同伴会导致女孩逃避冒险吗

> 有时候我很安静,是因为如果你不说话,其他人就不会冲你发脾气。
>
> ——一个三年级的女孩

在女孩们的生活中,与同龄人发生冲突也是她们常遇到的麻烦。友谊会随着时间改变,这是很自然的一件事,如果女孩们能够互相尊重,即使争吵,对她们来说也是有益的。但我发现,绝大部分女孩不知道如何应对友谊中出现的波折,也缺乏为自己"争取"的技巧,更别提在遇到欺凌的时候勇敢保护自己了。

柯特妮花了3周的时间才适应友谊中出现的冷热交替。起先,"冷淡"期似乎还不那么令她感到难受,只是她的好朋友吃中饭时坐在了别的地方,之后她们玩游戏也没有叫她，因为她"吃得太慢"，朋友们开玩笑的时候她也是一头雾水。每次她跟妈妈诉苦，妈妈总是鼓励她忘记这些不快，向前看。当然，这种事情时时会发生。有时候，朋友之间会有些言语上的误会；有时候，吃午饭的时候她们会换地方坐；有时候，等你到的时候游戏已经开始了，所以你也不好再插进去。如果单独来看，好像每件事都没什么大不了，但是如果把所有这些事情集中在一起，它们又好像挺严重的。至少，柯特妮觉得自己好像不那么招人喜欢。

柯特妮自己有两种解释：①她不太清楚自己做了哪些让好朋友讨厌的事，导致好朋友不喜欢她了；②她不是那种其他女孩会喜欢的朋友类型。尽管这两种解释都不太合理，但是因为她从来没有仔细分析到底发生了什么（她只是"向前看"），她陷入了自我否定的模式，导致了一定程度的心理扭曲。对于一个10岁的女孩来说，"其他女孩不喜欢我"的想法会让她们感到非常难过。由于她的朋友有时候确实会撇下她，柯特妮悄悄告诉我，当她的朋友跟别的女孩一起玩的时候，她很嫉妒，她很想让好朋友只跟自己玩。所以，有时候同伴欺凌并不是恶意，只是留住朋友的一种方法。

半年后，她们又成了好朋友，其他女孩也加入了进来。经过一番艰苦的努力，柯特妮最终学会了用语言表达自己的感受，而不是将那些负面情绪内化。她也学会了扩大自己的朋友圈，这样她就不会只跟一个朋友黏在一起。

我发现，如今女孩们之间的关系出现问题在很大程度上都是由恶性竞争引起的。外部环境的影响导致女孩们学会的是寻找彼此的不足。她们不是为彼此的优点感到高兴，而总是试图找到对方身上的弱点；她们不是相互合作，而是试图将别人踩在脚下；她们不是相互学习，而是相互比较，互相怨恨。她们之间时时刻刻都是这样吗？当然不是。但这种比较和竞争却也总在发生，并且不仅仅是在操场上。

一天，我在一个班级里做志愿者，一个女孩偷偷告诉我，她画的马比她最好的朋友画得好。"你们两个都会画马，太棒了，"我回答说，试图将她的注意力放在积极的一面。"是的，但是我就是比她画的好得多。这是事实。"我当时去并不是为了教授她们社交技巧，但是我真的很想这样做。我想花些时间告诉她们什么是赞美，什么是比较。我想告诉她们，比较没有意义，有时候甚至是不公平的。我也想谈谈自己的感受。但当时那个场合不允许我聊这些，所以我只是说："嗯，我很高兴你跟你的好朋友有同样的兴趣。在我看来，如果你们互相合作，没准能完成一本有关马的书！"她听完后笑了，然后走开了。我后来听到她跟她的朋友在聊"有关马的书"。

在上面那个场景中，庆幸的是那个女孩向我倾诉了她的秘密，而不是直接告诉她的朋友，让她的朋友难堪。但坏消息是，我不知道她有没有在别的场合下让朋友感到难堪。如果她让自己感到高兴的方法是批评她"最好的朋友"，她没准时不时地会批评一下别的朋友。这会让她们感到痛苦。

朋友的批评，不公平的比较，从事具有高度竞争性的活动（就是那种只能赢，只能成为最好的那一个的竞赛），来自嫉妒你的朋友的讽刺，想在群体中占据主导地位的同伴的欺凌，都会让女孩们不愿意去冒险。就像一个一年级的女孩告诉我的："如果我因为一件事做得太棒让其他女孩讨厌我，我就不愿意再去做那件事了。"没人喜欢被他人批评或者讨厌，当其他人对你取得的成就嗤之以鼻或者因为嫉妒而怒目相向时，只会让人感到受伤。

兄弟姐妹间的竞争会导致女孩逃避冒险吗

安德里亚和她的妹妹简直就是天差地别。安德里亚喜欢学习，她妹妹喜欢做白日梦；安德里亚把自己的整个未来都规划好了，她妹妹却不知道5分钟之后自己该干什么；安德里亚喜欢科学和数学，她妹妹喜欢把笔记本画得乱七八糟；安德里亚喜欢把她俩的卧室打扫得干干净净，她妹妹则完全相反；安德里亚在学校是优等生，她妹妹几乎不交家庭作业。你也许会以为安德里亚的妹妹对她充满了嫉妒（毕竟，跟完美的人生活在一起压力太大了），可是恰恰相反，安德里亚很嫉妒妹妹。

"她根本不学习，连自己的衣服都懒得去放在洗衣房里，她的东西到处乱放，可是每个人都觉得她很可爱！"在安德里亚的心里，她每件事都做得很好，而妹妹又懒又没有条理。安德里亚觉得自己在家里应该得到众星捧月般的对待，可似乎妹妹得到的关注更多。她经常生妹妹的气，以致无法看清楚真相。她看不见也许妹妹在学校日子很难过，所以爸爸妈妈才让妹妹提前离校。她看不见也许妹妹把东西到处乱放，是因为这就是她找到自己的东西的方式。她看不见也许妹妹的艺术天赋在学校根本就不被重视，所以她得不到培养自己特长的机会。她看见的只是妹妹身上的问题。安德里亚经常和妹妹吵架，尽管吵架解决不了问题，她还是照吵不误。这是她唯一能够想到的办法。

等我帮安德里亚发现自己的负面想法后，我让她思考妹妹会有什么样的感受。那个讨厌学校又不愿意做作业的妹妹每天会得到老师的表扬吗？那个每天从写作业到做家务都受到自己姐姐批评的妹妹会感到高兴吗？

当一个人的头脑里充斥着愤怒和嫉妒时，就很难对别人产生同理心。当家庭成员整天纠结的是谁得到了公平谁没有，或者谁好谁坏，他们的关系就会受到伤害，每个人都会产生巨大的自我怀疑。当你的家人对你失去了信任，对你态度恶劣，你又怎么能自信地面对这个世界？我在女孩们身上一次又一次看到这种情况的发生。她们没有设身处地为兄弟姐妹着想，而是互相打压，只想成为全家瞩目的焦点。

当父母没能干预并且教育孩子们如何处理自己的情绪和冲突时，手足之间的竞争会很快恶化为兄弟姐妹间的欺凌，并带来严重的后果。事实上，研究表明，兄弟姐妹间的竞争通常伴随着强烈的心理和身体上的攻击，会导致成年后更高比例的焦虑、愤怒和抑郁。[3]手足关系带来的伤害可能会持续很多年。

我总是鼓励父母首先将手足之间的关系视作友谊。是的，他们有时候是会吵架。他们会互相妒忌，也会伤害彼此的感情。然而，当我们帮助他们处理这些冲突和情绪的时候，我们就是在帮助他们学习和成长。培养手足之间的感情不仅为孩子们获得友谊和支持打下了牢固的基础，也给了他们一个安全的港湾来练习复杂的社交技巧，而这些技巧在现实生活中又至关重要。

> **温馨提示**
>
> 你不能也不应该干预孩子们之间的争吵，但是你能引导他们学会如何解决问题。在家里或者教室里，和孩子一起练习这些技巧。
> - 通过眼神接触和复述你听到的内容来表示你正专心聆听。
> - 用冷静的声音来分享自己的想法。
> - 诉说自己的感受。
> - 一起思考解决办法，轮流发表自己的看法。
> - 用剪刀、石头、布或者抓阄的游戏来选择一个解决办法。
> - 在向大人求助之前尝试三种解决方法。

同伴欺凌如何引发自我怀疑

女孩是高度社会化的人，即使你一再告诉你的女儿不要在意别的女孩的想法，她都很难做到。所以，女孩们经常拿自己和别人做比较，或者关心别的女孩如何评判她们也是非常自然的事。

当女孩们利用社交上的攻击行为打击其他女孩时，她们传递的信息是，我高高在上。这种行为让受害者感到绝望，并质疑自己的存在价值。当其他女孩打击你的时候，你是很难发现并且为自己的长处感到自豪的。实际上，我发现受害者变得很想重新回到群体里，但得到的只是进一步的羞辱和难堪。

如果父母们要帮助女儿走出这个恶性循环，可以让她们暂时给友情放个假。这并不是直接命令女儿永远终止和其他女孩的友谊，而是一个探索新的可能性的机会，同时可以在友谊出现问题的时候释放那些负面情绪。在此期间，鼓励女儿适当地进行冒险，去寻找新的朋友或者尝试新的活动。我发现，当我要求女孩们给友情放个假的时候，反而创造了一种她们需要的情绪空间，让她们看向新的方向，而不用害怕永远失去曾经拥有的友情。

冒险带来的好处

　　当女孩们进行适度的冒险时，她们会挑战自己的极限。当她们挑战自己时，会变得更自信，韧性更强。但是，进行冒险并不仅仅是挑战极限。当女孩们对风险进行评估时，她们会衡量整个形势的利弊，用尽自己所有的勇气，而且还需要面对冒险可能无法获得回报的恐惧感。当冒险的结果不如自己的预期时，她们要想办法接受现实。她们越挑战自己，就越能学会相信自己，为了达到自己的目标跨越障碍。她们的韧性就是这样培养出来的。

　　我常听到父母抱怨孩子们不能"坚持到底"。现在，缺乏韧性在女孩们中已经是个普遍问题。当某件事有困难或者很难做到的时候，最简单的选择就是放弃。如果你在失败之前就放弃，你就不算真正的失败。曾经有一个女孩望着我的眼睛告诉我，她之所以经常放弃，是因为她不喜欢周围所有人都做得很好，而她却在痛苦挣扎的感觉。事实是，她并不是每件事都做不好，但是她的自卑感阻碍了她看见自己优点的能力。她总是从一个活动换到另一个活动，没有一次坚持到底，但是她却没觉得自己失败了。

　　敢于冒险的女孩会觉得自己充满力量而坚强，充满安全感，也不会害怕失败，因为她们知道自己能够重新再来，再次尝试。她们会积极采取行动，做出积极的选择，她们也会使用批判性思维技巧来评估自己的选择有哪些风险和回报。敢于冒险的女孩不害怕表达自己的情绪，需要帮助的时候会勇敢寻求帮助。尽管她们有时候会自我怀疑（我们都会这样），但不会因为过度自我怀疑而不知所措。敢于冒险的女孩知道解决问题的过程会很难，但是能够完成，而且完成之后她们会变得更加坚强。一句话，敢于冒险的女孩会利用自己的力量采取行动，解决自己的问题，让自己变得更自信、更有韧劲。

　　父母们经常问我，为什么他们的女儿会产生那么多的自我怀疑，为什么她们不敢尝试做新的事情？她们首先感受到的是什么，负面情绪还是令她们不知所措的自我怀疑？这些问题可能无法回答，但重要的是记住这是个需要被打破的恶性循环。减少自我怀疑最好的办法是教女儿变得勇敢。

温馨提示

　　如今，如果女孩们想要适度地进行冒险，就会有无限的可能性，以下是一些你们可以首先尝试的活动。

- 爬树。
- 骑车下一个陡坡。
- 在一个朋友或者亲戚家里过夜。
- 尝试一种新的体育运动。
- 加入戏剧社。
- 学习一种乐器。
- 参加学生会竞选。
- 攀岩（一次前进一步）。
- 学会开车。

女孩可以

制作一面力量墙

　　要帮助那些陷入"我不能"或者"我不知道"恶性循环的女孩，一个办法是在她们的卧室里装饰一些充满力量的语言。

　　孩子们会内化她们听到的信息，所以我们可以赋予她们力量。你最了解你的女儿，可以选择一些她听得懂的鼓励性的话语。问问她有什么想法，她希望别人跟她说些什么鼓励的话？比如类似"我知道善良很重要"和"我可以实现我的梦想"这样的话。当你的女儿时时被积极的信息环绕时，她就会内化这些信息，并替换掉原来那些负面的自我暗示。顺便提一下：我就将我女儿卧室的一面墙贴满了充满力量的话语，她非常惊喜，而且我还发现每当她需要一些鼓励的时候，她就会来到这面墙前。

勇气卡片

有时候，孩子们只需要一点点鼓励就能勇往直前。当你的女儿在学校参加比赛前，或者去朋友家过夜前，制作勇气卡片就是一个让她们鼓起勇气的好办法。

当女儿远离你的时候，手写卡片是将你和女儿在情感上联结在一起的有趣的方式。在卡片上写些鼓励的话语，女儿就能感受到你的陪伴和鼓励。像"我很有创意""我很勇敢"或者"我很坚强"这样的话能够提醒你的女儿，不管遇到任何困难，她都能够面对，即使你不在她身边。在卡片上写下能够赋予女儿力量的话语，将卡片钉在她的背包、午餐饭盒或者睡袋上。

挑战柱

有时候孩子们不愿意冒险只是因为他们不想犯错误，或者不想打破规则。更常见的原因是他们不知道什么是合理的冒险。父母们总是在警告他们会遇到什么样的危险，却忘了鼓励他们去勇敢冒险。

新年的时候，我一般不让孩子们许新年愿望，而是让他们告诉我三件他们在新的一年想尝试的事情，也就是来年想要达成的目标。你当然不需要等到新年才让孩子拟一个清单，写上她想尝试的挑战。这件事情什么时候都可以做，每完成一件就把它划掉。

任何舒适区之外的事情都可能成为合理的冒险。滑冰、玩滑板、滑雪、学习缝纫、更长时间离开家、从秋千上往下跳、爬单杠等，她们有数不清的选择。和女儿坐在一起，两个人一起想想有哪些你们因为某种原因想要避开的冒险。将这些冒险写在吃完冰棍后留下来的棍子上（一根一个），将这些棍子放在一个罐子里。只要哪个下午你们两个人都有空，就拿出一根棍子尝试上面所写的挑战，要两个人一起哦。当女儿知道她有你无条件的支持，她会更有勇气迈开第一步。你们会得到无尽的乐趣！

玫瑰色眼镜

我上高中的时候，曾央求父母给我买一副玫瑰色的眼镜。我为这副眼镜痴迷，当然是有原因的。我只要戴上这副眼镜，就发现这个世界变得更加美好了，生活中似乎没那么多难题了。即使是在最灰暗的日子里，只要戴上那副眼镜，看到玫瑰色的天空，就感觉一切又有了希望。我很怀念那副眼镜，所以现在，我会让女孩们制作自己的玫瑰色眼镜，让她们从一个完全不同的视角来看待这个世界。

用一块薄薄的纸板（或者甚至彩纸就可以）和一些粉色的玻璃纸，你的女儿可以制作自己的玫瑰色眼镜，当自我怀疑的感觉袭来时，戴上这副玫瑰色眼镜，她的心中就能升起希望。在制作眼镜时，告诉她，每个人都一定会受到自我怀疑的影响。担心自己不能融入集体或者与别人比较是非常正常的，重要的是使用积极、正面的思维模式，这是我们需要玫瑰色眼镜的时候。

在你们试戴玫瑰色眼镜前，让女儿描述一天中有哪三件值得她高兴的事。它们可以是"我的笑话让朋友笑了""我记得怎么拼单词"。有时候，在发现值得我们高兴的事情之前，需要时间去处理负面想法。这不是问题。这些事情也能够提醒女儿，让她高兴的事再小也是值得高兴的。你们聊了一天中让她高兴的事，走出家门，戴上那副玫瑰色的眼镜看看周围的一切，让她告诉你，换了一个不同的视角后，周围一切变得如何不同了。花一些时间看看这个玫瑰色的世界，然后聊聊你们的感受，最后利用这种乐观的心情为她制定一些新的目标。

登山者

虽然有的女孩天生就爱冒险，但所有女孩都可以学着走出自己的舒适区，慢慢挑战自己的极限。鼓励女孩们适当进行一些冒险的时候，我喜欢用爬山来打比方。当你站在一座大山山脚的时候，你肯定会思考该如何到达山顶。一开始你可能会觉得不知所措，但当你抬脚开始走，再沿途休息休息，你就能到达山顶。这和我们开始冒险是一样的道理。你从最简单的一小步开始，每次小小地冒险一下，然后再停下来反省，直到开始新的冒险。

让你的女儿在纸上画一座大山，然后给大山涂上她觉得合适的颜色

（如果是 10 岁以下的孩子，可以上网搜索一些大山的图片，然后制作一张拼贴画）。然后，让她想想，有哪些事情是她想去做，但因为这样或者那样的原因却犹豫了。让她把这些事情一件件写在沿途的山上，直至到达山顶。在山顶休息后，想想每个冒险最后会得到什么样的结果。在下山的路上再写一些可以进行的冒险。可以让女儿将这座大山贴在自己房间的墙上，每完成一件冒险之后就将它划掉。一定记着及时与她讨论进度，并且问问她完成那些冒险之后有什么感受。

嫉妒奶昔

你们一定读过德瑞克·莫森（Derek Munson）写的《敌人派》。[4] 如果没有，一定要看看这本书。这本书的主题就是同伴欺凌、误解和重归于好。书里一个男孩的父亲答应烤一个敌人派来阻止孩子的小伙伴欺负他。但唯一的难题就是，如果要烤这个派，他的儿子得和这个敌人一起待一整天。在书的结尾，这个父亲烤了个美味的樱桃派，而这个男孩也交了一个新朋友。在给女孩们读了这本书之后，我告诉她们如果下次嫉妒一个朋友的时候，就找一个做嫉妒奶昔的食谱自己来制作奶昔。

我发现，女孩们在讨论自己的负面情绪时，如果手头有点事情做，就会容易得多。很多女孩在嫉妒朋友的时候会满怀内疚，因为她们从小就被教导要做善良和宽容的人。我们必须把真相告诉她们。有时候我们可以嫉妒，重要的是我们该如何应对嫉妒这种情绪。

我们是这样制作嫉妒奶昔的：每当感到嫉妒时，我们就给奶昔里加一种配料。"我不相信她能赢了学校的友谊奖" = 香草酸奶。"她父母什么都给她买，所以她有最酷的玩具" = 草莓。现在你知道该怎么做了。在女儿将自己的所有情绪和盘托出时，你就把所有的配料倒进搅拌机，当你按下"搅拌"键时，跟她聊聊如何将这些嫉妒的想法变成积极正面的想法。你可以说点比如"你经常告诉我她对其他的小朋友很友好，所以被大家认为善良应该感觉很好吧"或者"告诉我你最喜欢你屋里哪些东西，为什么你喜欢它们"。最后，女儿清除了自己的负面情绪，而且还和妈妈一起享用了一道美食。你把自己的负面情绪全部说出来，加上一些正面想法，最后再和女儿分享一个生命中特别的时刻。

甜筒冰激凌式的赞美

提醒：这个活动适合所有人！

我发现女孩们将太多注意力放在互相比较上，都已经忘记互相赞美了。她们不是大声把别人的优点说出来，而是默默把对别人的负面情绪隐藏起来。当我们教会女孩们大声互相表扬时，她们就学会了寻找对方身上的优点给自己带来的力量。

你们可以在家里、在班上或者任何一个群体里做这个活动。让女儿用彩纸为每个人剪一个甜筒。将你的名字写在纸片上。然后，剪一些五颜六色的冰激凌球，让每个人都可以给其他所有人一个冰激凌球。让群体里的每个人在冰激凌球上写其他每个人的优点，并签上自己的名字。例如，我可能会在给女儿的冰激凌球上写"你总是能够设身处地地为朋友着想——妈妈"。最后，将你的赞美送给她，把所有的冰激凌球粘在甜筒上，然后大声地把它们读出来。这个活动会让孩子们露出会心的微笑，教会他们不仅要善于寻找别人身上的优点，而且要大声地说出来。

选择

有个很简单的帮助女孩们提高冒险能力的办法，那就是让她们自己做决定。不知道有多少个女孩曾向我抱怨她们的父母从不让她们自己做选择，有时候甚至包括穿什么衣服，她们只能对父母言听计从。当然，孩子们应该听从父母的教导，父母也付出了很多，因为他们统管了一切，但是在诸如运动、活动、友谊这些重要的事情上，女孩们能够也应当自己做决定。

当女孩们过着一切都被规划好的人生时，她们会觉得没有力量。把做选择的权利交还给你的女儿（不论她们年龄大小），这会让她们拥有面临挑战时自己做决定的能力，并且敢于冒险。尝试在以下领域大胆放手：

❋ 发型（我恳求你们，让她们选择自己的发型吧）。

- 衣服。
- 运动。
- 活动和俱乐部。
- 如何度过闲暇时间。
- 阅读材料。

我从来没想到我女儿会想打长曲棍球或者她想把头发染成红色，但是她想到了，而且试着打了长曲棍球，结果这成了她近来最喜欢的运动。这正是因为我没有干涉她的选择，让她自己做决定。选择是女孩们可以运用的一个有力的工具。

发现兴趣

有一件事我曾经屡见不鲜，那就是父母会强迫自己的孩子选择一种兴趣。有时候是一项体育运动，也可能是艺术、乐器甚至是时装设计。女孩们能够找到自己的兴趣所在的确很好，但在很小的时候就让她们专注于某个领域可能会适得其反。我们总是错误地以为兴趣只能是一件事，但女孩们同时感兴趣的可能不止一件。

让你女儿根据自己的兴趣进行尝试。一个赛季不比赛或者缺席一次绘画课不会影响什么，但是找到一个新的兴趣所在有可能会改变她的一生。我女儿现在就很喜欢烹饪。她喜欢关于烹饪的一切，从找到新的食谱到购买食材再到自己烹调。她会成为一个有名的大厨吗？也许不会，但是她在学习如何照顾好自己，并乐在其中，自信心也得到了很大的提升。

准许你的女儿偶尔打破常规，探索其他的兴趣。如果你不给她时间和空间去探索，你永远不知道她会在什么地方找到自己的兴趣。

停止批评

对自我的批评是阻碍女孩们进行适度的冒险和尝试新事物的最大障碍。她们心里那个小小的声音"不可能，你绝对做不到"，会阻止女孩们离开自己的舒适区走出关键的第一步。

停止批评是一个简单的工具，女孩们能利用这个工具来停止内心那个批评的声音，而专注在积极的想法上。我经常和她们开玩笑，也许跟自己说话有些奇怪，但这是让自己走出负面思维模式最好的方法，而且最安全的是她们不用出声就能做到。这个练习只有简单的三步：

1. 停下！那不是真的。
2. 我很勇敢（或者换任何一个含褒义的形容词），我能做到。
3. 尝试新事物让我很开心！

通过完成停止批评练习，女孩们会学会打破自己的负面思维模式，将注意力放在正面积极的想法上。她们会用内心真实的声音（我很勇敢）来替换那些负面的自我批评，带着决心勇敢尝试，而不是因为想到"如果失败了怎么办"而止步不前。

让女孩们变得勇敢需要时间和练习，即使那些喜欢爬最高的树，喜欢从高处往下跳的女孩也会有潜藏在内心中的令她们恐惧的东西。赋予女孩们力量，让她们一点点地开始冒险，能够减少她们的自我怀疑以及那些阻止她们前进的自我批评。

第 4 章
No More Mean Girls

完美女孩综合征

> 我十分小心地不把优秀和完美混淆。优秀,我可以做到;完美则是上帝的事情。
>
> ——迈克尔·J. 福克斯

"我每门课都要拿满分,所以我不能不做家庭作业。"格蕾西在上三年级,但是她已经打定主意要追求完美。

"你才 9 岁,格蕾西,你们的功课都不打分的。"

"但是我有成绩单。我想让我的成绩单最完美。"

对于格蕾西来说,完美意味着一切井然有序,也意味着努力朝着自己的目标前进,让爸爸妈妈高兴。她对自己的整个人生已经有了规划,她绝不想中途出什么岔子。她的完美计划中唯一的问题是她的失败,不管有多小,都让她很不开心。她疲于应付自己的错误和别人的错误。就因为拼写考试错了一个词,每天她都要做拼写练习,只为了这一年里余下的拼写考试中不会再失误。那是她对自己的惩罚,可是在一个很难的小组作业中,有些人并没有她那种严谨的态度时,她就几乎没有朋友了。

那段时间,格蕾西过得并不快乐。她拼命地学习,练习打网球,在这项运动中她也力争做到完美,连衣服的搭配都要做到完美无瑕。所有一切她都计划好了,只有一件事她掌控不了:她的焦虑感与日俱增。她希望一切都尽在掌握中,但这引发出了她对失败的恐惧,她也一直处在焦虑的状态中。她时刻保持高度警觉，紧盯着自己完成计划表中的每件事情，只为保持完美。她承受着巨大的压力。

想努力获得完美的成绩无可厚非（然而一个 9 岁的孩子不该这么被误导），而在生活中的其他领域力求完美却是很危险的。如今，女孩们对于自己体形的担心远早于她们父母的预期。事实上，甚至学前班的小朋友就知道人们总是通过外表来评价一个人。令人感到悲哀的是，除非他们受到正确的教育，否则他们早期接受的这种错误观念将延续一生。所以我要一再强调：女孩们小时候接触的观念会一直陪伴她们成长。

美国独立组织常识媒体（Common Sense Media）最近的一份报告显示，超过半数 6~8 岁的女孩认为她们的理想体重比现在的轻。[1] 根据这份报告，认为妈妈对自己的体形不满意的 5~8 岁的儿童，对自己的体形也不满意。你也许会想，"我的孩子不是这样的"，但是千万不要忽视这个调查结果。一个二年级女孩的妈妈曾听到她女儿抬起头问她："我的腿看起来是不是很粗？"她当时特别震惊。女孩们可以从很多渠道获得信息，并会内化这些信息。有的女孩会开诚布公地跟父母讨论这些话题，而有的则只是吸收这些信息，并且自己默默承受。

当然，不见得所有女孩都会担心自己的体重，都会改变自己的饮食习惯甚至患上进食障碍，但据《儿科》期刊上发表的一篇报告称，12 岁以下儿童中患有进食障碍以及因进食障碍住院的人数有增无减。[2] 那个二年级女孩的妈妈听到女儿对自己的体形感到担忧后，转而去寻求专业人士的帮助，她的这种做法是正确的。我们越早干预，帮助女孩们形成对身体的正确认知以及处理对于自己日益改变的体形的担忧，她们就越能够做出正确的选择，并且在将来面临困难时懂得及时求助。

温馨提示

请务必注意这些女孩们可能会出现进食问题。

❖ 抱怨自己的身材。

- 在公开场合或者群体中对自己的食量表示关注。
- 在学校经常不吃午餐。
- 计算自己每日摄入的卡路里或者问关于卡路里的问题。
- 吃饭的时候总是跟父母较劲：不喜欢吃某类食物，不吃饭，要求自己一个人吃。
- 经常谈论自己的体重或者小伙伴们和其他成年人的体形。
- 饮食习惯的改变：把食物切成小块，每一口嚼很长时间，试图把吃不完的食物藏起来。
- 行为或性情的改变：易怒、抑郁、不合群、难以入睡。
- 常常称体重。
- 把食物藏在房间里悄悄地吃。
- 沉迷于体育锻炼。
- 体重上的急剧改变。

要应对女孩中存在的完美主义有个困难，那就是它不会局限于她们生活中的某一个方面。有的是对自己的外表不满意，总是在纠结自己的体重和完美的体形，有的则是追求完美的成绩单或者书面作业的评语，有的希望自己在运动场上表现完美，而有的（比如格蕾西）则是哪方面都希望做到完美。一项针对两所独立的女校6~12年级女生的研究发现，女孩们面临四大压力：无处不在的学业压力、对成功的狭隘定义、同伴竞争和女孩及她们父母的错误预期。[3]

如今的儿童被一种神童文化包围着，在女孩们中这种现象更显著。她们面临着在各个方面表现完美的压力：完美的成绩、完美的外表、竞技场上完美的表现以及完美的社区服务证明。似乎通往成功的秘诀就是力争完美。

甚至在社交媒体上，她们也面临这种压力。我见过无数父母以为自己的女儿对社交媒体不感兴趣，结果发现她们有好几个秘密账号。像

Snapchat 和 Instagram（当然还有长长一条其他社交媒体应用的清单，等父母发现真相的时候，她们已经转移到了最新、最大的社交媒体上）这样的应用都会吸引女孩们展示自己的完美外表。

更糟糕的是，女孩们学会了用这些标准来相互评判，而这些评判只会导致女孩间的相互伤害。例如，她们会基于外表"评价"彼此，投票把别的女孩踢出"选美"比赛（是的，比 13 岁这个推荐年龄还要小）。她们在自己的个人介绍里把彼此称作"最好的朋友"，但她们的好朋友名单每天都会变，彼此之间没有什么互动。她们决定跟谁成为朋友或者跟谁绝交的基础就是自己所看到的一切，别的女孩对她们的评价，以及真实生活中发生的一切。社交媒体和学校生活组成了一个复杂的网，让女孩们每天的生活变得更加复杂，即使是社交技巧最娴熟的女孩也觉得疲于应付。

完美女孩综合征渗入了女孩们社交生活的方方面面。那些对完美的追求，实际上助长了女孩间相互竞争、恃强凌弱的风气。我知道你现在已经晕头转向了。但是，我们不能两手一摊，坐视不管。我们必须深入了解女孩们，找到完美主义背后的根本原因，这样才能帮助她们学习如何克服或者对抗完美女孩综合征。

温馨提示

如果不太确定你的女儿是不是一个完美主义者，看看她有没有以下这些行为：

- 对于犯错感到高度焦虑或者难过。
- 逃避、推迟或者很难完成作业。
- 害怕难堪或者羞辱（或者负面评价）。
- 轻易放弃。
- 经常重写作业。
- 扭曲或者僵化的思维方式（例如，看不见同伴或者成年人看到的事实：成功是因为高得离谱的标准）。

- 把失败的原因过度简单化。
- 为了避免犯错，在学校逃避回答问题。
- 对于家庭作业过度小心（在家庭作业上花过多时间）。
- 如果事情没有按照自己的计划发展，就精神崩溃或者大发脾气。
- 功课达到了其他人觉得可以接受的水准，自己却还是不满意。
- 不愿意冒险，因为害怕犯错而逃避尝试新事物。

完美主义从何而来

所有的女孩都是与众不同的，要为她们的完美主义综合征找到一个简单的原因几乎不可能。你知道就连完美主义也分很多种吗？的确如此。

自我导向型完美主义

当女孩们对自己有不可能达到的过高期望时，这就是自我导向型完美主义。这种情况下，女孩们会陷入惩罚型自我评判、自责，对于自己所认为的失败用过于简单的原因解释。她们期望做到完美，一旦达不到自己的标准就会崩溃。

社会定向型完美主义

当女孩们认为其他人要求她们表现完美时，就是社会定向型完美主义。这时，女孩们强烈需要其他人的认可，如果预感会受到其他人的负面评价就会极度焦虑，而且害怕自己不能达到其他人的高期望。无论是她们误会了其他人对她们的期望或是听到了其他人期待她们有完美表现，她们都希望取悦并赢得成年人对她们的高度评价。

完美主义会引起严重的后果。一项研究发现，自我导向型完美主义可能会导致抑郁和焦虑，而社会定向型完美主义可能会导致抑郁、焦虑、社交压力、攻击行为和愤怒情绪。[4] 我在小学女生的身上就已经看到了这些问题的存在。无论她们是感到必须满足对自己不切实际的期望，还是感受到了别人对她们的期望，其结果都是焦虑和抑郁的症状，而且她们常常感到绝望。

温馨提示

完美主义源于多种原因，也源于内在性格和环境因素的结合。
- 性情——有些女孩生来就喜欢追求完美。
- 她们听到的关于成功、成就和失败的说法。
- 极度挑剔的父母、教练和老师。
- 学业压力。
- 过度表扬或过高的要求。
- 父母对她们的爱是基于她们的成绩和成功。
- 成年人对于完美主义的追求。

有好几年，我都在为一个叫贝拉的女孩提供咨询，她就受困于社会定向型完美主义，这种完美主义主要是源自她与父亲的紧张关系。她的父亲很难被取悦，贝拉越满足父亲的期望，他就会提出越严苛的要求。结果我发现，她父亲本人就是一个完美主义者，他觉得自己的高标准就是他成功的秘诀。他想让女儿能够获得跟他一样的成功。她父亲的出发点是好的，但因为他把自己扭曲的思维模式（只有"完美"，才是足够好）强加给了女儿，而且不断提高自己的要求，让女儿觉得她总是不够好。贝拉的完美主义给她带来了过大的压力，并且影响了她的学习、她与同伴的关系以及她的家庭关系。我费了很大的气力，帮助这个女孩接受自己的错误，从错误中吸取经验教训，并且不再将所有的精力都放在取悦别人上面。

> **温馨提示**
>
> 极端的完美主义会引发一系列心理问题，包括：
> - 表现焦虑
> - 社交焦虑
> - 饮食障碍
> - 抑郁
> - 焦虑
> - 强迫症
> - 自杀倾向

我知道，这些听起来有点吓人，但是只有了解女孩们如何看待自己以及什么引起了她们的完美主义，我们才能帮助她们找到原因，以免受完美主义的困扰。

有一点我们必须注意，我们在家里的一举一动对孩子都会有影响。当你没能达到自己的期望时，是不是因为你对自己太过挑剔？你如何应对自己的失败？你有没有过度关注孩子的成绩？研究显示，儿童早期的经历，例如他们接收到的关于成功、成就和失败的信息，将影响他们如何看待自己和别人的期望。[5]例如，过度挑剔的父母就更可能表现出完美主义者的特质。当女孩们觉得父母在观察和评估她们做的每一件事时，她们就学会了追求完美，以避免获得父母的负面评价。

以贝拉为例，她的完美主义就是源于她想讨好父亲，让他为自己自豪。当她没有获得父亲足够的肯定时，她的完美主义倾向就更加严重了。当然，她的完美主义还源于另一个因素：她的父亲就称自己是个"完美主义者"。尽管贝拉的有些行为是因为模仿父亲或是对父亲评价的反应，但也许这个家族就有完美主义的基因。多项研究表明，适应不良型完美主义具有可遗传性，由适应不良型完美主义引发的焦虑中，基因起到了一定作用。[6]总的来说，父母会将他们自己的完美主义倾向和由完美主义引起的焦虑传递给他们的孩子。

我在前文中曾提到，每个女孩都不一样，形成完美主义的原因不止一种，女孩们的性格也是原因之一。我见过极度挑剔的父母给女儿带来了巨大的压力，也同样见过因为女儿的自我导向型完美主义而困惑不解的父母。一个妈妈就曾对我说："我经常告诉她我很为她骄傲，只希望她开心就好了，我不明白为什么她要给自己那么大的压力！"

我能够理解这个女孩的妈妈，因为我曾经也是那样的。我清楚地记得二年级的时候，我就曾因为一项作业几乎崩溃。那是我自己写的一本关于女巫的书（我人生中第一本书），女巫想要制作毒酒，却不小心用了肥皂片而不是毒药。我想画出女巫发现自己犯了错误后吃惊的样子，可怎么也画不好。我擦了又画，画了又擦，橡皮擦把女巫的脸都擦破了，我几乎当场崩溃。这时老师看到了我的苦恼，她看着我的画纸说："这个创意太棒了！要不你把那个洞就当成她因为吃惊而使嘴巴真的露出的一个洞？"她的帮助暂时缓解了我的压力，但是直到高中我都不肯放过自己，为了力求完美，不停地修改作业。我从幼年时就形成的完美主义倾向并非源自父母施加的压力，或者周围的学习环境，我就是这种性格，直到我学会了如何面对自己的恐惧感。我天生就是个完美主义者。

你女儿的性格也许就解释了她的完美主义行为。"高度敏感"或者焦虑的女孩以及自卑的女孩都很可能患上完美女孩综合征。

关于完美主义，有一点我们必须记住，那就是它通常由焦虑引起。完美主义的孩子是紧张焦虑的。你女儿也许看起来不焦虑，但实际上她可能尽力把自己的焦虑隐藏了起来。毕竟，"完美的"女孩是不应该焦虑的。她可能会看起来很固执或者不愿意接受帮助；她可能会看起来很懒，或者总是有拖延症；她可能会看起来暴躁易怒。受到完美主义困扰的女孩总是怀着焦虑的想法，为了避免失败而不顾一切。

容易感到焦虑的个性加上外部环境带来的压力，就造成了极端完美主义。过度强调在家里和学校的表现，会导致完美主义的行为。女孩们的能力越来越多地和她们的学习成绩及其他可量化的指标挂钩。有一个 8 岁的女孩，她不知道在非竞技性足球中如何展现团队合作能力，她的原话是："在传球之前我必须先进至少两个球，这样才能让爸爸妈妈看到我很优秀。"更糟糕的是，她父母会根据她的进球数给她奖金。我后来发现，她要是拿到"完美"的考试成绩，她父母也会以金钱的形式奖励她。当女孩们觉得父母是以结果论英雄，而且她们还因为结果受到奖励时，她们就会认为自己的价值只能以取得的成绩来衡量。这会给一个女孩带来极大的压力。

即使父母并不以完美的分数和取得的成功来评价自己的孩子，有些女孩在班级里也觉得有压力。一个三年级的女孩告诉我，她写作业的时间太长是因为她一累，字就写得"乱七八糟"，而如果字写得乱七八糟，老师给的分数就低。然后她就不停地重写作业，直到她认为自己写得很"完美"了。我们确实应该帮助女孩们在学习上发挥自己最大的潜力，但是分数和成绩不应该成为评价孩子的唯一标准。当女孩们发现学习的过程比完美的分数更重要时，她们会更愿意在课堂上冒险。当她们把自我价值和分数混为一谈时，她们则会不敢尝试新的挑战，而将全部的注意力都放在取得完美的结果上。

完美主义如何影响女孩

完美主义不仅会引发女孩们的焦虑、抑郁和其他心理问题，还可能导致她们面对挑战止步不前。当女孩们的唯一目标是追求完美时，她们就会不愿意接受挑战。她们不愿意在教室里和运动场上或其他任何活动中冒险；她们工作效率低下，只为了把一切都做"对"，并因此感到挫败；由于害怕失败，她们错过了宝贵的机会；她们不愿意参与团队合作，因为不信任同伴，觉得她们达不到自己那么高的标准；她们也不太愿意寻求帮助，不管是在学习上还是其他场合，因为她们不想显得无能或者实力不够。

完美主义者将大量的时间花在担心其他人如何评判她们，以及她们如何才能达到自己的要求上，结果错过了童年很多美好的事物。那个花大量时间重写作业的三年级女孩就错过了玩耍、和家人及朋友共度美好时光，以及享受无所事事带来的闲暇。那个在向父母和教练证明自己价值之前都不愿意传球给队友的女孩就错过了成长为一名运动员和交朋友的机会（她的队友们觉得她很讨厌，因为她老是把着球不放）。那个只想讨好父亲的女孩也被剥夺了追寻自己梦想和兴趣的机会。

完美主义影响了女孩们的学习、交友、亲子关系和情感健康。当她们努力想成为一个完美女孩时，她们就长期被笼罩在压力下，感觉不到快乐。

打破"完美女孩"的迷思

当我为女孩们组织能量小组活动时，经常会留出一段时间，专门讨论什么是完美女孩。我首先会问她们一个问题：谁认识一个"完美"女孩？每次我都能看到她们的小手举得高高的。我让她们大声说出完美女孩有哪些共同的特点，她们踊跃得几乎要从椅子上跳起来了：足球踢得最好！真的聪明！有好多好多朋友！什么问题都能回答！漂亮！穿最时髦的衣服！简直停不下来的感觉。

当我们逐一分析这些特点的时候，我经常发现女孩们会给自己设立几乎无法达到的标准，这些都是她们从家里、媒体上、书里、同龄人身上甚至是家里或者外面四处摆放的杂志里得到的观念。你能看到，她们纯粹只是信息的接收方。她们可能不会让父母解释这些观念是什么意思，所以父母们应该负起这个责任，帮助她们分析这些像潮水一般涌来且具有潜在误导性的信息。

打破女孩们的完美主义，需要时间和不断重复的练习。但是你们的每一次聊天，都是在帮助她们学会接受甚至感谢自己的错误。

> **温馨提示**
>
> 帮你的女儿摆脱完美主义并不难，记住下面这个三步骤策略。
> ♣ **教育**：重复告知你的女儿关于完美主义的错误观念。
> ♣ **以身作则**：告诉你的女儿，每个人都会犯错，把你曾经的失败告诉她。
> ♣ **赋予力量**：鼓励你的女儿从错误中吸取经验教训，告诉她每个人的大脑里都有个讨厌的忧虑中心，它总是夸大一切困难，还想获得完美的成果。

说出来

我总是告诉女孩们，如果她们能够大胆地把恐惧说出来，就有足够的勇气面对它。我们不需要粉饰正在发生的一切。事实上，我发现告诉女孩们什么是完美主义，以及这种行为背后的感觉，反而有助于她们更好地理解这个问题。这就好像当你觉得喉咙疼的时候，告诉你只是被一种病毒感染了。知道自己被病毒感染了虽然不会让你好过，但至少你知道了真实的情况，以及你该怎么做才能治愈。

"完美主义"不是一个十恶不赦的词，"焦虑"也不是。当我们花时间帮助女孩们理解她们为什么感到恐慌，为什么想达到不合理的期望时，她们就会开始探索如何应对这种困境，如何减少引起焦虑的思维模式和完美主义行为。

不要害怕跟女孩们说一些专业名词。当父母给出一个准确的解释时，女孩们就能了解它到底是怎么回事，焦虑就不像它听起来那么可怕了。

> **温馨提示**
>
> 试试这样解释什么是焦虑，帮助你的女儿理解她的大脑是如何运作的：
> "当你太专注于完美地完成某件事时，这是因为你大脑中的忧虑

中心非常活跃。我们都有一个忧虑中心。有时忧虑中心可能非常有用，它提醒我们在过马路之前要向两边看，或者在人群中牵手。有时忧虑中心会大声预警，使我们感到不安。当这种情况发生时，我们就会感到焦虑。当忧虑中心向我们提供不真实的信息时，我们就会感到害怕和不知所措。我们必须帮助大脑中的忧虑中心冷静下来，这样我们才不会感到焦虑。"

以下关于完美主义的描述也很有用：

"有些孩子，甚至一些成年人，在内心里都会有一个声音告诉他们要事事追求完美。他们因此总是对自己很挑剔。当这种情况发生时，孩子们就会感到不快乐，总是忧心忡忡。它还会让孩子们觉得错误真的很糟糕、很可怕。它让我们做的所有事情都变得索然无味！"

感谢你的错误

完美主义者会从非常狭隘的角度看待这个世界。她们总是以为自己的妈妈甚至姐姐或者表姐是"完美的"。如果不是经常看见自己的榜样也犯错误，这种倾向更会被夸大。

现实是女孩们生活在一个时时刻刻被纠正错误的世界里。从教室到操场，到几乎所有课外活动中心，女孩们只要犯了错误，就会立刻被纠正。成年人想传达的信息是犯了错误不可怕，因为可以被纠正，可女孩们理解的却是"你又做错了"。

要帮助女孩们改变对错误的看法，从"我做错了"变成"我在学习"，请先告诉你的女儿，应该庆祝自己的错误和失败。每次我女儿帮我改正打字错误时，我们都乐得哈哈大笑。有不少女孩坐在我办公室的沙发上听我讲故事，哪怕我的故事只是描述了一个最简单、最普通的错误（例如忘了把垃圾扔出去，结果垃圾桶都满了，吸引了浣熊一家搬进垃圾桶里找吃的），她们也都听得特别认真，然后笑得很开心。

你也许觉得这些小错误根本不值得跟女儿分享，但正是这些故事告诉她们犯些小错并不可怕。女孩们需要看到她们仰慕的女性榜样最好的一面、最狼狈的一面和不好不坏的一面。用你获得的成功告诉你的女儿完美固然最好，同时拿你犯过的那些错误告诉女儿接受错误和失败是成长和进步的一部分。

反击

还记得第 1 章中提到的那些认知误区吗？我们需要在这里复习一下。完美主义者生活在一个充满了认知误区的秘密世界里。从外面看来，她们似乎完美无缺，但是内在的那个忧虑中心一直保持着高度的警觉，不断冒出各种负面想法。

你的女儿有非好即坏的思维方式吗？很多有完美主义倾向的女孩都有。事情不是对的就是错的，不是完美就是失败，不是好的就是坏的等。她们看不见在黑与白之间还有灰色地带，因为她们太在意结果。

把一切灾难化是完美主义女孩们另一个常有的认知误区。这些女孩总是把小错误的后果夸大。她们总以为事情只会往最坏的方向发展，她们会问很多"如果……怎么办"的问题（例如，如果我把考试的内容都忘光了怎么办？如果老师讨厌我的报告怎么办？）。

还有一些女孩总是以偏概全，她们只是基于某次事件或者某个错误就匆匆下结论。"这次拼写考试我只得了 72 分。我拼写太差了！我再也学不会拼写了！"这样的话我在办公室里听过无数次。当完美主义者只关注结果的时候，她们会直接把错误视为自己彻底的失败，根本不考虑其他因素。

要清理这些认知误区，最好的办法就是告诉女孩们如何重塑自己的思维方式。认知误区会引发负面思维的恶性循环，让女孩们深陷于自我批评。我们应帮助女孩们消除自己的负面想法，从积极的角度看待问题，打破这个负面思维的恶性循环。

例如，在刚才那个女孩的案例里，告诉她从自己的失败里走出来，讨论到底是哪些因素导致了自己的失败。"我数学考试没及格，我数学太糟糕了"可以转变为"我太累了，没有好好准备考试。我可以向大人求助，为下次考试更努力学习"。当我们赋予女孩们力量去控制自己的负面想法时，我们就教会了她们放弃追求完美，重新重视学习的力量。

在女孩们还小的时候，打破她们对于完美的沉迷非常重要。她们能否健康成长，实现她们的梦想，成为她们想成为的人？是的。完美是女孩们切合实际的目标吗？当然不是。那些追求完美的女孩忽视了现实，让自己的一生都活在失望里。

我们都知道生活并不容易，充满了波折（无数父母告诉我正因为此，他们才变成完美主义者），所以父母们总想让女孩们变得坚强，但请记住：我们作为父母的职责不是迫使女孩们变得坚强，让她们面对残酷的现实时获得成长；我们的任务是支持和帮助她们茁壮成长，让她们遇到挫折的时候能勇敢面对，并在未来的岁月里过上更好的生活。你无法改变女儿的性格，但是如果你愿意花时间了解，你就能帮助她处理被完美主义掩盖的那些情绪和感受。

我经常提醒我的女儿，我的很多成就都是脱胎于从前犯下的错误。我们从错误和失败中吸取教训，不管这个过程是多么痛苦。当我们不再力求完美时，就为获得新的、更好的想法创造了机会。

女孩可以

风物长宜放眼量

完美主义导致孩子们只会将注意力放在一些细枝末节上。对格蕾西来说，一个全是满分的成绩单就意味着她朝自己的人生奋斗目标又近了一步。那她的奋斗目标是什么呢？9岁的时候，她想当一名为动物权益奔走的律师。当我让她把自己的远大目标画出来时（是真的画画，当然，没用彩笔，而是马克笔），她发现过度关注眼下这张成绩单反而使她偏离了自己的长期目标。她太在意自己在学校的成绩了，结果忘了提升自己的气场（任何一个优秀的律师都需要有气场），例如在社区话剧里扮演一个角色。

你家也有一个完美主义者吗？不要担心，女孩中完美主义倾向非常普遍。让她把自己的长远目标画出来。也许她的目标是将来成为一名职业足球运动员。只注重某一场比赛绝不可能帮助她达成这个目标，但是她可以思考需要哪些步骤才能实现这个目标（努力练习、在学校的足球队踢球、适当休息、学习比赛规则）。当我们教会女孩们将长期目标放在心里的时候，她们就能更自如地应对即将面临的起伏和波折。你不可能每场比赛都表现完美，但这并不意味着你不能实现自己的目标。

拍球练习

无论你是否认为自己的女儿是完美主义者，女孩们时不时地产生一些负面想法都是非常正常的。如今的女孩们都面临着不小的压力，有时候这种压力会催生自我批评。用一个简单的游戏教女儿打破自己的负面思维模式。

找一个篮球或者皮球，和女儿一起走到外面。告诉她，每个人心里都有个会批评自己的声音。把自己内心的一些负面想法告诉女儿。让女儿描述她最近曾有过的一个负面想法。她必须一边拍球，一边说出自己的想法。然后，帮助女儿将这个想法转变为一个正面、积极的想法。抓住她的负面想法，当你把球拍回去的时候，同时还给她一个正面想法。让女儿帮助你抓住你的负面想法，然后将正面想法回传给你。

在帮助女儿转变思维模式的游戏里，你首先得让她明白我们都会受到负面思维模式的困扰，但我们可以重新塑造自己的思维模式，让它变得积极、正面。这个叫作认知重组的小技巧，能使她终身受益。

滋养自己的身体

鉴于完美主义很可能会导致进食障碍，我们务必帮助我们的女儿做出健康的选择，在早期就形成均衡的饮食习惯。父母应该避免如下行为：谈论体重、节食和限制性饮食。如果你看了前面那句话下意识地摇头，我非常理解你。谁会跟女孩谈论节食呢？可事实是，很多父母都会。

你也许觉得你的自我批评倾向很难被察觉，但相信我，你女儿一直在仔细地观察你。当你说自己的腿"很粗"的时候，她听到了。当你提到需要"减个几斤"才能穿进那件游泳衣时，她在听。当你批评自己的体形、身材或者长相时，她都默默接受了你的观点。

所以，教女儿滋养并且善待自己的身体很重要。女孩们生长和发育的速度很快，而且各有各的特点。告诉女儿她的身体各个部位有哪些功能。我经常让女孩们画自己的身体轮廓，然后在各个能够帮助她茁壮成长的部位做标记。强壮的腿部肌肉能让她跑得快，健康的心脏能让她充满活力，正在发育的大脑帮助她吸收知识。一旦她了解了身体的各个部位，我们就会讨论她应该如何保护这些重要的器官：吃健康的食品，跑跑跳跳让身体长得壮！

告诉你的女儿，"吃一个彩虹"（各种颜色的食物）能帮助她在选择健康食品、与食物建立亲密关系时变得更有创意，但帮助女孩们滋养自己的身体最好的办法是让她们走进厨房。让她们跟你一起做饭，从找食谱到买食材，到做一顿饭，鼓励她们全程参与。

什么是真正的美

用语言告诉女孩们"美来自内心"也许会有些效果，但是亲眼在纸上看到它，或许这种体验要震撼得多。有些女孩不太能够真正接纳这个观点，因为她们很容易把注意力放在别人对她们外表的评价上。不管是看到同龄人，还是她们最喜欢的电视节目中的完美女神，她们都很难冷静地思考如何在生活中寻找真正的美。

我常常用拼贴画来帮助女孩们理解一些复杂的概念，而利用拼贴画来阐释什么是真正的美，是我最喜欢的练习之一。如果想达到最好的效果，找一些大的纸张，最好能有你女儿的身体那么大。当然你也可以拿一些小一点的纸，但我发现只有身体那么大的纸才有最震撼的效果。

在纸上画出你女儿的身体轮廓，找些旧杂志或者上网找些合适的图片。让你女儿仔细思考什么是人体真正的美。她身体的每一部分能为她做什么？她身体的每一部分有什么样的价值？

让你女儿认真地思考，在纸上她的头部放上书和美术用品，在心脏部位画上家人和朋友的样子，在腿部放上足球、奔跑和骑单车的图片，在胳膊上画上单词和图案代表她的创造力。通过拼贴画来展示她的内在美，这样女孩们能够看到她们的身体给这个世界带来美丽的多种方式。美丽与时髦的衣服或者纤瘦的身材无关,美丽来源于力量、智慧、创造力和放松。不同的部分组合在一起才能构成整体,这个练习可以帮助我们发现每个个体身上的美。

优点转盘

说来很好笑,我从来没有在家里做过一个家务活转盘来决定该谁干家务活,我倒是做过一个优点转盘。女孩们常常会不自觉地拿自己和别人做比较,这很正常。她们会观察同龄人在做什么,穿什么,跟谁玩,然后就开始拿自己和她们进行比较。这种事常常发生,不足为奇。但问题是一旦我们总是纠结别人比我们表现更好,就会忘了我们自己也有优点。

和你女儿一起制作一个优点转盘,让她关注自己独一无二的品质和长处。不要让她再关注自己和别人比较如何,而是一边转转盘,一边想想她有哪些优点和长处。

找一张白色的圆盘,让你女儿选择她最喜欢的颜色,把圆盘分成不同的区块,每个区块涂上不同的颜色(一开始可以分成6~8个区块)。让你女儿在每个区块内写上自己的优点。请记住,一开始做这个游戏的时候,你女儿可能会很懵,尤其当她是那种不太习惯表扬自己的人时。也许她需要一点帮助,你可以给她举些例子,比如她乐于助人,知道很多科学知识,记忆力很好,对别人有同情心,跑得很快,喜欢烹调等。等圆盘上写满了她的优点,用硬纸壳剪一个箭头,用图钉或者曲别针把箭头钉在圆盘上。转动箭头,看它停在了哪里,然后聊一聊那个优点。告诉你女儿,你曾经多次观察到她展现的那个优点,以及那个优点如何帮助她健康地成长。

两种日记

我常推荐女孩们写两种日记:一种是母女(或者父女)日记,以交流一些很难说出的想法;一种是赞赏日记,来帮助她们赶走负面想法和多余的担心。第一种是很好的交流工具,帮助女孩们向父母敞开心扉,不用担心被评判或者监视。很多女孩都选择以这种方式作为开始与父母每日进行沟通的工具。例如，她们睡前会给妈妈或者爸爸留一个小纸条让他们去看，然后期待在第二天早上得到他们的回应。这样做给了女孩们去分享自己本来不愿意分享想法的一个机会，因为这种坦白可能会引起父母的焦虑，尤其是与欺凌、犯错或者负面情绪有关时。第二种日记帮助女孩们在不开心的时候重新看到自己的优点、梦想和目标。

带你女儿去挑选日记本，鼓励她在每晚睡觉前写几句话，可以是关于她今天在学校遇到的开心的事、她的优点、她对于未来的期许。用一句鼓励的话来结束一天，让女孩们能够忘掉白天所经历的不愉快，满怀着希望进入梦乡。

皱纹纸

也许你花了好几个小时跟你女儿聊什么是完美主义，却感觉效果没那么好，如果加入一些视觉辅助工具，也许就生动多了。孩子们很喜欢视觉辅助工具和可以动手的活动，尤其是在处理情绪问题的时候。

让你女儿选一张彩纸，剪成她喜欢的形状。让她回忆当天对自己有过什么批评，并让她把纸的某处弄皱。然后问她有哪些负面想法或者自认为的失败，再把纸的某处弄皱。一直进行下去，直到整张纸都皱皱巴巴的，看起来比练习开始时难看多了。告诉你女儿这就是我们被完美主义绑架时内心的感受。每次因为一个错误自我批评或者进行不公平的比较时，我们就把自己的心弄皱一次，最后只会感到悲伤和焦虑。

提示：为了达到最好的效果，在完成这个练习的时候，把自己的纸也弄皱。这会让你女儿觉得每个人都会进行自我批评，这是很正常的现象，从而减少自责。

创造一个口头禅

我最近告诉一群女孩，当我觉得压力太大、不堪重负，觉得自己什么也做不了的时候，会在心里编一首歌提醒自己我能够做到。她们笑了，然后说想听我唱那首歌。我们一起开心地聊了大声唱歌和在心里默默唱歌有什么区别，最后我们谈到了口头禅的力量。

　　有时候，简单的几个字就能改变我们解决难题的方式。当女孩们面临内部和外部的压力时，会陷在困境里走不出来。她们太想得到令自己满意的结果，如果没有达到自己的目标，就会垂头丧气。创造一个或者几个口头禅，能帮助她们在被完美主义困扰的时候使用积极思维模式。让你女儿创造一些自己的口头禅来对抗完美主义（例如，"只要我努力，就能达成目标"）。让她把那句话写在自己的书包上或者做一张彩色的标语贴在卧室墙上，还可以把这句话写在一张纸条上放进铅笔盒里，每天带到学校。

第 5 章
No More Mean Girls

不给孩子贴标签

> 定义只属于定义者，而不是被定义的人。
> ——托妮·莫里逊

给孩子贴标签在父母中已经是司空见惯的事了。内向的孩子被贴上"害羞"或"安静"的标签，外向的孩子则被贴上"精力充沛"或"随和"的标签，喜欢运动的孩子是"运动健将"，那些成天埋头在书本里的孩子则是"聪明"的。我发现，父母这么做都是出于善意。父母觉得很了解自己的孩子，希望其他人也能看到孩子的这种特质。然而，贴标签存在的一个很大的问题是它有限制性。

奥莉薇娅的妈妈很努力地避免给她贴标签。事实上，她是一个安静的孩子。在人多的场合，她会感到焦虑，更愿意观察别人而不是开口发言。这也没什么。很多女孩都跟奥莉薇娅一样。但她妈妈的问题是，只要到了一个新环境里，她妈妈就忍不住会给她贴标签。她妈妈这样做，其实是为了解释为什么奥莉薇娅会表现成这样。她妈妈这样做还有一个原因，那就是为了避免别人的评判——如果她妈妈先主动指出奥莉薇娅是个什么样的孩子，那别人就不能评判她了。这个逻辑当然有缺陷，但出发点还是好的。可是，奥莉薇娅特别讨厌被贴标签。她觉得人们看到的，就只是那些标签，即使是善意的标签（"她特别有创意"）。

标签可以是积极正面的，但那些看起来似乎善意的标签（父母会问，给我的孩子贴上"有创造力"的标签真的有那么糟糕吗？），也会带来相反的结果。原因在于：女孩们会牢牢记住这些标签，不管是正面的还是负面的。有时候，标签不会带来什么严重的后果。如果一个"喋喋不休"的人有一天真的变成了公司总裁，那个说他"颐指气使"的标签似乎就没什么大不了。但如果这个女孩被贴上更加负面的标签呢？

还有那些"欺负人的女孩"和她们的"受害者"呢？有些女孩天生比较自信大胆，她们会自然而然地担任群体里的领导角色。早些年，女孩们中还有些能起模范作用的带头人，但现在操场却是爱欺负别人的女孩的天下。10 岁的时候，阿曼达每天都害怕下课休息。一个曾经是她"最好"朋友的女孩逐渐在下课后当起了霸主。当阿曼达走出教室去操场玩的时候，她只有两个选择：要么对那个"最好"的朋友言听计从，要么就不能和其他女孩一起玩，自己在旁边待着。每天她们都是六七个女孩一起玩，她们是阿曼达最熟悉的朋友。当阿曼达鼓起勇气指出那个女孩欺负别人的行为时，她很快就被老师贴上了"受害者"的标签。而那个女孩呢，老师现在一直密切关注着她，但她那个"爱欺负人"的标签是永远甩不掉了。

在给孩子们贴标签这件事上，我们一定要慎之又慎。我们甚至要注意孩子们为自己贴的标签。有些女孩会给自己贴特定的标签，有的并不太好（例如"我很笨"）。女孩们也会给彼此贴标签（例如"倒霉蛋"）。标签会很快变成自我暗示。来我办公室的不少被叫作"坏女孩"的女孩告诉我，既然大家都已经认为她是个坏孩子了，那为什么还要变成好孩子呢？（而且，能把其他孩子指挥得团团转也很好玩）。而那些被认为是受害者的孩子则躲在我的办公室里不肯出去，这样别人就不会嘲笑她们是胆小鬼了。

当朱莉第一次走进我办公室的时候，看起来特别封闭、易怒，也不愿意跟我交流。前几个疗程里，她只是盯着自己的脚，不得不回答问题的时候也只用一个字。她受过伤害，但不知道从哪里讲起。妈妈认为朱莉"总是怒气冲冲，充满负能量，对一切都充满了憎恨"，所以妈妈提出让她接受治疗。朱莉开始接受治疗的时候才 8 岁，一个只有 8 岁的孩子不太可能对一切都充满了憎恨。其实我们后来发现，朱莉有很多喜欢的东西，只是从来没有人问过她。

父母给她报了垒球队，她提出退出的时候，他们很失望。他们又给她报了排球队，结果她不喜欢，父母快气疯了。他们几乎让她尝试了社区里的所有运动，但只要朱莉稍微表现出有点不喜欢，他们就非常沮丧。父母认为，茱莉小时候还挺爱运动的。蹒跚学步的时候她就跑得很快，她还喜欢跟小区里的男孩们一起玩跑得快和其他剧烈的运动。因此，朱莉被父母贴上了"爱运动"的标签。可是遗憾的是，朱莉在 8 岁的时候，真正感兴趣的是编织。

当孩子很小的时候，我们就拿一个盒子把她们框住，只专注于某一方面的发展，这样我们就限制了她们的潜力，给她们规划了一个她们并不想要的未来。

我们为什么喜欢给孩子贴标签

贴标签的行为背后有多种原因，要真正理解这些原因，我们必须透过现象看本质，找出孩子们的行为如何影响我们。一位妈妈就记得一次聚会中，由于她的女儿不愿意和其他妈妈打招呼，她感到非常尴尬和气恼。"她们试着跟她打招呼，对她很友好。可是她太不懂礼貌了，完全不理人家。"这位妈妈觉得，她女儿的行为说明她不会教育孩子。她没有把女儿拉到一边，提醒她在聚会中该如何跟大人打交道，而是怒气冲冲地讽刺了自己的女儿，结果多年后女儿还忘不了当时的伤心感受。

父母和孩子一样害怕别人的评判。主动对孩子的行为做出评判，缓解了父母自己的担忧。就像前面那个被妈妈认为"害羞"的女孩，其实妈妈的行为不一定是负面的，但也许会让其他人感到不舒服。我有一次就听到一个妈妈给自己的女儿贴上了"大嘴巴"的标签，其实她只是想解释为什么她女儿总是抢在别的孩子前面发言。如果孩子在社交场合总是跟父母待在一起或者为了获得关注而打断大人说话，就会获得"缺爱"或者"黏人"

的标签。所有这些标签都被父母用来解释孩子的行为，这样其他人就不好评判或者批评他们的孩子了。

　　撇清责任也是父母们乱贴标签的原因之一。例如，前面提到的那个被妈妈批评在朋友面前"不懂礼貌"的女孩，她妈妈用这个标签来撇清自己和不懂社交礼仪的女儿之间的关系。她感到很难堪和气恼，所以飞快地开了个玩笑，贴了个标签在女儿身上，仿佛在说："我有什么办法？她就是这样！"

　　父母也用贴标签的方式来表达对孩子的期望。这些都是积极正面的标签。"你很聪明！我知道你考试一定会考得很好！"这听起来像一个支持孩子的父母说的话，但是孩子会怎样想？如果她没考好的话，她就不聪明了吗？她会让爸爸妈妈失望吗？在社交场合中，父母也会用标签来表达自己的期望。"交朋友就是你的强项嘛！""你是这里最有礼貌的女孩！"这些都是正面标签的例子，父母的本意是激励孩子做出最好的表现，但是也把孩子困在了由一些高期望组成的框架里，限制了她们的发展。

　　当父母给女孩们贴标签的时候，他们赋予了孩子们某种并非她们自己选择的角色。这就好像在说："这就是你要成为的人，你没有别的选择。"标签本身就带着事先规定好的特质。当一个女孩被贴上"害羞"的标签时，其他人就会认为她只爱一个人待着，不喜欢说话，宁愿避开大的社交场合。如果给女孩们贴上标签，我们就给予了她们特定的期望，而她们也很难去打破这种期望。

标签有什么问题

　　如果女孩们给自己贴标签，这不会是太大的问题。有的女孩在探索自己兴趣的时候会给自己贴上不同的标签，只是为了找到自己真正的热情所在。她们也许会把自己归类为运动员、音乐家、艺术家、作家甚至怪胎（直到现在我都这么叫我自己）。你会发现这些自我设定的标签每个月、每周，甚至每天都会变，就像我们小时候给自己选择的职业道路不停地在变一样（医生！老师！时装设计师！），因为童年中期是一个自我认知快速更迭的时期。这是儿童发展过程中非常正常的一部分。

但是其他人也给女孩们贴标签，并且这样对待她们是极为有害的。这种行为并不仅仅限于父母、老师、教练、祖父母，甚至同龄人也会贴标签，而这种标签会对女孩们产生长久的影响。

正面标签和负面标签都会让孩子产生自我暗示，所以我们对于拿什么样的词来形容自己的孩子应该非常谨慎。

温馨提示

以下是 15 个应立即从你的字典里去掉的负面标签。

1. 懒惰
2. 乱扔东西
3. 拖延症患者
4. 爱走神
5. 黏人
6. 缺爱
7. 爱花钱
8. 戏精
9. 害羞
10. 专横
11. 不负责任
12. 慢吞吞
13. 难伺候
14. 固执
15. 粗心大意

负面标签带来的问题

艾拉的妈妈总是说她"难伺候"。"她不像别的孩子那样随和，"她妈妈一次又一次这样告诉我，"别的孩子总是随遇而安，可她却老是出问题。"这些话有的是艾拉上学后她妈妈在电话里对我讲的，但她妈妈在我办公室里还是重复这些话。虽然听起来似乎这位妈妈对女儿充满了埋怨，但实际情况恰恰相反。这位妈妈觉得不管自己如何努力，都没法给女儿需要的情感上的支持。她觉得自己做妈妈太失败了，为了让自己感觉好受点，她就给女儿贴上了那样的标签，以解释女儿的某些行为。

当父母或女孩生活中的其他成年人以负面的眼光看待女孩们时，他们的评价就更关键了。他们总是期待女孩们能够按他们的要求行事，总在寻找自己的做法正确的证据。他们不会注意到女孩们身上发生的积极变化，或者为她们的改变提供支持，而是把她们限制在一个框框里，断言她们的错误行为还会继续。

女孩们因此接受了这些负面信念，并且将它们牢牢记住，内化为自己的信念。她们接受了这些标签，并且使这些标签变成了现实。例如，老是被认为"懒惰"的女孩就会继续按照父母或者老师的描述懒惰下去。被认为在班里爱捣乱的女孩就不想举手回答问题或者改变自己的行为，因为她知道她已经被打上了"爱捣乱"的烙印。当艾拉的妈妈不在的时候，艾拉告诉我她已经放弃跟妈妈沟通了，因为她不想再去烦妈妈了。

我猜你听说过卡罗尔·德韦克（Carol Dweck）关于成长型思维和固定型思维的理论。在 2012 年的一次采访中，德韦克这样解释道："拥有固定型思维的学生认为，他们的基本能力、智力、天赋都是固定不变的。他们有一定的能力和天赋，不过也就这样了，他们的目标是让自己看起来很聪明，不愚蠢。拥有成长型思维的学生明白，他们的天赋和能力可以通过勤奋刻苦、良好的教育和坚持不懈得到提高。他们并不一定认为每个人都是一样的，或者任何人都可以成为爱因斯坦，但他们相信只要努力，每个人都会变得更聪明。"[1]

当我们把德韦克关于固定型思维的理论和标签联系在一起时，就会发现从小给女孩们贴标签是多么危险了。当女孩们接受并内化了父母、老师、教练和生活中其他成年人给她们贴的标签，她们就认为自己再也无法改变了。她们不相信自己能够学习、成长和改变，而是以为这些固定不变的特质将阻碍她们超越某个极限继续成长。她们被困在一个壳子里，因为她们以为自己的能力是有限的。

正面标签带来的问题

"你太聪明了！你是一个优等生！"当你的孩子在学校里表现特别突出时，你一定对她说过这句话吧？我也一样。父母在激动的时候太容易脱口而出这样的表扬了，尽管有时候这种最直接的反应可能有害无益。

事实上，德韦克的理论也适用于我们慷慨给予孩子的正面标签。当女孩们总是听到类似"你真聪明"和"你是优等生"这样的表扬时，她们也会形成固定型思维。她们相信自己很聪明，这很好，可是遇到挑战的时候呢？这正是固定型思维局限她们的时候。她们不会想"我需要再努力一点点"，而是认为"我觉得我一点也不聪明"。如果无法达到这个标签赋予她们的期望，她们精心构造的自我认知就会荡然无存。

正面标签也会给女孩们带来很大的压力。像"有天赋的足球运动员"和"天才学生"这样的标签，本意是为了帮助女孩们树立信心，但实际上却让她们倍感压力。一个有天赋的足球运动员这一赛季表现平平会怎么样？一个天才学生失败了会怎么样？这种压力在女孩们遇到挑战时会引发她们的焦虑以及未能达到期望带来的绝望感。

正面标签还有一个问题就是它们也会限制女孩们的发展。女孩们总是努力达到标签赋予她们的期望，同时也接受了标签对她们的定义。如果你总是说一个女儿"有艺术天分"，而另一个是"运动型"，这些孩子们会努力符合这些标签，而不愿意踏出自己的舒适区去尝试新的事物。

教育学博士米歇尔·博巴在她关于同理心发展的著作中提到了标签的问题。"我们对孩子的评价有助于他们确定自己是谁以及他们认为自己是哪一类型的人，"博巴解释说，"太多的表扬会让孩子们变得更加以自我为中心，更急于求胜，更容易让别人失望，而太少的鼓励则会削弱他们的自信心。"[2]

最重要的是，我们应以培养全面发展的孩子为目标，让她们自己选择兴趣和特长。要做到这一点，我们必须给她们机会，让她们以自己的方式来探索自我。如果我们只是贴一个标签在她们身上，就剥夺了她们前进的动力。如果我们有静待花开的耐心，就给了她们一份时间和空间礼物以帮助她们了解自己。

标签造就了"坏女孩"

受到同伴欺凌的女孩中不乏贴标签的受害者。当我让女孩们说有哪些她们互相伤害的标签时，她们举了好多例子。一个女孩如数家珍，"倒霉蛋、怪胎、长舌妇、老师的跟屁虫、野丫头、假小子、漂亮妞"，她一口气说了好多好多。在同伴欺凌现象中，女孩们基于一些因素，例如外表、兴趣、好孩子或者坏孩子等被分成三六九等。

当我们给女孩们贴标签时，我们就教会了她们如何给别人贴标签。即使是那些我们认为是正面的标签，也输送了一个危险的信号：用标签来将女孩们划分到不同阵营。我们需要告诉女孩们的是，我们需要了解其他女孩的全部，而不是她们的某些行为或特质，这样女孩们才不会急于评判，瞧不起那些不属于她们那个阵营的女孩。

自我认知发展的重要性

"我爸爸是个很厉害的篮球运动员，他只要下班回来就去打篮球，所以我爸妈真的很想让我也成为一个很棒的篮球运动员。他们觉得我能因此交到朋友，还能被大学录取。"莉亚今年 8 岁，对体育运动不太感兴趣。她真正喜欢的是参加戏剧表演，但是她父母说必须等到放暑假，那个时候她才会有更多空余时间。可是，莉亚没时间的原因是她必须天天练习篮球，尽管她不是很喜欢。她在篮球队也没几个朋友，她还告诉我她没有打篮球的天赋。"但是我爸妈说我不努力，如果我努力了，就能多得几分。"

在儿童发展的早期和中期，自我身份的认同是个非常复杂的过程。一方面，女孩们都有着自己的脾气秉性。我们如何与周围的世界打交道，与我们的个性和发展有着密切的关系。另一方面，所有的孩子都会受到环境因素的影响，例如他们从父母、老师、教练和其他人那里获得的信息。总的来说，自我身份的认同是个漫长和艰难的过程，同时受到内部（没有我解决不了的难题）和外部（我的教练觉得我不够优秀）因素的影响。

我们也不能忘记来自同伴的影响。在很多文化里，7岁以后，孩子们需要承担更多的责任，更加独立，跟同龄人有了更多共处的时间。虽然他们的眼界因此开阔了，获得了更新、更有趣的信息，但也被置入了不断将自己和他人进行比较的处境。我们在很小的女孩甚至是学前班的女孩中就观察到了这种现象。当这种比较对彼此都有利时，例如她们找到彼此的共同之处（我们都喜欢画动物）或者有共同的经历，女孩们会觉得充满了自信，也更愿意一起学习和成长。但当这种比较伤害到了某一方时，她们会觉得低人一等。这将严重影响她们自我认知的发展。

我想强调一点：女孩们会拿自己和其他女孩进行比较，也会将其他女孩作为参照标准。父母能够也确实影响了女孩们的自我价值感，但是在女孩的世界里同龄人的影响尤为重要。就像亲子教育专家和畅销书《女王蜂与跟屁虫》（Queen Bees and Wannabes）的作者萝瑟琳·魏斯曼（Rosalind Wiseman）所说的那样："经常被人们忽视的是，在日常生活中，女孩自己是这些文化规则的执行者。她们互相监视，看看是谁违反了那些与外表和着装、男孩和个性有关的规则。"[3] 也许看到这里你会摇头，因为你确信自己的女儿肯定不会因为外表或者男孩的事过分纠结，但我还是建议你再仔细回忆一下。曾经就有女孩告诉我，有些女生会戏弄别的女生，只为了博男生一笑……在小学三年级的时候！

在女孩们学习和成长的过程中，她们会不断地挑战自己的极限，看看自己还能取得哪些新的成就。她们会不断遇见新的人、新的榜样、新的阻碍、新的环境。我们可以想象一下，在新学期的开始，坐在新教室，遇见新老师和新同学是一种什么样的忐忑不安的心情。而且还要加入新的队伍，遇到新教练和新队友，或者跟一位新导演和一群陌生的演员出演新的音乐剧。少年时期充满了很多不确定性。找到自己的位置，并且明白自己想成为什么样的人，对女孩们来说是个艰巨的任务，在这个过程中，她们会碰到这样或者那样的挫折。女孩们觉得需要和别人比较或者害怕成年人的评价，只会让整个事情变得更加复杂。难怪她们会有巨大的情绪起伏！

有时候只是简单地转换一下你的表述方式，就能产生很大的不同。告诉她观看她的长曲棍球比赛很好玩，因为比赛节奏很快、很刺激，队员们也团结一致，就能改变你传递给她的信息。你女儿听到的不是"你是最棒的队员，你们队没你根本不行"，而是"你属于一个很棒的团队，大家合作得特别默契"。在纸上看到这两句话，它们之间的差别并不大，但是口头表达能够极大地减轻我们有时候无意识施加给女儿的压力。这种语言也避免了对标签（无论负面还是正面）和结果的关注，促进了正面自我认知的发展。

> **温馨提示**
>
> 问你女儿几个问题，帮助她更好地了解自己：
> ❀ 什么使你独一无二？
> ❀ 你有哪三个优点？
> ❀ 你现在对什么感兴趣？
> ❀ 你现在有努力的目标吗？
> ❀ 你今年有什么梦想？

对孩子的表扬没有那么多坏处，指出她的优点不见得会让她变得以自我为中心和缺乏同情心，但是当我们用标签和不当表扬把她们放在一个框架里，还给那个框架设置了很高的标准时，我们就只会适得其反。首先，我们给她们传达的信息是她们是最好的，这样才会导致以自我为中心的行为。其次，我们的标签会让她们体验什么是失望和失败，而我们并没有教她们该如何应对。给女孩们设置过高的标准，只会给她们带来过低的自我价值感。我们应该让她们自己寻找得到快乐的方法，让她们在成长过程中形成对自我的认知。

女孩可以

内在与外在

  自我认知的发展是个渐进的过程，与自信的提升息息相关。事实上，有时候女孩们对自我的感觉与他人有关（例如其他人如何评判她们，而这又如何影响了她们的自信心），这会让她们变得不愿意展露真实的自我。她们有向外界展示的一面（明星球员）以及私下里最真实的自己。

  尽管我们都有些不愿意让别人知道的小秘密，但鼓励女孩分享真实的自己还是很重要的。有的女孩可能外表上看起来很"运动型"，但她也许有其他的兴趣和天赋藏在内心深处，这些和外界赋予她的标签并不相符，而那也许才是她真正的热情所在。

  给你女儿一张纸，让她在中间画一个中等大小的圆和一个更大的圆。让她在外面那个圆里填上她每天向人们展示的所有优点，比如，她喜欢数学，有幽默感，会拉小提琴。这是外在的那个她感觉可以安心分享的那一面。让她在里面的那个圆圈里填上她一般不太会分享的一些事情，比如，她写诗，编织，或者收集有趣的石头。这就是她隐藏起来的内在的那一面。跟她聊聊为什么她不太愿意跟别人分享这些事情，如果她真的袒露心声，会发生什么。如果她没有将这些秘密隐藏起来，会感觉跟自己的热情和兴趣联系更紧密吗？分享这些事情会让别人更了解她，给她更多信心吗？

  我发现这种活动赋予了女孩们力量，去理解自己在自我成长过程中的感受，同时又帮助她们成长为更加强大的自我。当女孩们不再害怕别人对她们选择和兴趣的评判时，她们会带着更加坚定的信心朝自己的目标努力。

使用描述性表扬

你有没有听过这样一句话，"赞美行动本身，而非行动者"？这句话你应该牢牢记住，这样你就会避开对孩子表扬不恰当这个陷阱。说实话，这样做一开始会感觉怪怪的。例如，当你本能地想大声说"你太棒了"时，相反却要开口说出"我很欣赏你传球给队友的方式"！我之前也提到要转变对女儿说话的方式。因为这种表扬方式非常具体，她会知道你很认真地看了比赛。你这种表扬将重点放在了行为上，她就不会担心自己得时刻努力成为最佳球员。

我经常鼓励父母在女儿身上练习使用这样的句式："我很喜欢看你……因为……。"就像之前我女儿参加一个爱尔兰舞蹈比赛，输赢很难预测。你可能会赢几场，也可能会输几场，你能做的就是尽自己最大的努力。所以我一直告诉她："我很喜欢看你跳舞，因为你的笑容让整个屋子都充满阳光，看到你的笑容我就知道你很快乐。"通过使用这样的句式，我告诉女儿我喜欢看她跳舞，因为我知道她在跳舞的时候感觉很快乐和自信。如果她赢了，当然很好。如果她输了，她也从当天的比赛中获得了乐趣。

聊天话题

有时候，女孩们很难开口谈论自己的希望和梦想。把自己的一切和盘托出，和别人分享你内心最深处的秘密，即使是跟自己的妈妈，都是一种冒险。基于这个原因，有些女孩在进入学校后就会变得内向，也会安静许多。

当女孩们努力取悦别人，满足她们被赋予的角色，在自己的秘密和隐藏起来的那部分自我之间寻找平衡的时候，内在情绪可能会对她们的自信心造成负面影响。父母可以帮助女孩们走出她们的秘密天地，方法就是和她们一起聊些有趣的、不会带来任何压力的话题，从而增强她们的自我表达能力和自我认知。

> **最受欢迎的聊天话题包括：**
> ❀ 你想自己制作哪些食物？
> ❀ 你看过最好的电影是哪一部？
> ❀ 如果你得穿越整个美国，你会坐飞机还是坐车？
> ❀ 说一个你崇拜的人的名字，然后说说崇拜的原因。
> ❀ 如果你要写一本书，你会给它起什么名字？

跟孩子聊这些话题是一个很好的方式，能让你在无压力的环境下了解孩子。我知道，你肯定会说你已经足够了解自己的孩子了，但是你真的了解她吗？孩子们可是特别能保守秘密（我小学的很多事我妈妈去年才知道）。帮助女孩们打开自己的心扉，分享她们最私密的希望和梦想，能够帮助她们撕掉别人贴在她们身上的标签，这样孩子们才有机会在各个方面发光发亮。做些有趣的聊天话题卡，吃饭的时候将它们放在桌子中间，有些看起来傻傻的问题能带来特别意想不到的答案，例如，"如果你被困在一个荒岛上，只能拥有三样东西，你想要什么？"或者，"如果你能和一个人一起吃饭，不论是在世的还是已经离世的，你会选谁？"和女儿一起讨论这些话题，这样才能更好地了解她的内心世界。

勇敢的心

要让女孩们过滤她们从不同渠道听到的声音太难了。女孩们经常告诉我，她们内心知道要对自己诚实，但有时候周围会有一些不和谐的声音让她们做出不同的选择，然后不再坚持自己擅长的事情和自己的梦想。唉！要融入集体确实不容易，不论是孩子自己还是她周围的大人，都希望她能融入集体。

让你的女儿制作一颗勇敢的心，提醒她自己想成为一个什么样的人。将一张纸板或者白纸剪成心形。如果你使用的是纸板，那当然很好，因为纸板比较结实，但记得提醒你女儿要拿一张彩纸贴在纸板上。然后，让她想象自己有哪些优点、梦想、希望和让她独一无二的特质。问她一些问题，以真正理解那些她内心认知的长处和目标。做完之后，让她说说把自己内心深处的声音写出来是一种什么样的感受，以及我们每天如何跟别人分享自己的心声。

母女活动

一个很好的把女孩们组织起来的活动是母女活动。当女孩们与同龄人结成自己的小团体时，父母们会本能地后退，让她们自己独立解决遇到的一切问题，但这样是不对的。当女孩们离开家庭，和同龄人有更多的时间相处时，父母们也应该找到相互交流的方法，让孩子们的友谊健康发展。关于如何养育女孩，我们听过太多关于无条件的爱，与孩子之间坦诚的交流，那么第一步就是将这些理论运用到母女关系上，让你们之间的联系更加紧密。

社区服务：有些地区有很成熟的母女社区服务组织，但是如果你住的地方没有，那就自己成立一个，要想改变世界，就先从自己做起。成立一个公益组织，让妈妈们和女儿们每月聚在一起，完成一个社区服务项目。找几个妈妈一起合作，将组织的任务分派出去，然后就开始行动。

读书俱乐部：母女读书俱乐部也很有趣。让每对母女推荐一本书，这样你们就有了书单。每月去一个成员的家里或者公园，让每次主持的女孩负责组织一个配合主题的手工活动。

标签贴纸

谈论这个话题可能会让女孩们有些紧张，所以有时候我们需要让它变得好玩一点。找些小的便笺和一支马克笔，让你的女儿想想所有她能用来形容你的标签，写在便笺上，然后贴在你的衣服上。有些标签可能是正面的，有些则可能是负面的。你在看过这些标签后，谈谈你对这些贴在你身上的标签的感受，将它们一个个撕下来，并且撕碎。当你把所有标签都撕碎后，把你的"标签贴纸"全部扔向空中，完成一个摆脱所有标签的仪式。

如果你女儿跃跃欲试，就让她把所有关于她自己的标签贴在衣服上，重复同样的步骤，象征着她已经摆脱了所有标签，再也不受它们的限制了。

每周挑战

当孩子们被贴上"挑食"的标签（这可是个很难摆脱的标签）时，专家建议每次接触一种新食物，在完全放弃希望之前多尝试几次。这个建议很合理。有时候你自己也知道，第一次的体验不会是最好的，因此你的期望值很低。

为了让女孩们走出旧有的狭窄天地，我建议每周接触一样新事物，它不见得非得是什么了不起的大事。有时候看看绘本《威利在哪里》(*Where's Waldo*)，试着找找威利在哪里，对女孩们来说也是一项新挑战，能够告诉她们，她们有能力自己解决问题。

在自己家里做一个挑战九宫格，你和女儿就能够相互鼓励，每周尝试做一件以前没有做过的事情。做完之后报告结果，讨论你们还想不想再次尝试。你们学到了什么？当时的感受是什么？你会把它推荐给别人吗？为什么会或者为什么不会？

通过帮助女孩们摆脱标签，找到自己的优势，这样我们就赋予了她们一种能量，使她们能够为自己的目标努力，离开她们所熟悉的一切，开始新的冒险。

第 6 章
No More Mean Girls

找到真正的自我

　　既然你天生就与众不同，那么为什么要融入集体呢？

——苏斯博士

　　父母们一想到同伴压力，就会以为与毒品、酒精、吸烟、性行为、网络暴力、某种穿着或者行为方式有关。你知道，就是那些孩子上了中学才需要担心的事。我发现，孩子在上小学的父母根本不会想到同伴压力这件事，但这种压力确实存在，而且还很大。当然，他们不是悄悄地从一无所知的父母那里偷酒喝，但却在利用同伴压力从朋友那里得到自己想要的东西，而同龄人也能够影响女孩们对自己的看法。

　　艾琳是个 7 岁的女孩，正在读一年级，但是她再也不想去上学了。她妈妈因此给我打了电话，告诉我艾琳可能是因为功课太难，不知道她是不是需要一个家教，可是她才读一年级啊！在第三轮棋盘治疗游戏中，她开始将心里话告诉我："那些女孩很坏。她们告诉我，如果下课的时候不玩她们想玩的游戏，就不跟我做朋友了。"很明显，女孩们也有等级高低，而艾琳很难融入其他女孩。后来我才知道，她不想在过家家的游戏里扮演小弟弟的角色。但在她看来，她没有什么选择：要么就听她们的，要么就只能装病不上学，所以她只好选择装病。

> **温馨提示**
>
> 同伴压力在女孩们身上有哪些表现形式?
> - 态度的改变。
> - 拒绝过去的好朋友,而且没有原因(或者就像一个 12 岁的女孩对她妈妈说的那样:"我们就是不再一起玩了,明白了吗?")。
> - 不愿意参加亲子或者家庭活动。
> - 突然沉迷于某种物质享受。
> - 拒绝遵循家庭的某项习俗或传统。
> - 行踪飘忽不定。

孩子们之间各自结成联盟,同伴压力这种现象在小学阶段就已经出现,《儿童发展》2013 年刊登的一项研究就为此提供了新的佐证。[1] 马里兰大学的研究者在进行这项研究时发现,这种现象既有好处,也有坏处。好的一面是,早期形成小规模的群体可以为孩子提供人际关系上的支持,使他们有机会应对压力和挫折。但不那么好的一面是,群体有时候会给成员带来不公平的压力,如果你进入了一个群体,那就意味着有一天你可能会被群体驱逐。

上学后会发生哪些变化

上学之后,女孩们似乎是一天一个变化。就像一个妈妈跟我说的:"我刚弄清楚她到底喜欢什么,她想跟谁一起玩,她就有了新朋友,又想尝试新的课外活动。谁能跟得上啊?"对女孩们来说,初次体验独立的滋味让她们很兴奋。再也不用穿妈妈给买的那些带花边的衣服了,再也不用天天跟隔壁住的女孩们一起看电影或者出去玩了。她们突然发现了无限的可能性，似乎机会无处不在。她们开始有了强烈的好恶标准，也敢于说出自己的想法。

尽管成长令人欣喜，但也意味着她们必须付出很多努力。这个过程并不容易，而童年中期又充斥着人际关系、情绪和认知上的改变。想想你女儿3岁的时候，再想想她8岁、10岁甚至13岁的时候，在这些阶段，女孩们经历了飞速的成长和发展。

人际关系/情绪变化

- 自我意识更强烈，她们开始探索对自我的认知。
- 观察自己，并将自己和同龄人进行比较。
- 形成更加牢固、更加复杂的人际关系。
- 和家庭之外的成年人（教练、老师等）建立社交关系。
- 感受同伴压力。
- 对自己身体的变化更加在意。
- 更愿意与同性成为朋友。
- 独立思考，并有了自己的观点。

温馨提示

找一些轻松、没有压力的方式，与你女儿相处。

- 出去吃午饭。
- 一起看电影（把你的手机拿开！）。
- 去爬山。
- 一起做点吃的。
- 一起做一个电话簿。
- 让你女儿教你学点什么（例如做一个友谊手链或者一张电话拼图）。
- 一起出去买点东西，或者办点小事。

人际关系 / 情绪变化

❋ 视野更加开阔。
❋ 对有趣的任务更感兴趣。
❋ 面临更多学业上的挑战。
❋ 开始理解不同的观点。
❋ 有责任感。
❋ 对于对错的定义可能会比较狭隘：有很强烈的道德感，但主要还是基于个人的经历。

尽管在中学阶段，很多女孩开始倾向于和同龄人有更多交往，但她们还是需要父母的支持和指导。在这期间，父母的积极支持能让她们有一个坚强的后盾，在遇到同伴压力、前面提到的各种改变带来的压力时，可以从容应对。你们中有的人肯定会摇头，因为你们的女儿似乎一直都挺好的，但是女孩们告诉我，她们不知道该如何告诉自己的父母她们多么需要他们的支持。在青春期跟父母聊自己情绪和人际交往上的需要，对女孩们来说特别困难。

温馨提示

很多孩子都喜欢高科技产品，即使是10岁的孩子也喜欢发信息聊天。我们不用完全限制她们对高科技产品的使用，但是我们一定要教会她们如何在电子世界中获得平衡和安全。不妨试试下面这些小技巧。

❋ **问问题**：不要忙着给她们定规矩，问问你女儿她最感兴趣的应用是什么以及感兴趣的原因。了解她如何与信息技术互动，她从中获得了什么。

❋ **设置合理的边界**：在家里布置一个没有高科技产品的角落（餐桌或者别的地方），规定使用高科技产品的时间限制（女孩们在卧室是不需要高科技产品的）。临睡前一小时放下手机。以身作则！给自己定一个合理的规则，给孩子做一个好榜样。

✿ **讨论技术的缺陷**：技术能够让我们获得很多快乐，但也有很多缺陷。用眼过度、头疼、脖子疼、背疼、手酸，都跟过多使用高科技产品有关。尽管孩子们的确是在用高科技互相联系，但如果他们不再有面对面的交流，他们之间的交流还是会有缺失。讨论技术的优势和缺陷，能够帮助女孩们独立做出正确的选择。

✿ **一次只做一件事**：请记住：人脑其实不能真正同时完成多个任务，它是交替完成的。它能够快速交替任务，但效率不高。教你女儿一次专注在一件事情上。如果她们在使用高科技产品，那就一次只玩一个。我丈夫和我有时候就会定下"看电视就不玩手机"的规矩（把手机放在书架的高处），设立这些合理的边界能够教孩子们养成一些健康的习惯（当然我们的女儿们反过来也可以教会我们这些习惯）。

高科技的重要性

在我看来，似乎使用 Instagram 或者其他高科技产品的年龄限制不太重要，因为我知道有 11 岁甚至更小的女孩会花大量时间制作一些好看的照片，跟朋友分享。她们还会制作朋友的音乐视频、短视频和照片集锦。你知道她们还会做什么吗？她们会利用这些记录把那些她们认为很"时髦"的女孩挑出来。艾利克斯在很小的时候就特别喜欢社交媒体的这种功能。女孩们用这些社交媒体账号来标示自己"最好的朋友"，当她完成这些好友名单的时候，她感觉特别开心。但是当她和两位好朋友为了争夺一个男生的注意而闹翻的时候，她会立刻被移出这些名单。她很伤心，她知道自己受到了排挤。最糟糕的是，其他孩子都能在互联网上看到这一过程。

当女孩们逐渐长大，开始试着独立时，健康的友谊在她们的成长过程中起到了重要的作用。那些自信、跟同龄人关系良好的女孩（即使是只有一个最好的朋友）在同伴关系中遇到挫折时，能够更好地承受压力，并做出正确的选择。换句话说，她们不觉得需要随大流，因为她们从心底里知道自己有能力做出好的选择。

同理心在同伴关系中的作用

在积极的同伴关系中，同理心扮演着非常重要的角色，它能够帮助孩子们勇敢面对同伴压力，或者使她们有能力帮助朋友直面同伴压力。当我问女孩们她们是否知道同理心是什么意思时，得到的答案几乎都是："能够理解其他人的感受！"这是一个好的开始，我们还需要帮助孩子们更好地了解什么是同理心。实际上，同理心是一个相当复杂的概念，教会孩子们什么是同理心需要足够的时间，需要让她们一次次地切身感受。

就像女孩们一次又一次地告诉我的那样，同理心的确意味着设身处地去了解另一个女孩的感受，用我们的专业术语叫作"换位思考"。它并不意味着"你很伤心，我也伤心过，所以我明白你的感受"。为了真正了解什么是同理心，女孩们需要学会从其他女孩的角度来理解她们的感受。"你很伤心，因为你爸爸这周出差了，你很想念他。如果我不能每天看到我爸爸，我也会很伤心，所以我能想象你现在有多难过。"

另一个对同理心的发展起到重要作用的因素就是自我意识。有时候，女孩们会因为朋友的困难而产生一些情绪，但她们的情绪却是各有不同。如果我们教她们学会区分自己的情绪和其他人的情绪，她们就能更好地倾听朋友们的心声，理解她们遇到的困难。

作为一名长期在学校工作的咨询师，我接手过很多同伴疗愈案例。在同伴疗愈的过程中，孩子们有机会在一个安全的环境里把在与朋友相处中遇到的问题逐一解决，还能得到她们急需的专业指导。我曾经遇到过两个上中学的女生，她们频繁地要求参加同伴疗愈，不是因为她们想一起逃课，而是因为尽管她们是"最好的朋友"，但她们的性格却天差地别。如果两人起了争执，一个人的态度是"没啥大不了"，而另一个人却因为极端敏感，会产生强烈的情绪。我帮助她们俩学会了从自己的情绪反应中抽离出来，去努力倾听对方的需要。

在一个小小的房间里，她们轮流说出自己的感受、需求，找到一些让两人能重归于好的方法。这个过程并不容易，有时候我甚至怀疑我们到底有没有进展，但是最后，我们成功了。我永远也不会忘记那一天，她们突然来找我，告诉我她们不再需要我的指导了，并且她们会在下课的时候扮演"凯蒂"⊖的角色，帮助其他女孩改善关系。她们已经学到了足够的技巧，已经做好跟她们的同龄人分享学到的知识的准备。

在家里，教孩子们换位思考的一个好办法是利用书籍和电视剧。当女孩们沉浸在她们喜欢的书或者剧中时，父母可以利用那些角色的面部表情、体态（例如身体语言）以及语言来帮助女孩们停下来，思考书中或剧中角色的感受，以及她们为什么有那种感受。

实际上，一项研究表明，书籍是帮助孩子们培养同理心的好工具。[2] 在这项研究中，110 个学龄儿童（平均年龄 7 岁）被分成两组，阅读一些基于各种情绪题材的绘本故事。一组与研究者就如何理解同理心进行有意义的讨论，另一组则被要求就书中的故事画一幅画。两个月后，研究者发现，就同理心进行讨论的那组在对情绪、同理心和心理理论的理解上，都比另一组表现更好。在长达 6 个月的时间里，这个结果一直保持稳定。所以，教孩子们什么是同理心确实有用，而且方法也不难，就是让他们阅读相关书籍并进行讨论。

帮助孩子们形成同理心，还有重要的一点就是让他们学会处理或者调节自己的情绪。以前面提到的那两个参加同伴疗愈的女孩为例，那个"大大咧咧"的女孩只要看到那个高度敏感的女孩因为某件她认为"不值得一提"的小事哭鼻子，就会特别烦躁。她的烦躁表现在，会越来越大声地重复一句话，直到她再也受不了，只能冲出我的办公室去透口气。当你无法调节自己的情绪反应时，要去体会同伴的感受几乎是不可能的。我花了相当长一段时间教那个女孩用想象的方式让自己平静下来，同时教另一个女孩将自己的感受用语言表达出来，而不是责备对方。用"我"开头的句子

⊖ 即作者。——译者注

帮助她描述自己的感受，而不是因为自己的负面情绪去责备自己的朋友。（请到第 9 章学习教女孩们表达和处理自己情绪的方法。）

找到真正的自我

　　看着女孩们找到自己的归属感，宣布自己变得独立，成为独立的个体，是一件美好的事。有时候，我觉得我对女儿充满了敬佩。我喜欢听她讲述自己的经历，看着她从一个安静的观察者蜕变成一个勇敢自信的冒险者（当然有时候也会有反复）。有时候，我仿佛还能在她身上看到那个还没上学的小女孩，但是大多数时候，她都是勇往直前，寻找自己的路。

　　女孩们的成长过程并非 A、B 两点之间的一条直线。在中学时期，她们会经历各种高低起伏、挑战和成功、友谊和孤独，甚至分离和回归家庭。我们能够为她们做的就是一直支持她们。她们需要我们的指导；她们需要我们无条件的爱；她们需要我们每一分耐心。她们也需要犯错的自由，对我们的建议和干预说"不"，即使我们知道说"是"会让她们轻松许多。一句话，她们需要按照自己的节奏独立生活。

　　父母们都有先见之明，因为我们曾经也像她们一样年轻过，我们解决过同样的问题，也曾遭遇过同伴压力，做出了正确或者错误的选择。基于这些原因，我们有时候会觉得我们需要对她们进行一番谆谆教诲，告诉她们需要注意些什么，或者在她们遇到困难的时候伸出援手，或者三管齐下。在我们的心里，我们想保护自己的女儿，不让她体会任何失败、伤心或者孤独。我们想改变她们的成长道路，但是如果我们真的这么做了，就剥夺了她们找到真正自我的机会。她们需要这个机会，她们需要倾听内心的声音，追寻自己的梦想，学会用自己的方式解决困难。她们必须理解自己是个什么样的人，有什么样的特质，要达到这个目标，她们需要我们从导演的椅子上下来，在她们的生活里扮演支持者的角色。

　　所以，最好的办法就是在这趟亲子旅程中感受自己的情绪。有无数个妈妈曾经坐在我办公室里，跟我回忆她们小时候受排挤或者被公开羞辱的经历。她们希望自己的女儿避开这些障碍，所以就开始安排女儿的社交生活。她们为女儿寻找朋友，为女儿解决冲突，逼着女儿加入更多团队运动和活动，因为参加的活动越多，就有越多的机会交朋友。我明白她们的苦心。从某种程度上来说，她们的做法也有道理。有些女孩确实不太擅长交朋友，帮帮她们又有什么不好呢？

但是，我从女孩们那里听到的则是，有时候她们并不想让妈妈们帮她们交朋友，当妈妈们试图干预她们的冲突时，她们会觉得很尴尬。她们有太多活动要参加，真的是疲于奔命。一个女孩泪眼模糊地抬头望着我说："我就想在我的房间里待着，然后画画。"

做父母带来的压力可不是个笑话。我见过很多倍感压力的父母，有时候自己也深有体会。如果我们想教自己的女儿走自己的路，成为独立的个体，我们就应该给她们做榜样。如果我们的女儿看到我们因为融入集体的压力而不得不随波逐流，她们只会重蹈我们的覆辙。为了帮助我们的女儿找到真正的自我，我们需要活出真正的自我。（顺便提一句，如果你女儿跟你抱怨她的上床时间简直是全宇宙最早的，你这种坚持自我的生活态度可是会帮你的大忙，你可以回答她："我可不介意做个特立独行的妈妈。我们家的家规就是早睡早起、身体好。"）

温馨提示

当你女儿遇到挫折的时候，她最需要的是：
- 你不带评判的倾听。
- 无条件的爱。
- 拥抱。
- 你们待在一起、不被打扰的时间。
- 一起想办法。女孩们需要父母帮助她们解决复杂的问题，但是她们需要的是帮助，而非命令。

除了处理我们自己的情绪问题和各种各样的压力，我们也需要倾听孩子的心声，帮助她们找到自己的兴趣。今天的女孩们最幸运的就是，她们拥有无限可能性。有的女孩喜欢体育运动，恨不得每个赛季都报名参加三项体育运动（不过，请减到一项就好了），而有的喜欢科学、科技、艺术、烹调、戏剧等，我们可以找到各种各样的相关俱乐部和课程。

不要因为周围其他女孩在做什么，就希望你女儿也去参加，给她自己去发现的自由。不要试图让各种活动或者兴趣爱好填满她的生活，让她在把一门爱好固定下来之前，先在家里或者外面尝试一下其他活动。一个10岁的小女孩花了几个月的时间乞求她妈妈让她上缝纫课，但是这门课的时间和芭蕾课冲突了。她不想再上芭蕾课了，但她喜欢一起上芭蕾课的小伙伴们，所以她倒不介意去上课，可是她也想放弃这门课。当她终于能停上一个月的芭蕾课去学缝纫时，她的精神立刻振奋了。她在缝纫课上简直如鱼得水。上完基础缝纫课，她又接着上了为洋娃娃设计服装的设计课，这个课程结束后她又接着上了服装设计课，课上她给自己做了一条裙子。有时候她会回去上芭蕾课，但是她一直还上着服装设计课，因为她找到了自己的人生方向。

从众心理与同伴欺凌现象

仅仅因为其他女孩参加了某项运动或者活动，所以让你的孩子也参加，这会让她以为随大流比与众不同更讨人喜欢。当女孩们没有机会探索自己的兴趣和爱好时，她们就会随波逐流，跟在别人的后面亦步亦趋。对于那些不太合群的孩子又意味着什么呢？首先，她们会想方设法试图融入群体，同时也会让那些所谓"正常"的孩子觉得高人一等。总之，随大流也会导致同伴欺凌现象。

我们应该教会女孩们接受并且为自己的与众不同感到高兴，彼此相互学习。女孩们不应该仅仅以谁参加了哪些活动来划分群体，也不应该为了试图融入某个群体而隐藏自己的个性。当女孩们能够自由地与不同的孩子组成不同的小群体，并且大胆展示自己的兴趣和才能时，她们才能学会选择自己的人生方向，并且为每个个体的与众不同感到骄傲。

女孩们需要机会来尝试不同的兴趣，但并不是以一劳永逸的方式。如果她参加了某项体育运动，那就暂停一个赛季，尝试一下别的东西，或者是多给她一点空余时间，让她自己进行一些探索。过早地让孩子专门从事一项体育运动或者任何一项活动，都可能让她筋疲力尽，却无法保证她长大后一定获得成功。

我们不能满脑子想的都是怎么把她们的课余时间填满，而应该给她们充足的时间去了解自己是一个什么样的人，想成为什么样的人，想拥有什么样的未来。如果你希望自己的女儿性格坚韧，富有同情心，就应该给她机会去探寻自己的人生道路，为自己做决定。

孩子们上小学后，与其他孩子的相处对她们来说就像个复杂的课题。她们需要学会如何处理以及勇敢面对同伴压力，也需要父母鼓励她们找到真正的自我。当她们在某个群体里感到"压抑"时，可能会失去自己的梦想和目标。一个好的解决办法是让她们的朋友变得多元化，但是这还不够。我们越早跟她们讨论什么是压力、同理心和善良，就越能帮助她们在成长过程中拥有改变世界的勇气。

女孩可以

告诉孩子什么是同伴压力

很多父母都告诉我，他们不想过早地跟孩子谈论同伴压力这个话题，因为他们不想让孩子担心还没有出现的问题。这种想法从某种程度上来说有些道理。如今很多人都说要"活在当下"，这是对的。当我们活在当下时，孩子的任何状态都不会让我们感到焦虑，而是满心欢喜。

然而，我们还是有必要让女孩们了解什么是同伴压力，这样我们就不是等到她们真的感受到了同伴压力才来着手解决问题，而是让她们预先得到相关知识。当父母们用孩子们听得懂的语言，并且考虑她们的身心发展特点时，就能帮助她们了解同伴压力这个概念以及如何抵抗这种压力。不妨用这种语言来跟孩子沟通：

"有时候，朋友会让你做你不想做的事，或者让你在下课休息的时候不跟谁一起玩。她也许会一次次地跟你说这件事。我们可以拒绝一个朋友甚至是一群朋友的要求，或者你实在不知道该怎么做的时候，也可以找大人帮忙。"

有时候，女孩们给别人施加压力，并不是她们想"欺负"别的孩子，而只是想满足自己的需要。这种现象在小学低年级尤其突出，可能到中学阶段都偶有发生。不要一看到这种行为就立刻把它定义为"同伴欺凌"，但是我看到有的父母会这么做。如果你女儿感受到了来自小伙伴的压力或者某种形式的欺压，不要急于给那些孩子贴标签，而是问问"为什么"。你觉得你的朋友为什么让你那么做？当时发生了什么？你觉得她当时的感受是什么。当我们帮助孩子们理解了当时发生的情况，而不是忙于贴标签然后就当什么事都没有发生过时，就赋予了她们勇气，当她们下次再遇到类似的情形，则会勇敢做出改变。

注意：你知道自己的孩子能够承受的极限。有的女孩特别敏感，遇到问题的时候不会调节自己的情绪反应。如果是这样，请谨慎行事。向孩子介绍这些概念需要花时间，避免一次性向你女儿灌输太多信息。

传授拒绝的技巧

父母们会花很多时间教孩子遵守规则，倾听别人，但却很少教她们如何拒绝别人。拒绝的技巧对于孩子们抵抗同伴压力起到了重要的作用。当然，当你还是小孩的时候，要拒绝别人其实很不容易。如果抵抗同伴压力意味着将会在班里失去自己的地位，那么放弃抵抗对她们来说就是最自然的选择。

试试和你女儿一起练习下面这些拒绝别人的技巧。

- ❦ 不断重复：让你女儿选择一个立场，然后不断重复，直到那个施加压力的人知难而退或者改变想法。当我女儿的朋友想孤立另一个女孩的时候，我教她不停地说"她真的挺好的，我们跟她一起玩吧"，直到女儿朋友再也找不到不跟那个女孩一起玩的借口。

- ❦ 问问题：施加压力的孩子不会料到被施压的人会问问题。练习面对压力的时候，问诸如"你为什么让我那么做""你为什么问我那个""那么做有什么好处"之类的问题。

- ❦ 保持开放的心态：如果你的孩子不想被别人欺负，但又想保住友谊，就教她说："我不想那么做，但是如果你改主意了，就告诉我哈。"

- ❦ 直言不讳：有时候，面临压力的女孩们解决问题的最好办法就是大胆说出心中所想。教你的孩子用简短且诚实的语言对抗压力："这样很不好""那是作弊"以及"那样做就违反规定了"都是简单且直切要害的。

制作个人专属广告牌

我最喜欢的帮助女孩们发现自己独一无二特点的方式就是，制作一个专属广告牌。这是一个很适合一对一进行的活动，但作为小组活动效果也很不错。当我将这个作为小组活动时，会先将女孩们分组，让她们互相采访，以了解每个人的特长，并为对方制作广告牌。

为什么要制作一个广告牌？广告牌通常被用来吸引人们对某些东西的注意，并且展示购买某些产品或者参加某些活动的原因。制作广告牌让女孩们接受并内化一个正面信息：你是独一无二的，你值得被了解！整个制作过程很简单。让你女儿想想她和其他女孩的不同之处，她有哪些长处，她的个人目标是什么。如果她列举了一个长长的清单，就让她设计一个精彩夺目的广告牌，将清单上的项目一一展示出来。和她聊聊广告牌上的内容，问她相关问题，让她就这些问题进行思考。这个活动的目的是向她传达两个信息：我喜欢听你聊你的希望和梦想，这样的你在我心中最特别。

坚守原则

从小学到中学阶段，父母应该主动负起管教孩子的责任。我知道给孩子立规矩并不容易，如果你女儿不断地挑战你的底线，你会感到疲于应付。但请记住：孩子之所以是孩子，就是因为她们喜欢挑战极限，试探你的底线，而你要做的就是守住你的底线。这种情况最容易出现在高科技产品的使用上（绝大多数父母都跟你一样，觉得几乎不可能找到过度使用和不接触高科技产品之间那个神奇的平衡点），但父母们也会在家务活、睡觉时间和健康习惯上与孩子较量一番。

如果你不能严守你为女儿立下的规矩，又怎么能期望你女儿在与朋友的交往中会立规矩并严格遵守呢？立规矩并不仅仅是让你女儿干家务活或者吃蔬菜。当你设立了合理的规矩时，你就教会了女儿如何设立并且遵守自己的规矩。某一天，她可能不得不说"不，我不会撇下我的朋友"，只有在理解了什么是原则的时候，她才有勇气说出这句话。

自我认知圆圈

有时候，女孩们会很难看清真正的自己，因为在不同的场合中，她们会展现出不同的性格。我曾经辅导过这样一个女孩：在足球场上她活力四射，她坚强、自信，有团队精神，但她的老师看到的却是一个完全不同的女孩。在学校她很内向，不愿意参与班级讨论，被老师更正错误的时候显得很焦虑。她妈妈眼里的她笨头笨脑，爱说个不停，精力充沛。这个女孩在三个不同的场合展现出了完全不同的性格。当我问她，哪种说法与她本人最吻合时，她说："也许每个都有一点。"

自我认知圆圈有助于女孩们思考自己以及其他人如何看待自己。拿一张纸，在中间画一个小小的圆。让你女儿把她的名字写在里面。然后，让她画一个大大的圆，大到能够把所有关于她在学校表现的描述都写进去，然后画一条线将大圆和小圆的圆心连起来。再画几个大圆写下她在家里、在任何一个她会待很长时间的地方（例如游乐场、乐队等）的表现。最后让她画一个圆代表"真正的自己"。她内心是个什么样的人？她希望其他人了解她的哪些方面？

这个活动可以帮助女孩们思考真正的自己是什么样的，她们可以如何改变看待自己的方式。

给自己的信

有时候，女孩们不太愿意敞开心扉去聊对自我的认知、自己的希望和梦想、同伴压力等。她们天生喜欢讨父母的欢心，她们也曾告诉我，她们很害怕让父母失望，有时候其他成年人也会让她们不愿意分享自己内心深处的想法。但是，不用担心，只要你多花些时间跟孩子聊天，并且不带任何评判，她就会更愿意向你倾诉自己的心声。

与此同时，可以让孩子给自己写封信。向她解释写信能让我们找到内心的平静，有时候，我们还可以把自己的感受诉诸笔端，即使信只是写给自己的。鼓励她每个月给自己写封信，找到和内在自我之间的联结。也许她不太知道如何开始，可以建议她以下面这些句子开头：

- ♣ 这个月发生了一些很棒的事情……
- ♣ ……的时候，我觉得真的很开心。
- ♣ ……的时候，我觉得很难过。
- ♣ 我真的特别想说……
- ♣ 我希望爸爸妈妈知道……
- ♣ ……的时候，我很不喜欢。
- ♣ 我喜欢做关于……的白日梦。

好朋友，最好的朋友，不是朋友

我常从女孩们那里听到一件事，就是友谊有时候会让她们感到很困惑。朋友们偶尔会对她们不太友善，她们不知道是友谊走到了尽头，还是只是正好碰上了朋友心情不好？有时候女孩们不知道怎么跟朋友交流自己的感觉或者心事，她们想解决冲突，却徒劳无功。有些女孩遇到欺凌她们的朋友，却一次又一次给她们机会和好，因为要离开朋友对她们来说极其困难。

女孩们有时候会对友谊感到困惑，或者在与朋友的互动过程中感到不舒服或犹豫不决，与她们一起进行角色扮演是个很好的帮助她们消除困惑的方法。让你女儿想象一系列在学校、课外活动中、运动场上甚至是操场上可能会发生的事件。将它们写在一张张纸条上并放在一个帽子里。让她拿出一张纸条，然后给你和她自己分配角色。将纸条上的事件表演出来，包括某些不太友善的行为，以及为了解决冲突所做出的努力。有时候复杂的场面可能会引发激烈的情绪，穿上角色服装有助于缓和这种激烈的情绪。

表演完并且尝试解决冲突之后，轮流评估每个角色的表现。角色一是个好朋友、最好的朋友还是只是认识而谈不上朋友的人？角色二呢？为什么你会这么评价她们的表现？如果要得到不同的评价，她们可以怎么做？

每晚一起阅读

似乎从孩子能够独立阅读那一刻开始，父母就不再和她们一起读书了。这样做其实并不对。和女儿一起阅读是很好的和她加深感情的方式，书中有不少故事都能让她聊到同伴压力、做真实的自己和找到自己的兴趣。看着书中角色一点点成长，她们的同理心也慢慢增加，并且开始思索自我的成长。

对于低年级的女孩，克莱门汀（Clementine）系列故事既好看有趣，又描述了女孩们在青春期可能会遇到的各种挫折和困难。雷梦拉（Ramona）系列故事也是很好的选择，通过阅读雷梦拉的故事，父母可以和女孩们一起讨论什么是同理心，以及如何更加了解自己。对于年龄稍大的女孩，哈利·波特系列能让她们在自我认知发展、友谊和个性化等话题上得到共鸣。当我让女孩们给我推荐她们喜欢的书时，她们都会提到罗尔德·达尔的书，其实市面上关于青少年身心成长的书简直是数不胜数。对于青春期的女孩，我常推荐她们看《好书推荐清单》(Good Reads recommended lists)。一个女孩爱看的，另一个女孩也许丝毫不喜欢，所以你可以和孩子一起发掘那些她喜欢的新书，然后和她一起阅读，建立起深厚的感情。

我经常鼓励女孩们的父母慢慢来，不要把她们的生活安排得太满，节奏太快。即使你女儿表现出了钢琴上的天赋，也不意味着她就想一直弹钢琴。从这条道路上（通常也被认为是通往成功之路）走下来，尝试一些新的爱好，将自我探索放在第一位。在某个时刻，你女儿会发现她最大的兴趣或者不同的兴趣，并且倾注全部的精力。现在，请给她机会，以自己的节奏找到自己的路。

第 7 章
No More Mean Girls

飞得更高

> 忘记那些快车道吧,如果你真的想飞翔,就把力量投入到你的激情中去吧。
>
> ——奥普拉·温弗瑞

如今,女孩们总能听到一些非常积极正面的信息。她们被鼓励去追求自己的梦想,达到更高的标准。父母(有时候也许是过于热切地)一遍又一遍地告诉她们,只要你想,任何梦想都可以实现。实际上,整个社会都在快车道上飞速前进。为女孩们开设的 STEM 课程㊀夏令营和编程课程比比皆是,随时随地都能找到激励女孩们的网站和各种资源。女孩们参加各种体育活动,为了更美好的将来而学习各种技能的机会也是应有尽有。女孩们能够进入通往成功的快车道,她们要做的就是设立目标,然后努力奋斗。

可是,新一代女孩们面临的困境是什么呢?压力。超级女孩们为了成为自己想成为的人,或者进入哈佛、斯坦福、耶鲁,承受着巨大的压力。据一项对 787 名年龄在 13~18 岁间的青少年所做的道德调查显示,44% 的受访者说他们为了获得成功而遭受很大的压力,而女孩比男孩遭受的压力

㊀ STEM 即科学(Science)、技术(Technology)、工程(Engineering)、数学(Mathematics)4 个学科的英文单词的首字母。STEM 是来自美国的一个教育概念,是科学、技术、工程、数学多学科融合的综合教育,在国际上一般称为"综合课程"。——译者注

更大。[1] 天普大学曾做过一项研究，发现女孩们更容易感受到人际关系方面的压力，因而增加了她们抑郁的风险。具体来说，女孩们在遇到压力时更容易思前想后，从而引发抑郁的情绪。[2]

我们总是鼓励女孩们，让她们冲破阻碍她们获得成功的玻璃天花板，可也因此给她们施加了太多压力。在生活中的诸多方面，女孩们都面临着压力。在学校里，她们不得不取得好成绩。我们长期用她们所取得的成绩来衡量她们是否成功，有时候父母给予她们的期望高得不合情理。我见过太多父母因为女儿某一科成绩比其他几科"低一点"而忧心忡忡。在学校外面，父母期望女孩们"全面发展"。她们要擅长一门体育运动，有艺术才能，做志愿者，有一大群朋友，为了显得有"责任心"，还要会干家务活。但请记住这一点：对孩子有高期望是合理的，但过高的期望则对她们有害。了解你女儿的能力水平，对她的发展建立合理的预期。

如果女孩们把自己累垮了，成功就不太可能降临了。只有在实现目标的同时能达到一种健康的平衡，她们才是真正获得了成功。

凯特想成为她们家第一个进入常青藤大学的孩子。当她还是个 9 岁的孩子时，就已经立下了这个雄心壮志。我不知道你 9 岁的时候是什么样的，可是我知道没几个 9 岁的孩子能立下这么明确的人生目标。她的父母因此一直鼓励她，她的祖父母、叔叔阿姨和家人朋友也都对她寄予了厚望。她参加了所有她能参加的体育运动，只要有俱乐部就加入，每晚都学习到深夜。除了精心挑选的活动，她几乎不跟朋友出去玩，过着连轴转的生活，而这一切，在她 9 岁的时候就已经开始了。到 17 岁的时候，凯特的成绩一直名列前茅，还拿到了两封荣誉推荐信，可是她仍然焦躁不安，如同热锅上的蚂蚁。最后，她没能进入任何一所常青藤大学。凯特的确看起来成绩很优秀，也似乎符合进入常青藤大学的标准，可是她却从来没时间去寻找自己真正的兴趣。她唯一的目标就是进入常青藤，除此以外，她没有清晰的目标。她为了取得好成绩把自己累到精疲力竭，却忘了停下来仔细想想，她对未来到底有什么希冀和梦想。

压力来自何处

大家一般认为童年是无忧无虑的,但是我却发现,很多孩子如今都承受着巨大的压力。美国进行的一项关于儿童压力的全国调查发现,2015 年为期 12 个月的时间内,72% 的儿童频繁出现源于压力的负面行为。[3] 从社会议题到亲子关系到学业和课外活动,很多女孩承受着各种压力,但她们中只有少数接受了如何应对压力的教育。

温馨提示

以下是会给女孩们带来压力的常见原因:
- 家庭关系不和谐 / 家庭环境
- 家人生病
- 家人过世
- 离婚 / 分居
- 学业困难或压力
- 家庭作业
- 同伴关系问题或同伴压力
- 欺凌
- 兄弟姐妹间的竞争或欺凌
- 过快的生活节奏
- 不良睡眠习惯
- 休息时间不足 / 缺乏自主游戏时间

朋友还是敌人

一位纽约的妈妈向我求助,因为她女儿已经连续好几天不肯去上学了。她去找老师和其他父母了解情况后,吓了一大跳。她的孩子受到了欺凌。

在幼儿园，孩子哭着，尖叫着，又踢又蹬，这些并不是装模作样，而是她承受了巨大的心理压力，很害怕回到她曾经热爱的学校。

也许我们很难相信，同伴欺凌问题会在学前班阶段就出现，但是孤立同伴和其他形式的同伴欺凌可能会在很小的孩子中发生。一项研究结果显示，在学前班阶段，女孩中出现同伴欺凌的概率要高于男孩（因为男孩更多的是在肢体上的冲突），孩子们通常会欺凌同性别的伙伴，童年早期的同伴欺凌现象常表现为孤立某个同伴。[4] 像"你今天不能跟我们一块玩"或者"我不想再做你的朋友了"，听起来像朋友间平时会听到的话语，只需一个道歉就能化解，但是如果频繁遭遇这类欺凌（甚至是在学前班阶段），会导致女孩们承受的压力增加。

随着女孩们进入小学，同伴欺凌现象也可能增加。父母和老师一般会注意女孩们是否会在午餐桌上被其他女孩排挤（父母们最关心的就是午餐，只为了确保女儿在午餐桌上没有被孤立），我却发现在小学阶段前几年里，课间休息时间排挤同学的现象也相当普遍。在操场上，女孩们走来走去，总有办法躲开老师的视线，做些排挤、欺凌同学的小动作，而这些都是女孩们的主要压力来源。童年时期，不被邀请参加生日派对会让一个孩子伤心欲绝，而被一群朋友"冷淡""排挤"则会引发自卑、焦虑或抑郁等负面情绪。

亲子关系问题

在女孩们的生活中，与父母的关系占据了重要的地位。如果与父母的关系不好，也会导致压力增大。事实上，最近一项针对中学生的研究显示，在学习和课外活动方面，"要求过高"的父母会影响孩子的学习成绩和社交/情绪健康。这项研究还显示，那些相信父母把善良和同情心等品质看得比学业成功更重的孩子，实际上成绩更好，也更少受焦虑和抑郁情绪困扰。[5] 那些不遗余力想帮助孩子获得成功的父母似乎在不知不觉中引发了孩子的压力，从而导致了不尽人意的结果。

不过，父母要求过高也不是女孩们压力过大的唯一原因。独断专行或者严格、控制欲过强的父母也会引起女孩们焦虑、抑郁、缺乏社交能力和其他行为上的问题。[6] 这种严厉的管教方式会导致亲子互动不足，也就是说，对孩子关心不足；对孩子期望过高，有时候超出了孩子的身心发展水平。在这种僵化的气氛下，孩子与父母之间无法有效沟通，导致女孩们觉得与父母在情感上较为疏远，或者在遇到困难的时候不愿寻求父母的帮助。结果，父母们会觉得紧张、愤怒和挫败，从而导致孩子自卑、压力过大和焦虑。

家庭生活

艾迪生很确定，爸爸妈妈就要离婚了（其实他们并没有）。每周我们见面的时候，她都告诉我，她很担心爸爸妈妈在家"打架""发脾气"和"大吵大闹"。她的父母确实面临着很大的压力，争吵的次数也比以往多。她的父母确实不太有耐心，有时候会冲她大吼，他们自己也觉得这样很不好，也在努力减轻自己的压力，但是并不容易。艾迪生没告诉我的是，她之所以知道这些是因为她经常偷偷地监视父母。和这个年龄段的其他孩子一样，她能感觉到父母之间的紧张气氛，所以决定要"调查一下"出了什么问题。他们一般都是等孩子晚上睡了之后再关起门来吵架，但艾迪生却一直拼命不让自己睡着，她只想偷听发生了什么，是不是因为自己犯了什么错。

像艾迪生这样的孩子太多了。在家庭中感受到的压力是慢慢渗入孩子心里的，她们不了解所有信息的时候，会做两件事：要么她们会想象最坏的情形（离婚），要么她们以为是自己做错了什么。有些孩子会尽力讨好父母，希望事事都能让父母满意。有的则变成侦探，想把所有的线索拼在一起，但在这个过程中，她们把遇到的压力悄悄埋在心里自己承受。艾迪生就是后者。

遇到父母关系不和谐、分居或者离婚时，女孩们会将家庭中的压力转嫁到自己身上，但这种情形并不仅仅限于父母关系不好。兄弟姐妹间也可能出现恶意的嘲弄和讽刺，甚至是欺凌。是的，兄弟姐妹间也会有欺凌现象。如果父母不加以制止，这种行为也会导致紧张、焦虑和抑郁。

家人或者深爱的人过世当然是压力的来源，可是有朋友或者家人生病（即使你为了保护女儿不让她知道真相）也会增加女孩们的压力。

同样，不要忘了家庭经济状况、失业和搬家带来的压力。这些都会引发紧张情绪和焦虑，而孩子是很难独立应对这些压力的。

来自学校的压力

过去，孩子们在学校能够很好地平衡学业和身心成长。当然，那时候也有考试、小测验和评估，但是那时候的孩子有充足的课间休息时间，体育课、艺术课和音乐课（也就是现在所谓的"专业课"）都有保障，每天的生活也都不紧张。而如今孩子们的生活中充满了各种学习，很多学校缩短了下课休息时间，减少了体育课。孩子们需要在课堂上坐更长时间，学习节奏也在加快。尽管有一部分孩子能够适应这种快节奏的学校生活，但有些孩子却因此受到了伤害。当父母们给我打电话，不明白自己的孩子为什么到了晚上突然崩溃时，我的第一反应总是"压力太大"。

有些女孩只是默默承受这些压力，所以在学校看起来也不见得有多"难过"。这些女孩没有引起老师的特别关注，因为她们一般都遵守校规，按时完成作业，看起来情绪也很稳定。每到晚上，她们就近乎崩溃，但是白天又会若无其事，乖乖地做自己该做的事情。还有些女孩在学校压力很大，并不是因为学习时间过长，没有足够的休息时间，而是因为学习跟不上，或者其他跟学习有关的压力。就是这些女孩会在课堂上"行为出格"或者"失控"，她们当然不是"行为出格"，而是因为无法承受巨大的压力或者感到挫败，但是成年人不见得能够看到这些行为背后隐藏的压力。

当然，这样的生活也不全然就是多么糟糕。事实上，女孩们每天都能学到一些非凡的技艺。四年级的孩子已经在学习解剖学。三年级的孩子已经在学诗歌艺术。很多学校的历史课都紧密联系现实，很有趣。学习数学也有了很多新颖和有趣的方式。教育方式出现了很多积极的转变，但是即使积极的转变也会引发压力，这就是我们必须关心女孩们每天情绪变化的原因。

来自学校的压力是复杂的，大家感受到的压力形式也不一样，这使得我们很难发现。希望父母和老师能仔细观察孩子的行为变化，但最好我们能经常跟孩子讨论压力。我们帮助他们了解压力导致的生理症状，把压力产生的原因与情绪、身体反应联系起来,他们就会学会寻求帮助。要做到这一点,我们需要了解压力和压力在女孩身上的表现。

压力的表现形式

我们很少听到女孩们回家后向我们抱怨:"我觉得压力太大了,我需要帮助。"她们顶多是回到家告诉父母,自己感觉不太舒服。她们也许会说自己太累了,或者头疼。她们也许会表现得易怒或者急躁。但是,更常见的情况是,她们什么都不说。她们会感到胃疼、头疼或者出现其他身体上的症状,但是每个上学的孩子也都时不时地会来这么一出。父母们不见得会把孩子的胃疼和"紧张""压力"联系在一起,因为我们常听说什么"胃肠感冒",对不对?

女孩们感受到的压力不仅仅表现在身体上。不少父母也告诉我,他们发现孩子会突然出现与自己性格完全相反的行为变化。例如,哈铂的妈妈就告诉我,哈铂在二年级的时候是个自信、"随和"的姑娘,结果到了三年级后,几乎是一夜之间就变得"爱犟嘴"了。在排除了所有可能的原因之后,她发现对考试的焦虑是女儿变化的"罪魁祸首",因为到了三年级就要面临各种考试和测试了。

> **温馨提示**
>
> 如果你注意到你女儿表现出了以下症状,请考虑是否与压力水平有关。
> - 频繁胃疼
> - 频繁头疼(包括偏头痛)
> - 肌肉疼痛(孩子感受到压力后会出现肌肉收缩)
> - 频繁去看校医
> - 其他医学上找不出原因的身体上的症状

> **温馨提示**
>
> 面临压力时，女孩们也会出现以下行为上的变化：
> - 失眠或睡得不踏实
> - 烦躁易怒
> - 情绪起伏过大
> - 孤僻，不合群
> - 拒绝参与日常活动
> - 拒绝上学
> - 频繁地抱怨
> - 黏人
> - 饮食习惯改变
> - 抓皮肤或者扯头发
> - 尿床
> - 结巴

压力可能会引起女孩们情绪的巨大起伏。因为孩子们一天中会经历很多让她们高兴或难过的事，情绪也就自然会起伏不定（我好兴奋！我好难过！），这种情绪的变化不定可能会被视为"正常"。然而，如果出现了新的和不同的情绪反应（或剧烈的反应），父母和老师就不应该忽视。美国关于自杀率的最新调查数据显示，女性群体中出现最大幅度的增长是在10~14岁这个年龄段。[7]任何紧张、焦虑、抑郁症状或行为上的变化都需要得到专业人士的评估。

> 有时候，我会在晚上哭鼻子，我甚至都不知道为什么。我也不是伤心，就是想哭。
>
> ——一个三年级的女孩

不见得每个负面行为都是由压力引起的。每个人都有过得很糟的时候，有时候连续几天都不如意，甚至孩子也会这样，但是负面的行为模式可能是由紧张或者压力过大导致的。

压力加剧同伴欺凌现象

女孩们如果承受了压力，有时候就会把这种压力转嫁到别人身上。有些父母说他们的女儿只会默默承受压力，然后回家全部发泄出来，可是很多女孩告诉我，有些女孩会把这种压力发泄到别人身上。有时候，是女孩们在争执"我的生活比你更悲惨"。有时候，是一些女孩把所有的怒气发泄到别的女孩身上，因为她们的压力已经大过临界点。压力也会引发不健康的竞争。

温馨提示

如果你的孩子有下列情绪上的表现，说明她正承受着较大的压力。
- 常常不明原因地哭泣
- 大发雷霆
- 充满恐惧
- 分离焦虑
- 攻击性行为

我们都听过这样的故事，孩子们经受住了学校的压力，却在回到家的那一刻全面爆发或崩溃，可是女孩们告诉我，有时候要等到放学实在是太难了。一个四年级的女孩因为觉得在学校受排挤来寻求我的帮助。她幽默、大方、阳光，但是她的友谊总持续不了几周。原来，大家都知道她喜欢将

自己的压力发泄到朋友身上。无论如何，那就是她所有行为背后的原因。朋友们看到的，就是一个喜欢把所有的过错都推到朋友身上，爱嫉妒，在操场上"乱发脾气"的女孩。就因为她这些不讨人喜欢的行为，其他女孩不得不远离她。

于是，我教这些女孩如何找到自己压力的来源，并且尝试理解其他女孩所承受的压力，这样她们才能够停下来，仔细思考这些压力造成的恶性循环如何影响了她们的友谊。当女孩们将她们所承受的压力和盘托出，和其他女孩一起讨论该如何应对这些压力时，她们就能够互相帮助，缓解彼此的压力。每当我跟一群女孩进行这种练习的时候，效果都特别好。如果女孩们不得不独自面对自己情绪上的变化，又没有学习过任何压力管理技巧时，同伴欺凌现象就会乘虚而入。

平衡的艺术

> 我想给她各种各样的机会，我不希望她什么都不敢尝试。
>
> ——一个五年级女孩的妈妈

众所周知，我们生活在一个充满压力的环境中，就连孩子们如今都不得不面对巨大的压力，而女孩们付出的代价似乎比男孩更大。有时候我们只想着鼓励她们追求自我，朝向更高的目标努力，但却忘了教会她们如何在生活中取得平衡。当然这并不意味着她们不该追求更高的目标，但前提应该是她们已经准备好，愿意去，并且是出于自己的兴趣。在兴趣方面，父母不能强迫孩子。所谓兴趣，应该是发自内心，而非源自外界。

很多父母都跟那位希望给孩子机会的妈妈一样，我从很多妈妈那里都听到过类似的话，我理解她们的期望。我也希望我女儿知道，她有无数机会，她可以尝试各种各样的活动，直到她找到自己真正的兴趣。她可以同时拥有一个或者十个梦想。她可以追求更高的目标。我不希望她因为什么活动都没有尝试过或者很难或者"属于"男孩项目就害怕退缩，但是我也希望她能够以自己的方式找到自己的兴趣所在。我希望她在找到自己方向的同时，也已经准备好了。

对于我们的女儿们来说，没有通往成功的"快车道"。实际上，快节奏的学习和生活给她们带来了极大的压力和紧张感，最后导致她们不堪重负。像陀螺一样忙得团团转的女孩们可能反而一事无成。当她们被一步步推着向前走，完全超过了她们的身心发展水平，或者由于每天的日程排得太满而承受过大压力时，她们就无法享受父母极力希望她们获得的"成功"。

要追求更高的目标，诀窍在于保持平衡。当女孩们有机会去追求各种各样的梦想时，她们就能够尽情地享受不同的活动给她们带来的不同乐趣，发现自己的优点和不足、喜欢的和讨厌的。当父母把获得成功的压力转化成鼓励孩子探索的自由时，女孩们就没有了后顾之忧，她们可以尽情地探索自己的个性，找到自己的兴趣。当父母们不再将孩子们的学习和生活看作一种竞赛，而是获得身心平衡的方式时，女孩们就有机会探索成长的各种可能性。

我最近就大声地告诉一群9岁和10岁的女孩："在这个时代做女孩太棒了！"她们立马欢呼起来，激动得蹦来蹦去。然后我们安静下来，开始试图在各种各样的机会和慢下来享受生活之间找到一种平衡。女孩们经常告诉我，她们感觉左右为难。她们想尝试各种各样新鲜有趣的事物，可是又想有时间和朋友们一起玩，出门散步，在炎热的夏天飞快地骑着自行车享受凉爽的风。她们想参加有趣的科学营，又想有时间拼乐高，画画，或者就是待在家里什么也不干。

我们都希望自己的女儿无所不能，但结果是她们承受了巨大的压力，即使外面的世界有无数精彩的机会和可能性，她们也没有办法获得。如果教会女孩们在生活中取得平衡的艺术，就赋予了她们以自己的节奏探索世界的能力。

还记得凯特，那个特别想进入常青藤大学的女孩吗？收到那些学校的拒绝信时，她感觉自己所有的梦想刹那间变得粉碎。她不知道哪儿出了问题。当她终于清醒过来时，决定将注意力放在已经获得的机会上，而不是那些她为了追求完美而精心编织的幻想上。她参观了那些录取她的大学，喜欢上了其中一所。那一刻，她终于卸下了自己的伪装，决心脚踏实地地生活，而不是追求那些虚无缥缈的"完美"。毫无疑问，这对她来说是最明智的选择。

女孩可以

设立可实现的目标

设立目标是个非常重要的技巧。当你设想未来时，这个技巧尤为重要，它也能帮助女孩们经营自己的日常生活。受整个急功近利的大环境的影响，我们有时候会为自己的女儿设立一些并不现实的目标，但其实我们应该教她们的是如何设立适合自己年龄的、可实现的目标。

我们早已司空见惯的流程图是一个很好的向女孩们解释如何设定目标的工具。你将一个总目标放在最高处，然后把它分解成一个个可以达成的小目标。例如，如果你的目标是进入俱乐部的游泳队，你就从设立三个帮助你达成这个最终目标的小目标开始。那些小目标还可以被分解成更小的任务（例如，将"进行更多训练"分解成"一周做三次平板支撑和俯卧撑"）。

当女孩们学会了将大的目标分解成可实现的小目标，然后按步骤一个一个完成时，她们就有能力设立并且达成自己的目标了。

教授放松技巧

如今，各种功能的手机应用简直应有尽有。感恩日记？就有这样一个应用。焦虑日记？这样的应用也有。冥想训练？这样的应用真的太多了。你知道还缺一个什么样的应用吗？就是帮助我们留出时间来练习平衡和放松的应用。

冥想和深呼吸是保持冷静和活在当下最棒的技巧，女孩们在追求成功的同时，也需要学习如何平衡自己的休息和玩耍时间。写日记就能帮她们释放压力，营造梦想的空间。做白日梦能帮助人们回忆一些信息。事实上，有一项研究发现，当人们从事简单、无须全部注意力的活动时，他们会走神（做白日梦），他们会利用大脑中闲置的那一部分来唤醒回忆，想其他事情。[8] 阅读也是一个忘却烦恼的好办法。没有两个女孩是一模一样的，找到一个对你女儿有用又有趣的放松方法，不过在这之前你们也许需要多尝试几次，也许还会犯错。在家里就可以尝试下面这些方法（完全不用去上什么课或者接受什么培训！）：

- 油画/水彩画/素描/填色
- 写诗
- 烘焙
- 编织（我个人最喜欢的活动）
- 摄影
- 瑜伽（手机上能找到很多瑜伽应用）
- 游戏（荡秋千，自家院子里的跨越障碍游戏）

想象

我喜欢教女孩们利用自己的想象力。我通常会告诉她们，经过一定指导的想象不仅能帮助她们实现自己的目标，应对自己的烦恼，甚至还能为她们助眠。当我们的大脑进行想象练习时，就会允许我们的身体释放内在压力，帮助我们将注意力集中在积极、正面的视觉形象上。

如今女孩们经常听到"我们应该想象成功的画面"，但是我更愿意教她们想象获得成功的过程。我们不可能每次都赢得金牌或者考试拿满分，但是你可以在追求成功的过程中尽自己最大的努力，学习新的知识。想象整个努力的过程（不论是参加考试还是参加游泳比赛）能帮助女孩们关注努力的积极意义，而非事情的结果。

让你女儿舒服地坐着，深呼吸三次。教她们学会深呼吸最好的方法是，让她们吸气的时候从 1 数到 4，屏住呼吸从 1 数到 4，吐气的时候再从 1 数到 4。几次深呼吸后，让她关注自己的肌肉。她的腿部和脚部能感觉到压力吗？如果能感觉到，先收缩肌肉然后再放松，最开始放松脚部的肌肉，然后是手部和手臂，让她依次放松全身的肌肉。

然后，详细描述你女儿担心或者感到有压力的某个场景。先描述整个背景，然后谈谈她有哪些优势。提醒她，她付出了多少努力才有了今天的结果。带领她回忆整个过程，一次描述一个细节，将重点放在她能做哪些准备，哪些又在她的能力范围之内（例如，她可以在游泳比赛前先游 4 圈进行热身）。指导她们一步步将整个过程想象出来，这样她们就能充分感受到平静和自信。

希望和梦想看板

说实话，我不太喜欢遗愿清单㊀之类的东西，因为听起来太悲观了。而且也感觉像是短期内无法完成的，因为清单里都是不太重要的目标，似乎有点太遥不可及。例如，我肯定想去爱尔兰看看，但这不在我今年的计划中。而希望和梦想看板可以让我们将一些能够轻松完成的目标（不需要昂贵的机票）以图像的形式表现出来。

我常鼓励女孩们制作自己的希望和梦想看板。我最近让一群女孩说出她们想学习却没有时间学习的一项技能，结果超过半数的女孩想都没想就大声回答："滑冰！"女孩们因为每天的生活已经很忙碌，只能将自己的梦想和想法放在一边，或者是她们太累了，等好不容易有了休息的时间，她们却什么也不想干了。

制作一个希望和梦想看板，放在她们的房间里，这样她们就有机会将那些梦想和希望公开。一旦这样做了之后，她们就能够在时机合适的时候，实现这些埋在心底的梦想。她们也能够跟你一起分享这些梦想，这样你就能帮助她们尝试新的活动，开启新的旅程。

㊀ bucket list，中文译为遗愿清单，来自同名电影，讲述两个患了晚期癌症的病人如何面对癌症给他们带来的"死刑"，以及他们如何在余下的日子里度过丰盛和欢乐的人生。（维基百科）——译者注

重现往日辉煌

一旦女孩们感到紧张和有压力，她们就会想象最坏的场景：我考试会不及格；我一个球都进不了；同学们会嘲笑我。负面思维模式的威力是巨大的，所以我们不妨从过去取得的成功中汲取力量。

当女孩们的头脑中充满了"如果……怎么办"的想法时，我就和她们玩"重现昨日辉煌"这个游戏。游戏很简单。

- ✿ 说出最近她们遇到的困难。
- ✿ 如果失败，会发生什么最可怕的事情。将这个场景描述出来。
- ✿ 分享过去曾经取得的一次成功：过去的成功说明你有什么能力来应付现在的困难？
- ✿ 将过去获得的经验应用到现在：说出当时使你获得成功，并且这次有可能帮助你克服困难的一件事。

思考过程中的转换总是能够帮助女孩们打破充斥着"如果……怎么办"的负面模式，用回忆成功和自信取而代之。

平衡木

每次观看奥运会的时候，我都会为体操运动员在平衡木上的表现惊叹不已。他们看起来那么冷静，仿佛一切尽在掌握中，即使滑下来或者跳错一步也能保持冷静。当然，只有经过多年的训练和精心编排，才能达到他们那样的表现。每次坐在家里观看他们的表演，我都觉得像优美的舞蹈。

要教会女孩们如何在生活中找到平衡，我们必须帮助她们学会如何在繁忙的生活与休息、家人和友谊间做取舍。让你女儿在一张纸上画一根平衡木，将这根木头分成1英寸长的等份。问她每天有哪些事让她感觉忙忙叨叨，例如朋友们的生日聚会、体育运动、课外班等。让她将这些活动按顺序填在平衡木某半边的小格子里。歇口气，然后让她谈谈看到那根平衡木的感受，问问她，如果每一周都有这样或者那样的事情做，没有什么时间留给自己，她会有什么样的感觉。

然后问她，她有哪些最喜欢的休闲活动，这些活动可以是任何形式的，从依偎在父母身边到阅读到画画到去外面玩等。把这些活动填在剩下的格子里。让她谈谈这些活动如何使她放松，精神焕发。

最后，聊聊这根平衡木。尽管这根平衡木看起来似乎是"平"的，因为两边有数量相等的活动，但它并没有达到"平衡"。通过将平衡木画出来，你女儿就会将注意力从那些忙忙碌碌、可能会给她带来巨大压力的活动转向那些能让她感到放松、身心愉悦的活动。为了真正地创造平衡，这两种活动应该交替放在平衡木的两端。和你女儿一起，重新画一根能反映这种更健康平衡的平衡木。

培养使女孩们遇事能保持冷静的爱好

帮助女孩们在生活中找到平衡并不容易，挑战之一就是几乎每件事都显得特别重要，而很多事都似乎是她们将来获得成功的基石。有无数父母告诉我，尽管孩子还在读小学，但他们必须寻找各种机会，使女儿的大学申请书看起来特别突出。

这种不计代价取得成功的心态，需要真正的爱好予以支撑。当她们找到了自己真正的爱好，也就是她们做起来既觉得有趣又觉得放松的活动，就能够更好地帮助她们战胜紧张情绪，缓解每天遇到的压力。无论这个爱好是园艺、刺绣、做友谊手链，还是把你家的厨房变成一个化学实验室，你都要予以鼓励。告诉她们，放下任何期待和评判，她们从事这些活动的原因只是它们很好玩。

释放负面能量

当压力逐渐增大时，女孩们只是默默承受。最终，这些负面能量将全面爆发。我发现，父母们认为只有男孩应该这样，而女孩们的身体里似乎不应该存在这种负面能量。这种想法是错误的。女孩们也会全身绷紧，压抑自己的情绪，在身体层面上出现压力增大的症状。她们需要将这种压力释放出来。

我们可以找到各种释放压力的方法，但是我发现下面这些最受大家的欢迎。

- 玩彩泥。
- 跳泥坑。
- （在室外）扔湿纸巾。
- 大声播放流行音乐并跳舞。
- 在室内关闭的门后大吼 30 秒。
- 扔球：对着墙壁扔球。扔球的时候将负面情绪发泄出来，接球的时候用正面情绪代替刚才的负面情绪。

当女孩们能够利用正确的方式释放自己的负面能量时，就能更好地处理自己面临的压力。如果她们能够战胜压力，保持健康的平衡，就能够达到更高的目标，即那些吸引她们并且体现了她们梦想的目标。父母不可能直接将女孩们推到终点，让她们立即拥有成功和幸福，但是可以引领女孩们，在她们挑战自我、追求梦想的时候给予她们支持。

第 8 章
No More Mean Girls

勇敢发声

> 我花了很长时间才学会勇敢表达自己,既然我已经迈出了这一步,我就不会再保持沉默。
>
> ——马德琳·奥尔布赖特

18 年来,我一直致力于为女孩们提供咨询和帮助,我发现,很多女孩都缺乏自信地表达自己想法的技巧。我们教她们要善良,有同情心,教她们尊重别人,教她们要善于倾听,教她们要遵守规则,但是我们也需要教她们大胆表达自己的想法。仅仅鼓励她们在班里举手回答问题是不够的,仅仅鼓励她们在运动场上积极地表现也是不够的。她们需要在很小的时候就知道,她们的观点很重要。她们需要学会如何表达自己的感觉、想法、需要和观点。更重要的是,她们需要学会自信地表达。

《发展心理学》2010 年发表的一项研究就关注了儿童语言使用中的性别差异。研究者分析了具有鲜明性别特征的语言,包括健谈类语言、附和类语言(促进关系融洽的语言)和自信的语言。总的来说,女孩比男孩更健谈,会使用更多附和类语言,而男孩则会使用更多自信的语言。[1] 女孩们使用语言的频率更高,更多使用包容性语言,让更多人参与谈话,而男孩使用的语言更自信,更能满足自己的需要。

我最近问一群女孩,她们上课或参加其他活动的时候,要是老师或者活动的主持人问一个问题,男生是不是会跳起来抢着回答,而女生则是安静地坐在座位上，礼貌地举手回答。在这个全是女孩的环境里，几乎每个女孩都是跳起来大声回答："是的！"她们轮流分享自己的经历，说她们很气愤，因为男孩们不怕大声说话甚至毫不考虑班上其他同学，却因此"掌控全局"。多年来的研究显示：在小学和中学，男孩得到的关注是女孩的八倍之多。[2] 当男孩大声说话的时候，他们获得的是倾听。而当女孩大声说话的时候，获得的却是要求她们举手的提示。当男孩未能参与班级讨论的时候，老师会鼓励他们，而对女孩们却总是视而不见。

米娅不太敢在学校表达自己的需求。她喜欢自己的老师和朋友们，可是她宁愿不说话，也不愿意打断老师，告诉老师自己听不懂老师讲的数学知识，所以她只是默默忍耐。因为她的数学考试分数太低了，老师提出愿意额外花时间为她补课，这时米娅的妈妈才开始关注她的问题。原来，米娅害怕因为自己听不懂，给老师带来额外的工作量，所以她只是自己默默努力，希望能自己弄明白。但是到她来找我的时候，她已经落下了好几周的功课，需要老师花好几天的时间给她进行一对一的辅导，才能赶上其他同学的进度。米娅就是太懂礼貌，却不知道如何大胆地说出自己的需要。

实际上，女孩们一直受到的教育就是要温和、彬彬有礼，而男孩们却一直受到各种宽容和偏爱，因为你知道的，男孩就是男孩嘛（当然还有其他一些老掉牙的原因）。英国一个育儿网站 Netmums 对 2500 名母亲进行了调查，以确定她们对待女儿的方式是否与对待儿子的不同。结果令人震惊，88% 的受访者承认她们对待儿子的方式与对待女儿的不同；55% 的受访者说她们与儿子的关系更亲近；22% 的受访者承认她们对女儿更苛刻。[3] 缺乏与母亲的情感交流，还不得不面临更严苛的批评，女孩们不自卑才怪呢。而自卑的女孩更无法大胆表达自己的需要。

艾莉则是在与朋友相处的时候，不知道该如何说出自己的想法。四年级时，仅仅因为一个小误会，艾莉在下课休息时被朋友们冷落了好几个星期。当时她正准备和其他班的同学玩，小群体里的另外三个女孩很不高兴，斩钉截铁地告诉她："我们不会再跟你讲话了。"当我问她到底发生了什么时，她告诉我，她没看见她们三个人，当时正在下雨，她以为班上的同学都在教室里。结果那三个女孩看到了她的行为，立刻采取了行动。我们讨论的过程中，艾莉想出了几个当时她应该说的词。但是，当时她什么也没说。当那三个女孩朝她发脾气的时候，她被吓呆了。她只是站在那儿，一句话也不说，看着她们气冲冲地离去。当天晚些时候，她终于试着去跟她们中的一个人聊天，可那个女孩只是翻了翻白眼就扬长而去。

什么是自信表达

> 太自信也不太好，其他女孩会以为你在炫耀自己什么都知道。
>
> ——一个四年级的女孩

温馨提示

很多女孩不知道该如何自信地表达自己。告诉她们可以采取以下步骤：

- 挺直身体。
- 直视对方的眼睛。
- 声音冷静、清晰且坚定。
- 表示拒绝的时候，不要感到内疚或者焦虑。
- 倾听（使用身体语言，例如点头表示你在认真地听）。
- 自信地表达自己的观点。

我发现，女孩们常常误以为"勇敢表达自己"就是"咄咄逼人地说话"。为了表现得很"友善"，讨好别人，避免被误以为"生气了"或者"咄咄逼人"，应该勇敢表达自己意见的时候，她们却退缩了。就像艾莉，一想到要表达自己的想法，她就感到很恐慌。她觉得那些女孩肯定会误会她的意思,把她看成一个"讨厌的女孩",所以她只是站在那里,沉默不语,眼睁睁地看着友谊破裂。一旦艾莉开始理解并且学会自信地表达自己,她就能够修补与那三个女孩的友谊了。

孩子们应该学会自信地表达自己的想法和需求,而不是将它们强加给别人。教授她们这种技巧需要时间和练习。要做到这一点,孩子们也需要拥有自信,而不害怕被拒绝或批评,不害怕被认为没有能力,并且能够融入集体。能够自信地表达自己的女孩有着高度的自信,对于自己在集体中的位置有更多信心,而那些自信不足的女孩则会担心其他人对她们的看法,也不太能够大胆地表达自己的想法和需求。对有些女孩来说,这样做潜在的风险太大了("如果我说出了自己的想法,朋友们会笑话我")。她们之所以保持沉默,是因为她们不想被拒绝或者感到尴尬。

> **温馨提示**
>
> **自信表达**意味着捍卫自己的权利,表达自己的需求,同时捍卫别人的权利和需求。

我们都希望女孩们能够勇敢表达自己的想法,在需要帮助的时候能开口求助,让她们在需要大声说出自己想法的时候,不会因为害怕自己会感到难堪而沉默不语。我们都希望自己的孩子在生活中能够自信、大胆地前行,然而,对于绝大多数女孩来说,获得勇敢表达自己想法的能力是一个长期目标。

女孩还需要哪些沟通技巧

能够勇敢表达自己想法的能力并非与生俱来。有些女孩在沟通过程中比较被动，而有些女孩则更加自信、主动。

被动的女孩在沟通中存在的问题是，她们会隐藏自己的真实感受和想法。这样她们会觉得其他人利用了她们，可其他人又没法了解她们的真实想法并产生共鸣。被动的女孩会因此感到愤怒和怨恨，并导致与他人关系的破裂。被动沟通的另一个后果就是它会降低一个人的自信水平。当女孩们感到自己的想法和感受不重要时，会觉得自己像个隐形人。她们甚至会出现抑郁或焦虑的症状。

温馨提示

如果你女儿有以下表现，说明她在与别人的沟通中比较被动。
- 说话爱兜圈子（减少自己的语言给别人带来的冲击）。
- 总是说"我不知道"或者"我不太确定"。
- 很难发表自己的观点。
- 抗拒在群体中发言。
- 总是道歉，有时候完全是没来由的道歉。
- 让其他人做决定，以免自己将来后悔。
- 回答问题的口头禅是"我不知道这么说对不对，但是……"或者"我也许说错了，可是……"。
- 说话时不敢看别人的眼睛（视线常常向下）。

一个人的沟通风格部分源于性格，部分源于后天的学习。有些女孩告诉我，她们在与别人的沟通中显得比较被动，因为她们"觉得这么做才对"，其实她们可以学着变得更加自信一点。阻碍女孩们自信表达的因素包括缺乏自信、想取悦别人、害怕遭到同伴或者成年人的拒绝、对于批评过度敏感和想避免冲突。

有一天，我听到我女儿在那里自言自语："按照哥哥的想法去做比试图说服他改变主意容易多了。"于是，我让他俩坐下来，用角色扮演的方式，让他们了解什么是自信表达自己的想法和积极倾听。我让他们将这个场景及其他一些场景表演出来，我作为协调人，通过这种方式他们可以学会一些沟通技巧，并取得双方都满意的结果。（不过我得提醒一下，罗马并不是一天建成的，所以孩子需要持续的练习和学习。）

当然，强势的沟通方式也有弊端。沟通中过于强势的女孩常常占据谈话的主导地位，而疏于聆听。这种女孩常常在午餐时说个不停，完全忽视其他女孩的感受，她们也会强迫别人听取自己的意见，让同伴觉得情感上受伤或者没有受到尊重。她们在交朋友或者维持友谊方面会有一定困难。虽然强势的沟通者能够让其他人听从她们，为她们做事，但也会有遭到同伴讨厌的风险。

有多种原因会导致女孩们从小就养成在沟通中比较强势的习惯。有些是因为希望自己的需要得到满足或者希望得到关注，我发现这种情况多半发生在那些觉得在家里没人关心或被忽视的女孩身上。例如索娅，她就觉得哥哥是那种"烦人""需要时时刻刻被关注"的人。她觉得哥哥总是在撒泼打滚，想获得大人的关注，因此没人注意到她。虽然她的说法有些夸张，但这是她真实的感受。她用在学校吸引大家的关注来弥补自己在家里受到的忽视。她知道自己在学校的行为在有些同学看来太出格了，可是她停不下来。只要有一次被大家瞩目的机会，都让她很开心。

温馨提示

如果你女儿有以下表现，说明她在与别人的沟通中比较强势。

- 常常打断别人。
- 试图主导谈话。
- 与别人说话时很大声。
- 使用看起来很强势的身体语言。
- 不同意别人的观点时会用嘲讽的语气。

- 常用语言打击别人。
- 看起来有些迟钝。
- 常常陷入与别人的争吵。

一个强势的沟通者也会有过于自信（过度表扬孩子的父母要注意）、缺乏同理心和不善于倾听等缺点。我经常提醒父母们，同理心和倾听是终其一生都非常重要的技能，需要时时练习和实践。女孩们需要父母不时地提醒，也需要父母每天为她们做出正确的表率。

关于边界

个人边界与自信的沟通技巧有着密切的联系。边界通过界定私人空间和人与人之间的（身体）距离，帮助我们建立健康的人际关系。我们设立的边界应成为一种指南，帮助我们给予彼此相互的尊重。对于儿童，边界的设立也有助于给他们设定规则。

设立和遵守边界并不容易。父母们通常以为边界就是他们与孩子之间的一条看不见的线，这条线划分了彼此之间的空间，但是我发现，这些边界通常很模糊。有时候父母会跨越边界（例如越俎代庖，试图替孩子们解决问题），有些孩子则很喜欢挑战这些边界（例如，"不，我一点也不累，所以我才睡得晚了"）。这是个学习的过程，对于大人和小孩都是如此！即使有时候边界很模糊，我们也应该跟女儿讨论什么是边界。

很多妈妈都问我该如何教女儿勇敢表达拒绝，保护自己的身体，也曾有无数人问我该如何让女孩们远离侵害她们的坏人。我想说的是，这种事情并没有万能的解决办法，但是当女孩们理解了边界的定义（可以从我们觉得难以开口的安全接触这个话题开始），知道自己有能力设立自己的边界并且捍卫它时（即使是面对成年人），她们就学会了保护自己，就会在遇到让自己不舒服或者边界不清的人或事时能够安然脱身。建立清晰的边界有助于女孩们跟随自己的直觉，相信自己的感觉，这是她们一生都将受用的技能。

温馨提示

你可以让你女儿了解以下这些合理的边界：
- 安全的身体边界（所有的女孩都需要了解什么是安全接触以及如何表达拒绝）。这意味着坦率、诚实地告诉你女儿该如何保护自己的隐私部位。在跟女儿讨论安全的身体边界时，一定要使用正确的术语。
- 身体上的距离，包括远离攻击或者不恰当的亲密，例如打架、挠痒痒（有些孩子一点都不喜欢挠痒痒），甚至包括牵手。
- 倾听的边界（女孩们需要让自己的想法被听见）。
- 隐私的边界（如果你女儿已经不需要让你帮她穿衣服或者洗澡，那就放手让她自己来）。

自信表达很重要

我一定要重点强调：大胆表达自己想法的能力对女孩们的成长至关重要。我曾经有很多年就一直不太敢表达自己的想法，到20多岁的时候，我都是那种"不惜一切代价也要避免冲突"的被动沟通者，直到我意识到如果想达成自己的人生目标，我必须学会自信表达自己的想法。注意：当你习惯了一辈子都躲在阴影里，要改变被动的沟通习惯，转而学会勇敢地表达自己是非常难的。

在如今这个社会中，女孩们一天中能碰上好几回需要勇敢表达自己想法的情形。我们常误以为只有在遇到欺凌或者硕士论文答辩的时候，才需要勇敢表达自己的想法，事实远非如此。想象一下，中午你正身处学校拥挤的餐厅内，后面有很长的一队人推挤着你，你没有时间去想，也不知道怎么大声说出你真正想吃或者需要的食物。这似乎不是什么很严重的事，是吗？再想想！如果你没有大胆表达自己想法的勇气，你可能很难在一个吵闹、快节奏的环境中使自己的需求得到满足（其实，很多小学和中学在午餐时都是这样拥挤的场景）。

女孩们也需要在课堂上勇敢表达自己的想法，不管是她们需要帮助，还是想参与班级讨论。她们需要有勇气在班上发言，组织与同学的讨论，其他小伙伴们一起玩的时候请求加入。女孩们需要向父母、教练和其他导师说出自己的需求。女孩们需要学会如何问路、在商店或者其他地方求助以及遇到紧急情况时如何求助。这些都需要勇敢说出自己想法的勇气！

勇敢面对欺凌

女孩们经常告诉我的一件事是，面对其他女孩的欺凌行为时，她们很难挺身而出，因为这种行为可能来自她们最好的朋友，并且也不是针对她们。我能理解她们的感受。作为一个旁观者并不容易，尤其是当你想维持现有的友谊时。勇敢表达自己的想法，的确能帮助制止某些恶意的行为，这也是阻止缺乏善意的行为的最好方式。这是对的。也许迈出第一步会让她们非常紧张，但当女孩们为了保护其他女孩挺身而出，说些温暖的话语时（例如，"嗨，我本来想今天跟你出去玩呢"），她们就向欺凌同伴的女孩释放了一个强烈的信号：只有善良，才能赢得一切。

我们越快帮助女孩们找到自己内心真实的声音，并且勇敢地表达出来，她们就能越快脱离我们的庇护，变得独立，并且让这个世界也变得更美好。如果我们的目标是养育善良、自信、坚韧的女孩，能够用自己的力量改变世界，那我们就应该从教她们勇敢表达自己的想法开始。

当女孩们学会了如何大胆表达自己的想法时，遇到欺凌行为时她们就会出面制止，在课堂上表现更好，向朋友和家人坦承自己的想法和感受，并且拥有更大的自信。不惧表达自我的女孩能够更好地解决每天遇到的问题，而不是一味向外界求助。

女孩可以

亲自示范 / 明确告知

我知道你现在在想什么："亲自示范"这句老生常谈几乎每本育儿书籍里都出现过，你已经听过无数遍了。我明白，这句话确实听起来老掉牙了。但是你理解它的真谛了吗？也许理解一点。

女孩们会从父母那里学习如何做事，处理复杂的情况，尤其是那些只能后天习得的技能。例如，如果不巧遇到爆胎，当女孩们看见自己的父母用冷静、清晰、自信的沟通方式求助时，她们也就明白了遇到紧急情况时，获得帮助的最好办法就是保持冷静，清晰地表达自己的需求。如果此时她们看到的是父母失声尖叫，对试图帮助他们的人还不耐烦，那么她们得到的讯息就是遇到紧急情况时，只有强势的沟通方式才有用。

我常鼓励父母教女儿使用自信的沟通方式时做两件事：用行动亲自演示且事后清楚告知。说实话，你一定得仔细挑选时机。也许爆胎这个场合并不是教你女儿自信沟通方式的最佳时机，反而在超市请求别人帮忙时是个好机会。一旦你清楚地演示并且告诉了你女儿这种方式才是自信的沟通方式，提醒她注意你的语气、你使用的倾听技巧和你的身体语言。

一旦掌握了诀窍，你就可以亲自示范如何对别人表达拒绝，什么时候才是表达拒绝的适当（重要）时机，即使是对成年人。

用呼啦圈演示个人边界

我经常发现，女孩们不怎么理解什么是个人边界。她们不知道该如何设立自己的边界，也不了解尊重他人边界的重要性。

我会用呼啦圈来帮助女孩们理解个人边界这个概念。这个过程真的很简单。找两个呼啦圈，你们俩一人一个。走进呼啦圈里，把它放在腰部的位置。告诉你女儿，呼啦圈就代表她的个人边界。她有权决定属于她的领地内的一切。同样的原则也适用于你。为了帮助她更好地理解，举几个你希望他人不能侵犯个人边界的例子。一个例子也许是如果你房间的门关着，她进去之前应该先敲门；另一个则是打断别人谈话前，应先说"不好意思"（而且前提是情况紧急、不能等了）。孩子们适用的例子则可能是，没有征得许可之前不能拥抱或者推搡别人。

当我们教会孩子设立合理的边界，尊重自己家里的各种边界时，我们就为她们设立了清楚的界限，也教会了她们自信地表达自己的需求。在你们放下呼啦圈之前，一起走过一个狭窄的通道，两个人的呼啦圈可能会相撞。当你们越过个人边界时，会发生什么？一旦越了界，你们可以做些什么来解决问题？

反馈过滤器

被动沟通者通常很害怕评判、批评或被拒绝。她们都比较敏感，总是试图避免负面（有时候也许比较伤人）的反馈，也避免说出自己的需求。

我喜欢让女孩们在头脑里想象一个反馈过滤器（当然，也曾有不少女孩把想象中的过滤器画了出来）。在过滤我们获得的反馈时，我们会把它们划分为建设性意见（如果仔细分析，这些反馈都很有用）、个人攻击（没有丝毫作用的伤人的话语）和我们不太理解的评论。想象这个过滤器的时候，我们首先过滤的是个人攻击。它们不会帮助我们成长和学习，只会让我们觉得难过。其次，我们看看建设性意见。我们反复琢磨，看看能否从中有所收获。最后，我们一起努力理解那些看不出是正面还是负面的评价。评价里有值得学习的地方，就归入建设性意见那一栏。评价里没有有用的建议，就扔进垃圾箱。之后，我们还可以多次回顾我们收到的评价。

这个反馈过滤器能帮助女孩们摆脱对被拒绝、被评判的恐惧，逐渐学会接受别人给予的反馈，不论这些反馈是正面的还是负面的。

学会说服别人

没有什么比试图证明自己的观点更能锻炼一个人表达自己想法的能力

了。世界各地的孩子都希望说服父母推迟上床睡觉的时间，让他们多吃几个冰激凌，或者再玩一局游戏。由于我们不得不拒绝这些要求，很多孩子基本上就放弃说服父母了。但是，我们应该支持这种策略的使用。当然，我不是说你得答应女儿再给她吃一个冰激凌，但是她想再吃一个的时候，跟她辩论一下对她也没有坏处。

练习说服别人的技巧，包括勇敢表达自己的想法，给你女儿描述一些有趣的情景，让她想出一些能够说服你的观点。例如，"认真思考，然后给我三个最能说服我的理由，说明我为什么应该给你买一匹小马。"这个游戏很有趣，能够在一个有趣、安全的环境里帮助女孩们提高口头表达能力。

社会实践

锻炼口头表达能力最好的办法莫过于进入社会，将学到的技巧真正付诸实践。关键是要给女孩们机会来现场表达自己的想法。

公共图书馆就是个很好的练习求助技巧的场所，而且也不会让她们感到畏惧。我碰到的所有儿童图书馆管理员在小朋友们找不到书的时候，都会热心地帮助他们。父母们总会帮孩子们做一切事情，因为这几乎是我们的本能。我们得主动。我们得时刻准备着！而且实话说，我们都知道，插手直接帮孩子解决问题比教她们变得积极主动容易多了。

下次去图书馆的时候，退后一步，给你女儿一个表达自己需求的机会。给她一个具体的任务："你可不可以去问问管理员阿姨或者叔叔，哪里能找到与鲨鱼有关的书？"派她完成任务之前，可以先练习一下。提醒她，注意那些个人边界（例如她可能需要排队），说话时要冷静、清晰。

还有很多可以鼓励你女儿锻炼求助技巧的场所，包括小超市或者玩具店。我最近就发现，自己在餐厅又想帮女儿点餐了。点了一半，我突然想起来，"我到底在干什么？她完全可以自己点餐了！"我停下来，然后示意女儿让她继续。她脸上挂着微笑，完成了余下的工作。积习难改，但是现在是时候让我们的女儿开始掌控自己的人生了。

自信的声音

你看过那种青少年节目吗？节目里那些十几岁的女孩表现得好像很无知。每隔一阵子，我女儿就会让我看一集她从朋友们那里听来的电视节目，帮她把把关。可是每次我看5分钟之后就几乎暴跳如雷，再也看不下去了。为什么媒体那么热衷于塑造这种"傻女孩"的形象？好在我能在奈飞（Netflix）和亚马逊上找到一些很棒的连续剧，但是在其他电视节目中塑造的这种缺乏自信、只为迎合男孩需求的少女形象已根深蒂固。（谢天谢地，我女儿知道让我先看看这些节目并不意味着她就再也看不了了——看到我所做的了吗？这就是界限！）一般我会让她先看看预告片段，让她来判断这些节目表达的理念。

要向你女儿解释什么是自信的声音并不容易，但是你可以借助于一个游戏。模仿一个你女儿在学校可能会遇到的场景。例如，一个女孩想加入一群女孩，跟她们坐在一张桌子上吃午餐，但是其他女孩对此视而不见，就让那个女孩拿着托盘在那里站着。首先，让那个女孩用被动（微弱、不确定、紧张）的声音来引起小群体里其他女孩的注意。让你女儿假装是那个站着的女孩，她几乎连自己的声音都听不见。然后，用一个强势（大声！强硬！也许是气冲冲的！）的声音把她吓一跳。跟你女儿讨论后一种声音给她的感觉。最后，再探讨什么是自信的声音（冷静、清晰和自信）。

跟你女儿讨论，哪种声音最能起作用以及起作用的原因；然后交换角色，让你女儿在另一个不同的场景里尝试这三种声音。事后花点时间跟她讨论使用每一种声音时她的感受是什么，其他人会有什么反应。

接下来的活动可以是使用各种电视节目（卡通、厨艺秀等）中的片段来分析不同的语调、体态和自信表达的技巧，试着在每个电视节目中找到一个被动沟通者、强势沟通者和自信沟通者。

新闻播报

有一个很好的办法可以帮助你练习自信表达并且和全世界分享你的声音，那就是自己播报新闻。找几个女孩一起或者和家人一起合作。自己撰写周末的头条新闻，设计新闻广告，找一个桌子当主播台，上面放上马克杯以备口渴时有水喝，然后拿手机进行拍摄。

我和很多女孩一起合作过这个游戏，最近还刚在办公室里跟一个女孩尝试过自己播报新闻。当摄像机镜头对着你的时候，你需要练习提高自己的音量，坐得笔直，还要直视镜头。女孩们越多地在有趣的环境下练习这种提高自信的技巧，就越能够在真实的环境中使用它们。

也许有些女孩天生就比别的女孩更有自信，而且这种提高自信的技巧需要时间、练习和耐心。但是，花时间跟你女儿做这些练习是值得的，因为能够勇敢表达自己的女孩是自信的，在社交上能够应付自如，也能够很好地处理和应对同伴压力；她们会为了朋友挺身而出，也愿意在追求梦想的过程中进行适当的冒险。

第 9 章
No More Mean Girls

表达自我

> 情绪是不能被忽视的，不管它们看起来多么不合情理或令人讨厌。
>
> ——安妮·弗兰克

我们生活中都曾经历过这样的时刻，就是似乎被情绪控制了自己的行为。也许本来可以做几个深呼吸冷静一下，却变成了嘶吼，有时候我们会说些自己事后都后悔的话。当人们面临压力的时候，情绪会"失控"，有时候我们还来不及思考就做出了反应。

不论我们是什么年龄或性别都可能会这样，但由于某种原因，女孩们因情绪反应激烈会被贴上"情绪化"的标签，我在学校、操场上、办公室里做家庭咨询的时候，看过无数回这样贴标签的行为。当两个男孩在篮球场上比谁尖叫的声音大时，人们会觉得他们是累了，每天安排得太满或者压力太大了。可要是两个女孩这样做的时候，人们就会给她们贴上"情绪化"的标签。

就拿罗茜来说，她对自己所认为的"拒绝"或者批评超级敏感。例如，当另一个孩子对她说的笑话没有反应时，她就会有很强烈的负面情绪反应，她会猛烈地攻击对方（当然是用语言，而不是用手）。一天，我观察到她在教室里想控制住自己强烈的情绪。当时孩子们因为放假正在开派对，孩子们在教室里兴奋地跑来跑去。罗茜为一个朋友做了一件手工艺品。而这个朋友正忙着和另一个朋友聊天，当罗茜把手工艺品拿去给她看的时候，她完全没有在意。罗茜双臂交叉，使劲跺脚，向那个朋友大吼大叫（注意：这就是攻击型沟通者）。老师赶紧冲过来把罗茜带走了，而其他的女孩则翻翻白眼，说罗茜太"情绪化"了，此时对罗茜的伤害已经造成。

最近关于女性和男性如何处理情绪的研究，让我们更加了解了这两个性别在情绪反应上的差异。一项研究发现，大脑功能上的微小差异解释了为什么女性在面对负面影像时和男性的反应不同。[1] 研究者让不同性别的参与者观看引起正面、负面或中性情绪的影像，然后测量他们在大脑成像时的脑部活动。研究者还提取了血液样本来确定研究参与者的荷尔蒙水平。研究者发现，女性对于负面影像的主观感受强于男性。男性的高睾丸激素水平被认为导致了他们的低敏感度，而更多的女性特质（包括各种心理社会性别角色）则导致了女性的高敏感度。

这项研究还有另外一个重要发现：男性的背内侧前额叶皮层（大脑中与认知过程如感知和推理有关的区域）和杏仁体（大脑中已知的与察觉威胁和处理恐惧悲伤情绪有关的区域）有强烈的关联。这两个区域的关联越强，参与者对负面影像的敏感度就越低。研究者认为，这两个区域之间的联系由睾丸激素（男性激素）调节。简而言之，男性与女性对于负面情绪的反应不同。

因此，我们所认为的女孩们的"反应过度"可能与大脑的功能和缺乏情绪调节能力有关。但情绪的自我调节能力是可以慢慢培养的，因此父母和教育者对于女孩们的期望应该切合实际。他们也应该记住，每个女孩的成长速度都不一样，所以比较是没有意义的。

我们一直教育女孩们应该尊重别人，安安静静的。只要她们想大声说话，我们就让她们安静，在她们表达恐惧的时候，就告诉她们不要担心。我们常误以为女孩太情绪化，所以就不断无视她们的担心和抱怨。事实上，我们一直在教她们压抑自己的情绪。

艾薇从小（她7岁的时候，大家就知道了她是个爱长时间发脾气的孩子）就知道，把自己的怒气发泄出来只会让自己更生气，因为她发脾气带来的只是惩罚。她的父母觉得这些惩罚（例如一周不看电视，把她单独关在房间里，取消跟朋友的约会）很管用，这样她发脾气的次数就没有那么频繁了。但问题是，艾薇是因为自己的情绪被压抑了才那么频繁地发脾气，当她实在忍受不了的时候才发脾气的。

艾薇需要的不是发脾气的后果，她需要学习如何将自己的情绪用语言表达出来，如何处理自己的情绪。对于艾薇来说，发脾气其实是她表达自己情绪的方式，这是她唯一知道的能够将自己的情绪发泄出来的方法。

什么是情绪调节

情绪在我们的生活里扮演了重要的角色，它们影响着我们的行为、反应和选择。对女孩们来说，情绪会影响她们对朋友的选择（"我跟那个女孩在一起觉得很开心，所以我还想跟她玩"）、解决问题的策略、对某件事情的关注（当你心不在焉的时候是很难去关注某个任务的）和思维方式。虽然孩子们经常被暗示去压抑自己的情绪（别哭了、不要发脾气、不要担心），学会平衡，学会调节，但情绪能帮助她们获得必要的人际交往技能、成功学业和健康情绪。

温馨提示

从现在起，尽量不要对你女儿说这些压抑她们情绪的话。
- 别哭了。
- 不要抱怨。
- 做个懂事的孩子。
- 向前看/赶紧翻篇吧。
- 不要太担心了/你担心得太多了。
- 你太小题大做了/别那么情绪化。
- 不要反应过度。

《如何与孩子交流》（*Parent Speak*）一书的作者詹妮弗·莱尔（Jennifer Lehr）将父母压抑孩子情绪的话比喻成紧箍咒。"我们这些成年人似乎很喜欢跟那些明显并不开心的孩子说没什么，"莱尔说，"原因可能是我们自己就不太会处理自己的负面情绪和眼泪。我们意识不到，告诉一个孩子不去直面自己的感受是不健康的。"[2] 莱尔的观点非常有道理。

如果我们只是一味告诉自己的孩子否认自己的感受，那就不可能教会她们如何去处理和调节那些强烈、混乱、复杂的情绪。调节情绪的关键是学会如何感受并处理它们，即使这么做非常难。

"情绪调节"听起来挺正式，其实就是我们有意识（或者有时候是无意识）地影响女孩们该产生哪些情绪，什么时候该有情绪（例如，女孩们在学校为了避免难堪会压抑某些情绪），以及该如何处理那些情绪。当女孩们缺乏情绪调节技巧时，如果感到愤怒了，她们可能只会尖叫。但一旦她们学习了情绪调节的技巧，她们则更有可能会深呼吸一下或者离开让她们生气的人。

父母们经常问我，为什么女孩们总是重复同一种行为模式（例如，尖叫、回嘴、言语攻击），即使这种行为模式不会带来什么后果。她们的行为通常被父母视为"固执"或者"任性"。其实不是这样的，重复的行为模式不是为了惹父母或其他人失望或者生气。

毛拉就深受这个问题困扰。只有9岁的毛拉充满了烦恼，她的烦恼大部分源于她总是交不到朋友。毛拉的老师总说她是个"幽默"和"健谈"的孩子，但是其他同学却觉得她"盛气凌人"和"咄咄逼人"。她喜欢在聊天的时候占据主动，因为她觉得讲故事和分享自己的想法是与其他女孩搞好关系的最好方式。但是，问题就在于她不知道如何让其他人把话题接过去，这让大家觉得很讨厌。这一点再加上她缺乏调节情绪的技巧（她总是刚刚还冷静而友好，一转眼就突然发脾气，并且开始变得咄咄逼人），结果大家都开始远离她。

> **温馨提示**
>
> 　　情绪调节是一种以健康积极，而不是强迫或者伤人的方式表达、处理情绪的能力。

　　她的父母努力想帮助她获得人际交往技巧。他们跟她一起进行角色扮演，练习如何加入一个群体，如何倾听别人，想着这样也许能帮助毛拉成为一个更好的朋友。但是毛拉每天都在抱怨学校的女孩们太坏了，她总是被孤立（老师对她在学校行为的评价也证明了这一点）。尽管练习人际交往技巧在理论上是个不错的办法，但毛拉显然还没有做好准备。她首先需要学会将自己的负面情绪表达出来并进行处理。她之所以不太会和小伙伴们打交道，是因为她有焦虑情绪（她时时刻刻都担心别人不喜欢自己，无法融入小伙伴们），加上当她自己被小伙伴拒绝时，她又不会管理自己的负面情绪，因此才歇斯底里地爆发。她一次又一次表现出这样的行为，是因为她不知道自己还能怎么做。

　　当女孩们陷入负面情绪又不知道如何应对时，就会重复自己的行为。婴儿在感到疲倦、饥饿或者过度紧张时会踢腿和尖叫，大一点的女孩在充满负面情绪又不知道该如何调节的时候也一样，因为她们还没有学会以更灵活的方式来调节自己的情绪。

建一个"情绪词汇表"

　　当人们问我感觉如何时，我一般只会说"还不错"，因为要让其他人明白我的感受太难了。

——一个六年级的女孩

我们都知道，将自己的感受诉诸语言是个管理负面情绪的好办法，这就是为什么"说出来"是我们对孩子说得最多的三个字。学会调节情绪的第一步就是知道它们的名字。也许这个第一步听起来特别简单，但我发现很多上小学和中学的女孩只知道2～3种情绪的叫法。当我们教她们慢慢来，一步步地认识、思考并且辨别自己的情绪时，她们就能更好地应对当前触发情绪的因素。实际上，研究表明，辨别自己的情绪就是抚慰大脑中杏仁体的第一步，因此也减小了我们的情绪反应。

当女孩们掌握了一套命名情绪的词汇时，她们就更能理解自己对人、对物的情绪反应。她们就更能辨别自己的情绪状态，也能把自己的情绪更好地传达给别人。知道如何说出自己的感受能让她们在出现情绪反应的时候"暂停"，并搜索应对负面情绪的正确措施或者寻求帮助，让她们拥有更多的同理心、同情心，也更加宽容。

在女孩从幼年期向青春期转变的时候，父母往往会忽略教她们一系列表达情绪或者"感受"的词汇。学习和课外活动占据了她们生活的全部，她们的感受却不小心被父母忽略。绝大部分女孩学到的只是几个表达简单情绪的词汇如开心、生气和伤心，很多女孩不知该如何表达一些微妙的情绪，也就只好忽略这些情绪。

帮助你女儿拓展表达情绪的词汇表有很多方式。一个好办法是在你看到这些情绪出现的时候对它们进行描述。当父母在女儿处于某种情绪中时，设身处地地感受她们的情绪，这样女孩们也就了解了内心翻涌的是什么样的情绪。父母还可以跟女儿讨论面部表情、身体语言和其他非言语线索。当女孩们感觉被"困住了"时会向父母求助，有时候她们需要有人帮忙来厘清自己的情绪，才能让自己冷静下来。

我常向父母推荐全家人每周学习一个新情绪名称。女孩们喜欢学习新的词汇，因为词汇既有趣又很有能量。你知道的词汇越多，就越能很好地表达自己。把所有表达情绪的词汇放在一个帽子里，选出其中一个，让某个家庭成员用面部表情和肢体语言将它表演出来。然后另一个家庭成员表述这种情绪的意思并举一个例子。最后，大家一起合作画一幅画来代表这种情绪，然后将这幅画贴在冰箱上，这样接下来的一整周大家都可以练习使用这个词。

> **温馨提示**
>
> 女孩们会产生很多情绪。把以下这些复杂词汇加入你的情绪词汇表里，帮助你女儿拓展新的词汇。
>
> | | | | | |
> |---|---|---|---|---|
> | 焦虑 | 孤独 | 感激 | 尴尬 | 关爱 |
> | 烦躁 | 恼怒 | 亲切 | 内疚 | 放松 |
> | 兴高采烈 | 恐惧 | 不耐烦 | 不知所措 | 妒忌 |
> | 体贴 | 固执 | 勇敢 | 被忽略 | 厌恶 |
> | 深情 | 友好 | 困惑 | 受伤 | 吃惊 |

　　建情绪词汇表的目的是让女孩们了解她们可能会体验到的各种情绪。如果你只在你女儿感受到负面情绪时使用这个词汇表，那她将永远也无法摆脱负面情绪。如果你使用这个词汇表的目的是让她了解各种各样的情绪（即使是像"无聊"这样的感受），你女儿将明白，所有的情绪对她来说都是重要的。

　　父母们经常告诉我，他们一贯在女儿面前隐藏或者掩盖自己的情绪，因为他们不想让女儿看到自己不安或者受伤的样子。当女儿们只看到我们表现出来的正面情绪时，她们会想成为永远感受不到痛苦或伤心的完美的人。她们也会以为，我们是无所不能的人。也许你很享受成为女儿心目中那个战无不胜的"超级妈妈"，可是当你女儿感受到负面情绪时，她会很迷惑，不知道哪儿出了问题。

　　当然，我也不是建议你把你女儿当成最好的朋友，你们碰到的困难和问题都一五一十地告诉她，但是让她了解我们可能会产生哪些情绪是必需的。当你感到烦恼的时候，不要把自己反锁在卫生间里，而是说："我觉得烦恼是因为……（简单陈述原因）。我需要5分钟的时间冷静下来，然后再试试看行不行。"当父母在女儿面前这么做的时候，她们就会明白人人都会经历情绪的起伏，有时候受到负面情绪的困扰是绝对正常的一件事。当父母用"我"开头的句子把自己的情绪表达出来并想办法应对这一情绪时，女孩们就会学会如何用积极的方式来应对负面情绪。

> **温馨提示**
>
> "我"开头的句子是个很强大的亲子教育工具。一开始你也许会觉得很奇怪，但是一定要每天练习使用"我"开头的句子，你会慢慢习惯。这个练习很容易：
>
> 我感到[此处是你的感受]，因为[原因]。我需要[应对策略]才能感觉好一点。
>
> 注意：避免指责别人。即使你因为女儿不停顶嘴，快失去耐心了，指责她也丝毫不能消除你的负面情绪。你觉得生气是因为你想让她听到你的话。把事实告诉她。

辅助学习

帮助女孩们学习情绪调节技巧，也包括在她们已经掌握的知识和具备的能力（也许你女儿已经了解五种情绪，而不是十种）之外再补充更加复杂的技巧。此时，我们应该给她们提供更多支持。如果你希望随着女儿的成长，她能够了解更复杂、更灵活的应对技巧，就需要了解她已经掌握了哪些技巧，还能够学习到什么程度。此处我再强调一次，你对她的期望一定要符合她的年龄。如果你女儿能够清楚地命名并且描述2~3种情绪，你就可以再教她两个（可不是20个）情绪词汇来拓展她的情绪词汇表。学习和消化这些信息需要一定的时间和练习。记住，欲速则不达。

补充更多的情绪调节技巧，可以帮助女孩们通过观察、实践、提醒和反馈进行学习。也许你觉得这听起来挺费时费力的，但是它的确可以帮助女孩们获得更复杂的技巧。一项研究发现，在课堂环境内补充更多的情绪调节技巧会取得积极的成果。学生们的行为控制能力增强了，也显示他们的即时学习能力（或者专注力）提高了，互动更好，行为也更加自信。[4]

有时候，在某本书上学到的策略在现实生活中似乎没法使用。补充更多的情绪调节技巧听起来似乎需要更高级的方法，但是实际上它可以分解成四个简单的步骤。

❉ **亲自演示**：你希望你女儿学会用语言表达她的情绪，并且选择一个应对那种情绪的方法。这就是情绪调节的雏形。你需要磨炼一下自己的演技，因为第一步就是你要亲自演示这些情绪。你可以使用我们刚刚学过的"我"开头的句子或者自己表演出来。完成之后，问问孩子的理解。例如，我觉得很苦恼，因为这个作业太难了！我觉得我想尖叫！我要出去跳跳绳或者走走，等我觉得好点了再回来。

❉ **角色扮演**：（父母也许会觉得角色扮演挺难为情的，但是女孩们可喜欢了。忘掉你的尴尬，试一试吧。）现在你想让女儿也加入进来，那就设计一个能够引发她某种情绪的场景（比如"不让玩手机"，结果她哭了），然后和她把这个场景表演出来。记住，一定要练习某个具体的应对策略。轮流扮演妈妈和女儿。再提醒一次，一定要检查你女儿是否理解了整个过程。

❉ **给出提示**：现在你女儿至少了解了一种应对负面情绪的技巧。当你看到女儿表现出烦躁（或者其他负面情绪）时，一定要抑制想"解决问题"或者"问清楚情况"的冲动，只是给予她相应的支持。和她一起坐下来，语气保持冷静和平稳。提示她将自己的感受用语言表达出来，并且使用相应的策略。只是静静地和她在一起。可能这得花上一些时间。

❉ **逐渐放手**：你最了解自己的女儿。她也许需要你给她一两次提示，或者有两个月的时间，她需要你能陪伴在她身边，给她一些提示。评估一下她的承受能力（当她产生负面情绪时，会有什么样的行为），然后从这里开始。如果一种策略不起作用，回到角色扮演那一步，尝试另一种策略。你的目标是慢慢地放手，给女儿机会去独立地管理自己的情绪。

情绪调节能力在童年时期慢慢得到发展，青少年时期逐渐发展成熟。这些能力对于我们的心理健康有着重要的作用，也有助于我们取得学业的成功和社交技能的提升。有着超强情绪调节能力的女孩在学校表现更好，与同龄人关系良好，也较少表现出焦虑或抑郁的症状。在学习处理和应对各种情绪的过程中，女孩们懂得了如何应对成长过程中的情绪起伏。缺乏情绪调节技能，我们通常称之为"情绪调节障碍"，会引发焦虑、滥用药物、攻击性行为和较差的学业表现。所以当我们的女儿处于情绪低谷时，我们要做的不是鼓励她们压抑情绪，而是教会她们如何调节。

女孩可以

情绪火山

用火山来比喻压抑情绪的行为最合适不过了。大部分孩子都知道火山需要一段时间才能喷发，岩浆不断沸腾，直到到达火山口，然后慢慢流下，有时候很快爆发，有时候又慢慢流动。这就是我们一次又一次压抑自己的情绪时会发生的事情。一开始我们并没有注意到情绪的产生，慢慢地，情绪逐渐堆积，直到最后爆发。到了那个时候，大部分人都会用愤怒来发泄情绪。

让你女儿在一张纸上画一座火山（十几岁的大孩子喜欢自己做一座火山，还会用醋来制造化学反应），让她给火山上色，同时将火山这个比喻告诉她。然后，让她将她没有说过的那些使她生气、伤心或者失望的事情说出来。这些事情可以很大，也可以很小，例如，课间休息的时候被小伙伴们撇下了，没有收到参加聚会的邀请，害怕考试，或者同伴的欺凌。当她在火山上写满那些被压抑的情绪和引起负面情绪的原因时，提醒她，现在火山已经塞满了。跟她聊聊，这些情绪慢慢涌到火山口会发生什么。这是个很棒的练习，能让女孩们逐步厘清每天会产生的情绪起伏。

玩"连点游戏"

当情绪快要爆发的时候，孩子们会忘了她们是怎么从 A 点（冷静）到达 B 点（情绪）的，理性的思考被愤怒取而代之，让她们光靠自己冷静下来是很难的。

我喜欢在女孩们平静的时候，教她们什么是"连点游戏"，只有这时她们才能够清晰地思考让自己愤怒、烦躁或者不知所措的情景。以下是背后的原理。

- 想法创造了情绪。
- 情绪催生了想法。
- 行为又加强了想法。

一旦这种循环开始，就很难停下来。我会轻声（冷静的声调对于压力下的女孩最管用）地说"连上这些点"，来提示她们打破这种循环。这样做是为了提醒她们停下来，思考是什么想法导致了最开始的情绪，才会产生这种负面情绪的循环。如果她们能够弄清楚是什么触发了自己的负面情绪，她们就能够停下来，数到十，然后考虑其他的解决办法。

冰棍棒情绪小人

有件事我很肯定，那就是孩子们特别喜欢用冰棍棒做手工。有一次，给一个二年级的小女孩做咨询让我了解了这一点，她当时是在向我描述同学对她的嘲笑和孤立，同时她无意识地把冰棍棒用胶水粘在一起，好让自己有点事干。过了一会儿，我告诉她，她的冰棍棒好像一个人形。然后她在冰棍棒上粘了一张悲伤的脸，因为她感觉很伤心。我们继续聊下去的时候，她又做了七个小人，最后攒了一盒子情绪小人。

我来给你一些小提示，这样你做起来就会简单多了：可移胶点（Glue

Dots）简直是伟大的发明。用冰棍棒、可移胶点、毛毡、绳子和记号笔，帮你女儿做一盒自己的情绪小人。和女儿一起，每次做一个情绪小人，这样你就能和她聊聊这些情绪的真正含义以及这些情绪会有哪些表现。多听，少说，真正理解你女儿如何处理自己的情绪。

下次，当你女儿需要在情绪上获得一些抚慰时，让她把那个装着情绪小人的盒子拿出来，用它们来演示发生的事情，然后讨论用什么策略摆脱负面情绪，以积极情绪取而代之。

情绪小人还有一个优点，就是女儿可以自己使用这些小人玩游戏。当她逐渐适应了表达和接受更复杂的负面情绪时，她就能用这些小人独立处理自己的情绪问题了。

"猜猜我的感受"游戏

（实用小贴士：任何需要蒙眼睛的游戏，孩子们都非常喜欢。）如果想让孩子们从使用情绪图表或者情绪小人成长到能够大声地分析情绪，一个很好的办法就是玩"猜猜我的感受"游戏。这个游戏无论是在家玩，和小朋友一起玩，还是在教室里玩，都很有意思。

猜的人要蒙上眼睛，演示者则坐在一个圆圈的中心，从帽子里挑一种情绪。演示者要用语言、动作和声音将这种情绪表演出来。例如，演示者从帽子里挑到了"烦躁"这种情绪，她也许要跺脚并提高音量说："我怎么能把作业给弄丢了！现在老师不会给我的卡片上盖完成作业的章了，我也不能得奖了（如果是大一点的女孩，可以改成'我拿不到好成绩了'）。哼！太讨厌了！"猜的人要仔细地听，然后猜猜是哪种情绪。

这个游戏可以帮助女孩们仔细找出某种情绪有哪些表现，找到行为和反应之间的联系。对于年龄偏小的女孩来说，这是相当复杂的情绪调节技巧，但是如果通过游戏来学习，就会很有趣。

我的问题有多严重

我们都知道，有时候女孩们的想法会带来灾难般的后果。每次发生不好的事情，她们又不知道该如何调节自己的情绪时，就总是觉得会发生最坏的后果。例如，我的朋友没有邀请我参加她和别的小朋友的聚会，是因为她讨厌我！老师今天上课没叫我回答问题，是因为她觉得我太笨！当女孩们没有准确评估事件严重性的能力且找到解决办法时，她们就会出现这样的想法。

让你女儿做一个专属的"我的问题有多严重"的图表，图表能够告诉她遇到问题的时候应该怎么做。下面是这个图表大概的样子，你也可以让你女儿有自己的创意，加些自己的想法。（我就看到有两个女孩利用这个规则制作出了特别好看的图表。）当女孩们觉得自己掌握了主动权的时候，就能更好地使用她们需要的策略。

- **红色**：很严重的问题！这是紧急情况，我无法自己解决。
- **橘色**：中等程度的问题。这个问题比较难处理，但是我可以等别人来帮我。在我等待的时候，我会自己想想有哪些可能的解决办法。
- **黄色**：小问题。我也许需要一些支持，但是我会在请求帮助之前自己想出三个解决办法。
- **蓝色**：没问题。我完全能够自己解决。

你女儿完成这个图表后，一个颜色一个颜色地过一遍，为每个颜色加入特定的场景。红色的问题也许是在学校（口头或者身体上）被欺凌。这个问题需要立即得到解决，你女儿需要帮助。橘色也许是跟兄弟姐妹吵架了或者学业上的压力——让你女儿不太舒服的事。黄色就相当温和了，也许就是孩子跟朋友在学校有了分歧，或者因为一项很难的家庭作业在烦恼。蓝色是任何你的孩子能够自己解决的问题。

如果女孩们学会了在遇到问题的时候先评估问题的严重性，而不是本能地直接做出反应，她们就有机会识别自己的情绪（从而让自己冷静下来），然后选择一个应对策略。一个女孩用这个图表用了6个月，一开始，她提到自己经常是在红色区。她觉得自己的问题又严重又吓人。3个月之后，她走进我的办公室，高兴地宣布她好多天都没有碰到一个红色问题了。然后，就越来越好。

自制压力球

我知道，有些游戏确实会把家里弄得一团糟！相信我，我也经常是花好几个小时，才能把那些制作失败了的减压工具残骸收拾干净。但是好消息是，我已经从我自己的失败中吸取了教训，所以给你们的都是有用的建议！

女孩们很喜欢自己制作压力球。尽管在我办公室里有好几筐，我也很愿意送给她们，但是我发现她们还是喜欢自己做。这样才有成就感：这是她们自己制作的，也是给自己用的。做手工的时候，手里忙活着，嘴里同时说着话，这样特别容易让人放松。下面是你需要的材料：

- 两个气球
- 面粉
- 小号厨房用漏斗
- 剪刀
- 铅笔
- 小勺
- 其他可选材料：香草粉，可以释放让人放松的气味

先将气球的进气口剪开一点点，这样就能把漏斗放进去。但是不能破坏进气口，因为最后还要把它扎起来（多打几个结！）。把漏斗放进气球里后，用小勺将面粉倒进气球。注意两点：①你需要用手把面粉拍到气球的下面。②如果面粉把气球的进气口堵上了，用铅笔带橡皮擦的那头把面粉捅下去。等气球变到你女儿能手握的大小后，不再往里放面粉。将气球扎起来。将充满面粉的气球塞进另一个气球里（小心不要爆了）。你得使劲撑开第二个气球，这样才能把第一个气球塞进去，但这是可以做到的！将第二个气球扎起来，多打几个结。好了！你现在有一个自制压力球了。

你可以在面粉里加入一些香草粉，这样气球闻起来有一种清新、令人放松的气味。当然也可以用大米代替面粉，这样气球拿在手上，感觉又不一样了。

鼓励你女儿将压力球带在身边，这样她感到焦虑、烦躁或者无聊的时候都可以捏一捏。

"说出来或者想一想"游戏

我经常告诉女孩们，当我们情绪激动，又无法使用自我调节技巧时，会脱口而出一些伤人的话。这个世界上没有一个人是完美的，我们有时候也会犯错。是的，就算是父母也会。所以我们需要练习辨别哪些想法应该说出来，而哪些想法又只会伤害别人。

有很长一段时间，我治疗过一个苦于无法调节自己情绪的女孩。当她出现负面情绪的时候，只会尖叫。她不仅尖叫，还会骂最伤人的话。如果自己出了问题，她只会怪罪别人，丝毫不考虑自己的话对别人有什么影响。她会毫无征兆地发怒，因此，在我为她提供治疗的早期，我们玩这个游戏玩了很多次。

有时候，女孩们无法区分表达自己的感受和口头攻击他人之间的界限。其实连很多成年人都搞不清楚，我们又如何能责备女孩们不具备这种能力呢？

玩这个游戏你需要做些准备，你需要将女儿曾经在气头上说过的话记录下来（当然不要有让她感到过度难堪或者羞愧的内容），或者是你觉得她可能会从同伴那里听说的或者自己说过的一些常见的话。这里有一半是你希望她能够大声说出来的（例如，"我现在很生气！"），那另一半则是她不应该大声说出来的（例如，"莎拉是我见过的最烦人的女孩！"）。

我喜欢把这个练习变成一个叫作"危险"的游戏，游戏里有三种话（一种是朋友们之间说的，一种是在家里说的，一种是在生气的时候说的）。你将这些话都写在纸上后，就可以开始玩游戏了。让你女儿选择其中一种，然后将这句话大声读出来。她要辨别这些话是必须"说出来"还是需要"想一想"。游戏之后，跟她讨论那些只能"想一想"的话在什么时候说出来是比较安全的。这些时候可以是写日记的时候，跟爸爸或者妈妈聊天的时候，或者私下在自己房间里的时候。她们不需要将所有的负面想法都憋在心里，但是确实需要了解哪些场合可以将自己的负面想法说出来。有时候，这可能意味着要等到私底下只跟妈妈或者爸爸在一起的时候。

动起来

体育锻炼能改变大脑里化学物质的分泌。当你女儿被负面情绪困扰的时候，让她起来动一动。她不用跑好几公里来将负面能量转换成正面能量，她只需要动一动身体。也可以试试下面这些运动：

- 跳绳 30 秒
- 做 25 个跳跃动作
- 来回踱步 30 秒
- 在家里玩障碍跑
- 出去打打篮球
- 做 15 个俯卧撑（不一定要在地板上，可以就在墙上）

情绪调节不可能一蹴而就，你得跟孩子一起努力，找到最适合她的方法。对她耐心一点，跟她分享自己的经验。最重要的是，要理解她的感受。这对她并不容易！同样一件事，在将来对她可能只是微不足道的小事，但是现在对她来说却是特别重大的，而且让她不知所措。在她成长的过程中，你给予她的支持越多，她就越能应对生活中的各种挫折。

第 10 章
No More Mean Girls

勇敢接受失败，却永不言败

我不害怕风暴，因为我在学习如何驾船航行。
——路易莎·梅·奥尔科特

"你们能够接受失败吗？如果你们犯了错，就会一蹶不振吗？因为总有一天你会犯错的。"在一间站满了年龄大小不一的爱尔兰舞学习者的舞蹈教室内，一位老师向她的学生们提出了这个问题，而学生们则盯着她，若有所思。你能从这些孩子躲闪的眼神中看到，她们在内心深处其实是害怕失败的。我女儿也曾经是这些紧张的孩子中的一个，她天生就是一个希望能取悦老师，让老师感到骄傲的孩子。但学了三年爱尔兰舞之后，她懂得了要真正取得进步就要在课堂上勇敢犯错，因为只有一次次的失败，才能让你变得更加强大。

当你的孩子经受失败，无助地站在一边的时候，是为人父母最难受的时刻之一，然而，允许孩子失败和犯错是作为父母能给予孩子的最珍贵的礼物之一。如今就连游乐场里都铺满了厚厚的垫子，怕把孩子们摔疼了，父母们更是不顾一切想给孩子提供舒适的成长环境。遇到任何困难，父母们总是挺身而出帮孩子解决。出于各种各样的原因，他们不遗余力地为孩子安排好了一切。他们本是出于好意，想保护自己的孩子免受生活的痛苦，难道不是很自然的一件事吗？

这种帮我们的孩子扫除一切困难的冲动并非新鲜事物。杰西卡·莱西（Jessica Lahey）就这个话题写了《"不管教"是更好的管教》（The gift of Failure）一书。莱西解释说[1]："我们出于爱和愿望来保护孩子的自尊，帮他们将所有的挫折和障碍都清除干净，以为这条被清扫得很干净的道路会带他们走向成功和幸福。"我们清除了障碍，我们的女儿们就能够轻松到达终点吗？不是这样的。当父母坚持帮女儿们解决一切问题、清除一切障碍时，他们就剥夺了孩子学会自己获得成功的机会。

苏珊就是那种能够随时为孩子解决问题的妈妈。她似乎有无穷无尽的解决难题的方法，也永远充满了干劲。她希望自己的孩子能有个幸福的童年，所以会不遗余力地为孩子做任何事情。当她想把某些活动推荐给女儿的学校，却遇到了一些阻力时，她崩溃了。"我只是想为她们创造一些快乐的回忆。我希望她们回忆往事的时候，能够美好满满。"问题在于，我们不能够创造快乐。如果你的孩子从不曾直面逆境，她们就没有机会自己走出困境。

另外，即使父母不干预，也有些孩子想尽最大可能避免任何程度的失败。他们选择的是障碍最少的道路，因为他们知道这条路最容易走。我们在第3章看到过，很多女孩会避免任何形式的冒险。她们极其看重分数，花特别多的时间学习，经常牺牲了休息、玩耍或者仅仅只是像个孩子一样待着的时间。这些避免失败的孩子不是父母要求他们这样，而是自己限制了自己的可能性。可是，如果你从不离开自己的舒适区，也就不会知道自己的能力有多大。

布丽奇特就是一个努力避免失败的孩子。她的这种倾向之所以没被注意到，是因为她知道某件事自己能够成功时，她会做得很好，也很有热情。在学校假期举行的音乐会上，她表现特别突出。支持谁并不重要，但你会忍不住注意到布丽奇特。然而，当你让她去做她平常不做的事情时，她会回答"我不喜欢"或者"我做不了"。当她遇到困难的时候，就会垂头丧气，想要逃避。一旦遇到失败，她就会完全崩溃。例如，她喜欢参加团体运动，每次她们队输了比赛，她都会伤心哭泣。她喜欢和朋友们一起玩游戏，可是如果她觉得自己会输，就会作弊。她没有应对挫折的能力，不管这些挫折看起来是多么微不足道。

如何培养韧性

父母们经常问我，是不是有些孩子天生就比别的孩子更有韧性。韧性是我们天生就具有的吗？我们能不能培养女孩们的韧性，或者这是一种"与生俱来"的能力吗？好像都有那么一点。我在心理咨询行业和孩子们打了18年的交道，见过他们展现出的不同程度的韧性。我见过非常年幼的女孩即使遭受了心理创伤，也能够健康成长，而有的十几岁的女孩却因为很小的挫折而失控崩溃。我见过形形色色的案例，有的女孩确实天生就有较强的韧性，但是我们可以在一个积极健康的家庭环境里培养孩子的韧性。

研究显示，如果儿童能够从至少一位成年人那里获得支持，他们就能够在逆境中健康成长（即使早期遭受创伤）。这种支持能够帮助孩子们承受不堪承受的压力，使她们的压力降到可忍受的水平。美国儿童发展科学协会的一项报告显示，韧性的形成源于与生俱来的天性与后天成长经历之间的相互作用；良好的人际关系、较强的适应能力和正面的人生经历都有助于增强儿童的韧性。[2]

建立积极、良好的人际关系

我最近常常将女孩在少年时期（9～10岁）和母亲的关系比喻成一场友好的网球比赛（非竞技性的）。一对母女曾坐在我的办公室里互相抱怨：我让她干的事她就不干；她不愿意跟我待在一起；她不听我的话；她一天到晚煲电话粥。听起来特别耳熟是不是？所以，你要知道，你不是唯一一个和女儿吵嘴的妈妈。这样的对话尤其是在母女之间，我听得实在是太多了。

为了停止这种来来回回的负面抱怨，我们聊起了网球。我向这对母女解释，她们这样来来回回地相互抱怨，并不能解决问题。一个人抱怨一句，另一个人听了很生气，就回一句，结果两个人都是气呼呼的。这种关系主要是源于没有得到满足的期望和怨恨。她们不是把球打过来打过去，而是把球扔到对方身上，而且气力还很大。

我们用那个友好网球赛的比喻来讨论父母如何与孩子建立积极、良好的亲子关系。你得让球弹起来，等几秒，然后再挥动球拍，用同样的力量将球打回去。以那对母女为例，这就意味着减少对自己需求的关注，多倾听对方的需求。诚然，一个10岁的女孩应负起责任，有时候也应承担自己的行为带来的后果，但是当这位妈妈学会了将母女关系放在第一位，自己养育"负责任"、循规蹈矩孩子的需求放在第二位时，良好的亲子关系就形成了。这样她们才能够有良好的互动，而不是因为内在的怨恨而相互埋怨。

有研究指出，良好的亲子关系会使家庭成员获得更大的成功。一家名为"儿童趋势"的机构所做的研究显示，亲子关系的质量与儿童发展的很多方面呈正向相关，包括行为、社交能力、学习积极性、心理健康和交流能力。积极的亲子关系在这些方面都能够带来积极的结果。[3]

温馨提示

做父母并不容易，有时候我们忙于养家糊口，忽视了与孩子之间的关系。我经常问女孩们，她们需要从父母那里获得哪些支持，以下是她们的回答。

- 多听少说。
- 具备同理心（努力回忆自己小时候的感受）。
- 就有趣的话题问开放性的问题。
- 不要只关注成绩、体育比赛的得分和其他所有测评考试。
- 与孩子一起度过一段美好的时光。
- 告诉她们你小时候发生的故事。

有时候，我们可能需要重新建立和孩子之间的关系。我们可以首先花些时间跟她们待在一起，聊聊天。

解决问题技巧的重要性

良好的分析能力也有助于培养孩子的韧性。当女孩们能够分析和解决问题时，她们就会有足够的自信，相信自己有能力克服困难。

第一次尝试自己解决问题时，女孩们感到不自信是很正常的。这种不自信是解决问题的过程中非常有用的一部分。不自信让我们小心谨慎，在试图解决问题之前，先从各个方面对问题进行分析。女孩们一遇到问题就立刻想到解决方法，这样她们就会受制于这个方法（这个方法也许奏效，也许不能奏效）。当女孩们了解到，解决问题的过程比第一次尝试就找到解决方法更重要时，她们的韧性就会逐渐增强。她们会看到灵活思考和尝试多种解决方案的重要性。

凯瑟琳就不太会解决问题。她过去是那种"一遇到问题就想立即解决"的孩子。如果遇到问题，她只会想一种解决方案，尝试一次，如果没有得到满意的结果，就甘心接受失败。如果只是与朋友的关系出了问题，有道题不会做，或者是其他某个问题，这种做法似乎也无伤大雅，但是她不管遇到什么问题，都是只尝试一次就放弃了。当我问她这背后的原因时，她告诉我，她妈妈要求她"一次解决问题"。这样做似乎有些道理。而另一边的说辞是，妈妈想逐步培养她解决问题的能力，所以她对凯瑟琳的要求是，在向大人求助之前，仔细考虑该怎么试着解决问题。凯瑟琳只理解了这句话的表面意思，并且一直遵守着。然而到了三年级的时候，凯瑟琳遇到了难题，因为她的老师要求"问老师之前，先自己尝试三种解决办法"。凯瑟琳不知道该怎么尝试各种解决办法，因为她习惯了一次不行就向大人求助。这对她来说是个巨大的改变。

在培养孩子解决问题能力的过程中，我们遇到的一个挑战就是如何克制自己的冲动，不要一遇到问题就想插手帮她们解决。眼睁睁地看着女儿在那儿坐立不安，抓耳挠腮，又不能帮忙，确实很不容易。她在你眼皮底下算错题或者犯其他错误（不管有多小），你却只能袖手旁观，做到这些确实很不容易，但是女孩们从那些所谓的"失败"中其实获益良多。父母给她们空间来思考到底哪里做错了，重新评估自己的方法，做出调整，或者寻找新的方法，在这个过程中，她们既获得了解决问题的技巧，也培养了自己的韧性。她们进行的练习越多，就越不会受到错误的影响。她们会明白成年人已经习以为常的一个道理：我们都会犯错，做出错误的估计。重要的不是我们犯了错，而是我们对待错误的态度。

> **温馨提示**
>
> 尽管我们建议父母"不要过多干涉"，但你还是可以想想如何帮助女儿培养解决问题的能力。
>
> - **挑战**：让你女儿把问题分解成更小的部分，找到从哪里开始着手解决。很多时候女孩们只是因为问题很大，不知道从哪里开始而感到受挫。
> - **头脑风暴**：让你女儿将自己脑子里出现的所有可能的解决办法都说出来，即使是那种看起来很傻的想法。让她一边说，一边写下来。
> - **反思**：听你女儿的想法。提醒她考虑每个想法潜在的风险和好处。
> - **提问**：就计划中不太合理的部分提问，帮助你女儿重新思考自己的策略，弄清楚她现在在做什么。
> - **支持**：通过评论这个过程并指出她所做的努力来表达你对她的支持。
> - **复盘**：帮助你的女儿理解哪些方法有效，哪些无效。和她进行讨论，并想出下次可能采取的其他方法。
>
> 要点：在整个解决问题过程中，你的主要职责是倾听。

独立自主必不可少

> 我妈以为我事事都需要帮忙。好烦人。
> ——一个五年级的女孩

如果你希望你女儿拥有更强的韧性，就要培养她的独立自主性。女孩们需要相信自己能够独立完成很多任务，你唯一要做的就是放手让她们尝试。

我曾经让大概20个年龄在7～10岁之间的女孩举手告诉我，她们喜不喜欢跟父母一起做饭。她们都举起了手。当我问她们在厨房帮忙的时候，父母让不让她们用刀，只有四个人举了手。当我问她们有没有机会完全自己做一顿饭时，只有两人举手。当然，我们需要告诉孩子们在厨房里要注意安全，她们用炉子和刀的时候需要监督，但是大多数孩子能够学会使用这些工具。

做饭只是一个例子，很多女孩告诉过我关于她们想做的事以及她们的父母允许她们做的事。让孩子们干点蜡烛或者钉钉子这样危险的事情之前，通常需要考虑她们的年龄或者发展阶段，但是如果给予适当的指导和协助，女孩们就能够学会很多不同的技能。而且你越早教她们，她们就能越快地学会。

当女孩们变得独立自主时，她们的自信心就会大增。自主能力越强，决断力就会越强。这一点毫无疑问：你越让你女儿自己完成任务（不要急于批评她），她就越想自己独立完成更多的任务。童年中期是帮助女孩们在生活的各个方面获得独立的最好时间。这是不是就意味着你可以直接把她推出家门，让她自生自灭？当然不是这样的。你需要帮助她们寻找她们能够应对的挑战，无论是在家里还是在外面，同时在她们身边提供情感上的支持，在背后轻轻推她们一把。这样做就是在告诉你女儿（她一辈子都会记住这句话）：我相信你。

温馨提示

试试以下这些帮助孩子获得独立自主能力的方法。
- 让孩子自己选择。
- 认可孩子的努力。
- 在她感到烦恼的时候，倾听她的心声。

- 相信她即使没有你的帮助，也能完成任务。
- 你遇到困难时向她求助。
- 放轻松！学习本来就是个复杂的过程，不要因此而感到头疼。
- 鼓励她的各种想法。

提升社交能力

你也许会奇怪，社交能力和韧性以及学会接受失败有什么关系？其实，它们有很大的关系。首先，到了上学年龄之后，女孩们有大量的时间和她们的同伴待在一起。她们一周有五天都是一整天待在学校。有些课外活动也需要她们在周末参加。别忘了还有各种聚会、和朋友约着一起玩以及自己单独出去玩。尽管我们觉得韧性这种品质可以在家庭这个安全的环境中培养，但现实是她们在外面的世界中面临的挑战更多。她们需要学会如何应对挫折，如何更多地去寻求帮助。

当女孩们能够从其他人那里建立正面关注，并回报以正面的关注时（社交能力），她们在需要帮助的时候就能够更好地向他人求助，与他人合作。女孩们很大一部分时间都待在集体里，不管是在课堂上还是课间休息时，社交能力都可以帮助她们在集体中解决问题，应对挫折，在需要的时候寻求帮助。下面是一些有助于提高她们社交能力的技巧：

- 通过认真倾听别人和思考自己所听到的内容来理解别人的感受。
- 在必要的时候帮助别人。
- 对于学习新的解决问题的方法持开放的态度（对有些孩子来说并不容易）。
- 做一个积极参与的团队成员。
- 给予并接受诚恳的评价。

> **温馨提示**
>
> 女孩们在家庭之外可能遇到的挫折包括:
> - 学业困难
> - 友谊问题
> - 难堪
> - 与成年人的互动出现问题
> - 焦虑/担心
> - 烦躁

随着女孩们的成长,社交能力的重要性只会有增无减,因为女性具有高度社会化的特点。《好女孩的紧箍咒》(The Curse of the Good Girl)一书的作者瑞秋·西蒙斯(Rachel Simmons)说:"人际关系在女孩们的生活中占据着重要位置,上课时和谁坐在一起,有没有参加聚会,她们最爱的人和她们忍受不了的人决定了她们的整个人生和经历。女孩们就像地震仪,能感知到人际关系中最细微的变化。"[4]

在童年中期,女孩们一定要学会如何建立积极的人际关系,这样她们长大后才能够应对父母更高的期望、更复杂的同伴冲突和问题。我经常告诉我女儿和我的来访者,自己要成为一个好的朋友而不是巴望着找到一个好的朋友。如果希望找到什么样的朋友,自己就成为那样的人,成为一个积极向上而不是消极抱怨的人,这样她自然就会和其他女孩建立良好的关系。

如果父母的目标是培养独立自主、乐观向上,能够应对失败、挫折和负面情绪的女孩,我们就必须在早期帮助她们获得必要的技巧和能力。

成长型思维

30多年前,卡罗尔·德韦克和她的同事开始对学生如何看待失败产生兴趣。在研究了几千名学生之后，德韦克提出了成长型思维和固定型思维的概念。[5] 很可能你以前听过这些名词，例如在孩子的课堂上或者返校活动的演讲中。很多学校利用成长型思维来鼓励学生成为具有韧性的学习者，绝对是好事一桩。现在，我们来看看成长型思维和固定型思维之间的区别。

成长型思维

- 认为通过努力可以使大脑变得更聪明。
- 渴望学习。
- 拥抱挑战。
- 遭受挫折和失败后坚持不懈。
- 专注于如何努力获得进步。
- 从批评中学习经验。
- 从其他人的成功中学习经验。
- 目标完成率较高。

固定型思维

- 认为智力无法改变。
- 渴望表现得有能力。
- 遇到挑战后不再尝试。
- 忽视有建设性的批评意见。
- 感觉努力是浪费时间。
- 觉得其他人的成功是对自己的威胁。
- 目标完成率较低。

德韦克虽然是在30年前开始对这个概念进行研究的，但她的结论仍然有现实意义。最近一项为期两年的针对七年级学生的研究发现，认为一个人的智力有提升空间，则预示着这个学生的成绩将呈上升趋势；而认为智力是固定不变的，则预示着这个学生的成绩呈平滑走势："学生对智力的看法影响了他们的成绩表现。事实上，研究显示，当负面经历影响一个人的信念时，这种负面影响将持续很长时间。"[6]

鼓励女孩们相信智力是可以改变的，能够提高她们的韧性和独立自主能力。教她们懂得能够控制自己大脑的发育就是赋予她们能力。她们会明白，挫折就像路上会遇到的陡坡，只要我们学会翻越或者绕道，就没什么大不了。

温馨提示

三个帮助女孩们形成成长型思维的好办法：

- 就过程提出表扬。对她们在过程中付出的努力和你看到的进步进行表扬，而不是只关注最终的结果。
- 不要抱怨。相反，应该给出有建设性的批评意见，这样你女儿就能够在完成下一个任务时采纳你的意见。
- 关注过程。你女儿不可能只是动动脑子，就能形成成长型思维。一路上肯定会遇到各种挫折和失败，和她一起检视途中遇到的困难。对她的努力提供支持，并提醒她我们的大脑能够不断成长。

需要注意的是，我们如何将这个理念传达给孩子。事实表明，父母无意中传达给孩子的信息会让她们感到困惑。有时候当我们特别兴奋时，脱口而出的话并不正确。像"你就是个天生的足球明星"这种话，就会给孩子带来失望和不切实际的期待，而像"我很喜欢你今天的表现"这样的话，才能让你女儿明白她的努力是比赛中最重要的一部分。"没事，你只是不太擅长干这个"就是在让你女儿放弃，但是"你下次可以试试别的方法"会鼓励她继续努力。

坦然接受失败

"想不想听我遇到的最大的一次失败是什么？""想！"25个孩子齐声大喊。女孩们静静地望着我，我开始讲自己的故事。到了42岁的年纪，我有过无数次的失败，所以我讲了各种不同的失败故事，让我的讲述变得更生动有趣。我讲了什么故事其实不重要，这些女孩们只是想听听我是如何面对失败的，是什么让我一直坚持努力，即使失败接二连三地到来。

> 我不想让我女儿知道我那些失败的事，因为她不知道那是什么。
>
> ——一个三年级女孩的妈妈

女孩们总会经历失败的。她们也许没有把它看作失败，或者父母没有把这些挫折看作失败，但是她们能够感受到失败是什么。她们被同龄人拒绝的时候，感受到了失败。她们没法完成作业的时候，感受到了失败。当她们被从足球场上换下来，让"最好的"球员上场再进一个球的时候，感受到了失败。她们被认为是"最好的"球员却不能进球的时候，感受到了失败。女孩们能够感受到失败，但是她们得到的暗示是我们不应该一次次地讨论失败。我们应该向前看，再次尝试。我们为自己找借口。我们保持沉默。但是，我们绝对不会讨论失败。

还记得那个鼓励学生学会接受失败的爱尔兰舞老师吗？她帮助学生们学会了从失败中获取有益的经验。如果我们选择看到自己身上发生的积极改变，我们就能够在失败中学习和成长。最近，我女儿为了一场比赛，废寝忘食地练习，她在10周内学了三种新的舞蹈，并且每天她都不停地练习。她听取了老师的批评，然后慢慢改正。每一周，她的自信心都有极大的提升。当她走上舞台时，身体笔直，开心地笑着，因为她知道自己能够做好。她丝毫不怀疑自己的能力，但是结果出来的时候，却不是她想要的。

在那一刻，我有两个选择：将她的失败归咎于一系列外部因素以减轻她的难过；或者只是陪着她，让她慢慢缓解自己的情绪。我选择了后者。我让她在观看其他舞者的时候好好思考一下。我握着她的手，等她开口提示她想跟我聊聊。她身边跟她年龄相仿的女孩们生气崩溃，表达着自己的愤怒，但是她却冷静地思索着。"我知道我已经尽力了，我希望裁判能够改变我的分数。"我抱着她，在她耳边轻声告诉她我唯一能说的话："我一直都很喜欢看你跳舞。你在两个月里学了这么多，你应该为自己学习的所有舞步感到自豪。今天你可以发泄一下自己的情绪，明天我们再想想下次还能怎样跳得更好。"听了我的话，她笑了，谈到第二天她要跟队友们一起跳舞还是很激动。接下来的那一周，老师表达了跟我一样的想法，并且鼓励她回去再学些新的舞步。于是，她开始了新的学习。

我们不应该害怕或者逃避失败，当然也不应该掩饰失败。当我们鼓励女孩们坦然接受失败时，就教会了她们从失败中获得经验教训，为自己的努力感到自豪，重新回到赛场上。我们的女儿们在遇到复杂的事情时，总希望得到我们的帮助。如果她们的失败和挫折让我们陷入恐慌，她们就会拒绝挑战，并且总是轻言放弃。如果我们能够保持冷静，让她们将注意力放在自己做出的积极努力上，并为她们提供有益的反馈，或者更好的做法是帮助她们自己进行反思，她们就会成为坚强、自信的女孩，能够不畏挑战，不会轻言放弃。

缺乏韧性导致同伴欺凌现象的产生

我在教室里，在集体场合，在操场上，在舞蹈教室里都曾目睹过这些现象。当女孩们缺乏韧性，又没有形成成长型思维模式时，就很容易在遇到困难时拿别的女孩撒气。

女孩们会在自己遇到挫折时埋怨别的女孩，她们将负面情绪投射到朋友们身上。因为缺乏应对失败和沮丧的技巧，她们变得怒气冲冲、烦躁不已。由于已经习惯了掩饰和逃避负面情绪，当负面情绪真正来临时，她们不知该如何面对。当女孩们不知道该如何反应时，就会迁怒于其他女孩。

那接下来会发生什么呢？那些将怒气发泄到别人身上的女孩得到了一个似乎非常贴切的标签：坏女孩。这些都是因为她们没有学过该如何从失败中获得成长。

所以，不管父母如何努力，女孩们总有一天还是会经历挫折、压力，有时候甚至是失败。父母们无法让自己的孩子避开一切潜在的威胁，但是他们能够培养孩子的韧性，让他们变得更加坚韧。

女孩可以

用"怎么做"代替"为什么"

只是语言上的一点点改变，就能帮助女孩们提高解决问题的能力。当孩子带着她认为自己无法独立解决的问题来找我们的时候，成年人最自然的反应就是问一串问题，找到问题的根本所在。这些问题经常是以"为什么"开头：为什么她们没有邀请你？为什么老师给你那样的分数？为什么你没有求助？如果要解决问题，以"为什么"开头的提问几乎起不到任何作用。

坚强的女孩也许不能解决所有问题，但她们在逆境中能够不断努力，有时候她们只需要一点点支持就可以了。把你那些"为什么"开头的问题换成"怎么做"，让你女儿获得能量，变成一个真正的问题解决者。你怎么做才能融入那群女孩？针对那个考试，你怎么做才能取得进步？你怎么做才能把那个坏了的玩具修好？从"为什么"到"怎么做"的转换，可以帮助你女儿获得积极主动性，有勇气再次进行尝试。

分享你的失败经历

父母们乐于跟孩子分享自己的童年经历，而孩子们总是最热切的听众，听父母讲他们小时候爱做什么、爱玩什么、爱吃什么总是特别有趣。但是只分享这些是不够的，如果我们希望女儿们能够安心接受错误、坏运气和彻头彻尾的失败，我们也需要给她们提供更全面的视角。

我喜欢告诉我女儿我犯了哪些严重错误，或者经历了哪些难堪的时刻。她听过我在幼儿园没来得及上厕所的故事，也听过我那个完全失败的艺术作业的故事，知道我的老师曾经在全班同学面前说我是"音痴"，还知道我被哥哥"拯救"的故事，因为一个男孩偷跑进我们班，把巧克力放在我的课桌里，还向老师告发我。孩子会从我们的故事里找到共鸣：童年并不像在公园里散步那么轻松惬意。当我们向女儿坦承自己的缺点时，不管是过去还是现在的，我们就可以减轻她们想追求完美的压力。

挖掘真相

父母忽视孩子遇到的失败和挫折，孩子们就可能学会隐瞒真相。你也许没把这个看似很普遍的做法当作"撒谎"，但它就是。如果我们拒绝承认和接受失败和挫折，我们就会陷入掩饰真相的模式。

在我为女孩们提供咨询服务的时候，我们会挖掘真相。我告诉她们，任何故事都有两个版本：我们展示的成功和我们隐藏的失败，我们都这样做过。回想你们的成功、失败故事。首先分享自己的成功，强调你付出的努力和坚定的决心。然后，开始"挖掘背后的真相"，分享你经历了哪些挫折才获得今天的成功。你分享了你从挫折到成功的过程，你女儿也会分享一个她自己的故事。

这个简单的练习可能会给女孩们带来巨大的影响，尤其是在进行小组活动时（当然，我发现这个练习在家庭中也很有用）。听到其他人分享自己的失败和挫折，女孩们会知道面临失败时自己曾感受到的情绪其实非常普遍。从多种渠道听到一个故事的两个版本，可以让女孩们明白我们都能从错误中吸取经验教训，谈论自己的失败是战胜失败的最好方法。

创造自己的挑战词

遇到挫折的时候，成年人喜欢说些谚语企图安慰自己的孩子，可是我发现女孩们更愿意发明自己的挑战词。因为那些耳熟能详的谚语显得很不走心，甚至有点讽刺意味（例如，不要为了打翻的牛奶而哭泣），自己的挑战词则会激励女孩们即使遇到困难也要努力应对。

跟你女儿聊聊语言的力量。积极的语言会激励我们，消极的语言则让我们萎靡不振，使我们失去乐观和希望。只有我们自己才能改变消极的语言，选择那些能够提醒我们聚精会神，不断努力，从失败中进行学习的语言。

让你女儿选择一些对自己有特殊意义的挑战词，这一点非常重要。我也提供一些供你们参考，这些都是多年来找我咨询的女孩们分享给我的。

- 每一个挑战都让我更坚强。
- 错误教会我新的知识。
- 我尝试，我学习。
- 实现目标的主动权在我。
- 我知道我可以，我知道我可以。

每日三件事

我发现，为了让孩子变得更有责任感，父母们都期望孩子能多干一些家务活。是的，女孩们的确有责任为家庭做出具体的贡献，但是父母们的期望也必须符合现实。你女儿一整天都待在学校里，每周还有至少一项课后作业，当然可能会更多。因此，平衡很重要。

我推荐一个"每日三件事"清单。每天选择你女儿力所能及的三件家务活，如果是小一点的孩子，可以是铺床、把碗放进洗碗槽里和清理玩具。如果是大一点的孩子，那这三件事可以是倒垃圾、叠衣服和饭前摆放碗碟。你知道自己的女儿能做哪些事，从三件事开始。当我们对于女儿能干的家务活和责任有符合现实的期望时，我们就可以帮助她们变得更加独立自主。如果我们扔给女儿一个长长的清单，里面是一大堆她每天要做的事情，那我们得到的只能是抱怨。

每月甚至每周更换她们要做的三件事，这样才会让她们觉得好玩。问问她，有什么她喜欢的家务活。我一点也没想到，"叠衣服派对"在我们家最受欢迎，但是我女儿坚持认为一边听音乐一边叠衣服是最好玩的！

做个盾牌

每当我教女孩们利用自己内在的力量培养韧性时,我都很喜欢讨论盾牌这个话题。我们认为盾牌能够保护我们远离危险,当盾牌是我们自己的优点和长处时,我们就是自己的盾牌。

让你女儿选一个纸板,剪成盾牌的形状:它不必是任何传统英雄盾牌的形状,只要这个形状的盾牌让她感到自己很坚强就可以了。接着,给盾牌涂上颜色,鼓励她自己涂颜色。最好让你女儿在盾牌上写上她的优点、她拥有的资源、让她变得坚韧和能干的品质。

一个三年级的女孩把她的盾牌分成了不同的部分。在第一部分,她写下激励她继续努力的挑战词。在第二部分,她画了支持她、给她信心的人们。在第三部分,她写下所有她能够想到的自己的优点和天赋。她的盾牌充满了正能量。她走出我办公室的时候自信满满,自豪不已,完全做好了迎接即将到来的任何挑战的准备。记住:成为自己的盾牌。

应对策略卡片

变得坚强,学会应对生活中的失败和挫折并不容易。有时候女孩们需要改变视角,先释放自己的负面能量,才能真正更好地应对并解决问题。这种做法很普遍。很多成年人在处理一个棘手的问题之前,都会做些活动来调剂一下,以释放自己的负面能量。这就是我们所说的适应性应对策略。

帮你女儿做一叠自己的应对策略卡片,以便在遇到特别巨大的挑战时使用。她可以在每张卡片上画下或者写下一个应对措施。这些卡片可以很漂亮,也可以很朴实,可以贴上拼贴画或者用记号笔写一句话。让你女儿自己来设计。

应对策略卡片上应该是你女儿自己能够独立使用的策略,并且能够迅速帮她减少负面情绪。再强调一遍,你女儿需要制作的是对她来说最适用(她真正用得上)的卡片,下面这些例子仅供参考:

- ♣ 出门骑骑脚踏车。
- ♣ 给一个朋友或者亲人打电话或发短信。

- 听音乐。
- 读笑话书。
- 洗个泡泡浴。
- 写日记。
- 寻找创意。
- 去邻居家玩玩。
- 遛狗。
- 泡茶。
- 玩猜谜游戏。

女孩们能够变得越来越坚强，并且学会坦然接受并战胜失败。她们不会因为某次挫折就感觉到了世界末日，也不会给自己压力，觉得第一次就一定要完全做好。当我们允许她们欣然接受自己的失败，教会她们形成成长型思维模式时，她们就为接受并且拥抱新的挑战以及更大的障碍做好了准备。我们就赋予了她们力量来为自己的目标努力，不管一路上会遇到多少艰难险阻。

第 11 章
No More Mean Girls

成为伟大的领导者

我们不是被赋予权利,而是要争取权利。
　　　　　　　　——碧昂斯·诺尔斯

课间休息之后,男生们上课总是特别吵,把所有人的注意力都吸引过去了,这个时候真的很难专心学习。
　　　　　　　　——一个四年级的女孩

在四年级的教室里,男生常常大大咧咧地占据了教室的所有空间,这倒也无可厚非,孩子们成天都在教室里坐着,20 分钟的课间休息确实只够抻抻胳膊腿,所以很难一下子恢复到安静的状态。如果继续往下问,佐薇会承认说"也许有的女生"也那样,"但我绝对不会。"

你不会觉得佐薇是个害羞的孩子。在教室里她比较安静,对老师也很尊敬,但在外面她既健谈又活泼。她身边总有一群女孩围绕着,似乎是她们的头儿。她是个好的领导者,能够把女孩们团结在一起,但是她从小受到的教育是有大人在场的时候要安静地坐着,所以她有些焦虑。只要在教室里和操场上,即使她很想讲话,她也会非常安静。我和她花了很长时间讨论男生们"占据教室空间"这件事。怎么才能让老师注意到她呢?她怎么能在超级礼貌和吵闹、烦人之间找到一个完美的中间地带呢?佐薇也是花了好长一段时间，才真正大胆地展露自己的个性。

最近教育界有个争论，"不要因为男孩无法在教室里安静地坐着而惩罚他们"，这种争论的确有道理。如今的课堂上都要求女孩和男孩大部分时间静静地坐着，但是这对他们并没有好处。一项有趣的研究显示，有一个小小的现象被业界忽视了。对课堂中性别差异的研究发现，那些与女生成绩相当，能够安静地坐着并且对学习持积极态度的男生更有可能得到"行为上的加分"。[1] 我要澄清一点，是同样的分数，同样的行为……分数更高。人们对女孩的普遍期待是表现良好，而男孩们却因为良好的行为悄悄地或无意识地受到奖励。挺让人诧异的，是不是？

当然，我们不能鼓励女孩们在课堂上大声说话，但是我们能够鼓励她们为自己赢得更多关注。我们能够赋予她们力量，让她们表现自己的个性，同时也能符合人们对她们的期待。女孩们能够变成班级的领导者，即使她们从小就不得不克服性别上的歧视。

学校里仍然存在性别歧视吗

如今女孩们确实觉得她们似乎拥有各种各样的机会，但是现实没有那么简单。诚然，女生在学校里比男生的表现要更好。美国心理学会由 30 多个国家参与、从 1914 年延续到 2011 年的一项研究分析发现，女孩的学业成绩普遍好于男孩，其实这早已不是新鲜事。[2] 这是个好消息。女孩们常常认为知识的掌握比成绩更重要，而现在她们的成绩也同样很好。女孩们落后于男孩的，是她们的领导能力。

2015 年，哈佛大学教育学院的共同关爱项目（Making Caring Common Project, MCC）研究人员在理查德·韦斯布尔德的领导下，发表了一篇题为"倾向：女孩与领导力偏见"的研究报告。他们对来自 59 所初中和高中的 20 000 名学生进行了调查，研究结果令人意外。总的来说，女孩们面临一系列的性别歧视，其中还包括来自她们自己和母亲的歧视。以下是该报告中的几个发现。

- 40% 的男孩和 23% 的女孩更接受男性政治领导人。
- 大部分的男孩和女孩都更接受女性从事传统意义上的女性职业，例如幼儿园园长和艺术课程导师。
- 如果学生会由白人女孩领导，学生们则最不支持赋予她更大的权力；如果由白人男孩领导，则最倾向于支持给予他更大的权力。
- 白人女孩不会支持赋予白人女孩权力。
- 一般来说，母亲们会更支持男孩而不是女孩领导学生会[3]。

共同关怀项目的研究团队对研究结果进行了评估，以确定为什么女孩不愿意对其他居于领导地位的女孩给予支持，发现原因有好几个，包括女孩之间的高度竞争心态，女孩缺乏自信和自尊，女孩常被认为太"小题大做"。[4] 这些都是影响女孩们的普遍因素，没有什么新的或者令人吃惊的原因。事实上，还有一项调查也发现，认为女孩"小题大做"的心态使她们的一些欺凌行为无法被定义为一般成年人所谓的"欺凌"或者"攻击行为"，这也固化了高中时传统的性别规范。[5] 由于女孩之间的欺凌行为被认为是"小题大做"，因此这种行为没有得到制止，而是继续蔓延。女孩们似乎也可能是自己最大的敌人。

如今的女孩们在成长的过程中会接收到迥然不同的讯息：要锋芒毕露，但是也要善良。要当一个领导者，但是不要太"专横"。要成功，但是不要吹嘘自己的成就，因为这会让其他女孩难过（还是那句话，要善良）。难怪女孩们会针对其他女孩，并且不愿意支持处于领导地位的女孩！

将领导力放在第一位

我们对于"领导力"的解释存在一定的问题，总让人感觉领导都是职位特别高的人。总统是领导。首席执行官是领导。校长是领导。为了让女孩们相信自己有领导能力，我们必须将领导目标拆解成女孩们能够达到的一个个小目标。

> **温馨提示**
>
> 美国女童军组织对培养儿童领导力存在的障碍进行了研究，发现了以下突出的问题：
> - 缺乏对自己领导技巧和能力的信心
> - 压力
> - 害怕在其他人面前表达
> - 害怕难堪
> - 害怕显得很专横
> - 负面的同伴压力[6]

"你们中有多少人曾经当过某种形式的领导？"20张脸面无表情地盯着我。"你们中有多少人曾经负责过什么事或者管理过什么人？"20只小手高高地举起。"告诉我，大声说出来！"她们一个个说出她们曾经"领导"过什么：我负责过喂我的狗！我帮弟弟早起上学前班做准备！我抱过我的小表妹！我做过星期六的早餐！她们以为自己是告诉我做了什么家务活或者承担过什么责任，但事实是，这些女孩的领导职责都在她们自己能够承担的范围内。

一个女孩告诉我，在她家，喂狗这件事由她负责。现在她已经10岁了，可以独自出去遛狗，给它喂早饭和晚饭，清理狗狗在院子里拉的大便。她告诉我，这些都是她该干的活，但是她一点也不觉得累，因为很好玩。我告诉她，她就是她们家的"狗狗领导者"。这句话让她喜笑颜开。

重新对领导角色进行定义，这是激发女孩们自信的最好方法。当女孩们意识到成年人相信她们有能力在很多方面起到领导作用时，她们就会努力抓住每一个机会。当我为一群女孩做咨询时，我常常看到这种现象。当我描述了一个任务，问她们是否能帮我把任务分解成一个个小步骤，组成小组来完成那些步骤时，她们会从椅子上跳起来，争着带领一个小组。女孩们想成为领导者。当然，在女孩群体中培养自信和领导力这些品质时，没有什么安全问题要考虑，但这也不能改变一个事实，那就是要让女孩自己站出来，带领一群人，其实并不容易。

"我觉得这是个好主意？"在为吉娜提供咨询的过程中，她常会使用"疑问"的语气（她将自己的想法用疑问的语气表达出来，这样其他人就会支持她，她也会重获信心）。当时，我正让她主动再为自己找至少一个新朋友，这样当她的好朋友没来学校的时候，她就不会觉得孤单。吉娜需要学会如何在学校里主动交朋友（其他女孩也不想先踏出这一步）。吉娜说完后，我没说话，等了几分钟。"是的，这是个好主意，我觉得我们会处得很好，然后我们就都多了一个朋友。"这次她很肯定了。吉娜计划邀请一个有时候似乎独自吃午餐的女孩，跟她和她的朋友周末去一个公园玩。"是的，好主意。那是个告诉她你想和她成为朋友的好办法。"

当时，吉娜会使用"疑问"语气是因为她感到焦虑，她害怕主动邀请一个从来没有一起玩过的女孩和她出去玩。在这种问题背后，吉娜有很多恐惧：她要是拒绝我怎么办？要是她答应了却没有来呢？要是她来了却玩得不开心，就再也不跟我说话了怎么办？发生了令人尴尬的事怎么办？吉娜的这些担心在她那个年龄段的孩子里很常见。

结交新朋友似乎是童年时期我们天生就拥有的技能，但其实它是需要很大勇气的。你必须对接受和拒绝都做好准备，而别人的拒绝会让我们很难过。

最后，那个女孩接受了她的邀请，受到鼓舞的吉娜又邀请了两个女孩。吉娜结交了一群新的朋友，扩大了自己在学校的社交圈，因为她愿意冒险，也想成为一个领导者。

温馨提示

小建议：如果一个孩子用"疑问"的语气表达自己的想法，千万不要用开玩笑，甚至更糟糕的嘲讽的语气回应。当女孩们使用这种表达方式时，其实是她们感到不确定，或者可能焦虑或烦心。用坚定的语气回应：以清晰、笃定的语调重复你听到的话，并且确认你没听错。这种方式会让你女儿学会如何有效地与人沟通。

女孩们在自己的世界里会感受到一种催促她们成功的压力。她们必须在生活中的每个领域都非常优秀，却又很少被放到领导者的位置上。这让她们觉得无所适从。如果自己获得的成就没有用武之地，那她们到底该何去何从？如果将领导力的培养放在第一位，父母就会鼓励她们迈出勇敢的一步。女孩们能够用自己努力获得的知识和技能来做些事情。你女儿喜欢写作，那就鼓励她在班上组织一个写作小组。也许她和班上的同学可以办一个周报或者博客，而她可以当编辑。你女儿喜欢科学，那就鼓励她在校外组织一个每月一次的科学俱乐部。

有时候，我发现来我办公室的女孩觉得自己没有机会落实自己的想法，所以她们也就不想冒险。这个年龄的女孩喜欢参加俱乐部，在俱乐部里她们会玩得很开心（只要不被其他人孤立）。有一次，一个三年级的女孩有了一个每月举办一次艺术俱乐部的想法，因为学校没有足够的艺术课，但是她并没有把这个想法付诸实践，因为她知道她妈妈肯定会说，参加俱乐部会把她的衣服弄得脏脏的或者太麻烦什么的。之后，我帮助她把这个开办俱乐部的想法分解成一个个她能够独立完成的任务：需要父母支持的部分和把俱乐部办得更简单的方法。她把这个计划拿给父母，他们讨论了如何轮换举办俱乐部，应该购买哪些物品，以及一个具有包容性的俱乐部的重要性。一个月之内，这个俱乐部成立了并且运转起来，这个女孩变成了一个颇有能力的领导者。

我们常错误地以为，女孩们只能参与已经存在的项目，这样才能磨炼她们的领导才能。现有的领导力课程确实能够提供很好的机会，让女孩们实践培养领导力需要的一系列社交-情绪技巧，女孩们也需要时间和空间在提高领导才能的同时追逐自己的梦想。

> **温馨提示**
>
> 鼓励你女儿承担这些好玩的领导角色：
> - 在慈善义卖活动中摆摊卖柠檬汁或者蛋糕。
> - 主办电影之夜（日）。
> - 组织社区范围内的乐高拼装大赛。
> - 组织一个读书活动或者读书俱乐部。
> - 组织一次家庭节日礼物交换活动。
>
> 更好的办法是问你女儿她想组织什么样的活动，然后行动起来。我发现大多数时候女孩们都有着非常明确的目标，只是害怕受到否定。

关注自我批评问题

莫妮卡在自己掉队之前就放弃了。这个办法她屡试不爽，因此她的小伙伴和她的父母说她是个"半途而废的人"。她实际上不是一个任性地说"我放弃"的人，而是那种"我感觉受伤了，我得停下来"的人。可是这只会让事情变得更糟糕，因为她的伙伴们有时候也说她是个"爱作假"的人。这些标签让莫妮卡很受伤，但是她的行为却没有任何改变，因为如果不在自己犯错误或者失败之前停下来，她就真的失败了。

其实，她的内心里有完全不同的声音：我运动能力不行；我跟不上其他人；我不想让我们队输了比赛；如果我们队输了，就是我的错；没一个人希望我待在这个队里。这还只是她在课间休息时的心理活动。她对自己的批评几乎无处不在，从学习能力到家庭关系（"每个人都更喜欢我哥哥一些"）到她参加运动比赛的能力。莫妮卡不想努力、轻易放弃的原因是她确定自己不行。

多种原因导致了女孩们的自我批评，而且这个恶性循环很难打破。自卑感、对自己不切实际的期望、缺乏韧性、社会对她们的期望（女孩们被教育要有同情心，乐于助人，对其他人友善，不应该只关心自己）都导致了她们对自我的严厉批评，这些批评让她们感到沮丧，但我们也不能忽视她们与其他女孩的关系问题。

一项对青春期女孩的研究发现，来自母亲的不满意和冷淡会影响她们与母亲的关系，并引发她们的自我批评。[7] 我知道，这套"都怪妈妈"的剧情很像电视剧，但是母女关系并非引发自我批评的唯一关系。来自同伴的批评也能快速引发自我批评，与父亲、老师和其他看护人之间的紧张关系而导致的重复负面影响也会引发自我批评。

海蒂刚上二年级的时候是很自信的。她有一群很好的朋友，科学和艺术是她最喜欢的科目，她还参加镇上的足球联赛。可是两个月之后，一切都变了。首先，她的两个朋友逼她孤立和嘲笑另一个女孩。她拒绝了，离她们两个远远的。她甚至还把这事告诉了老师，但是情况没有好转。海蒂不知道她还可以跟谁玩，她内心的声音告诉她，是她做错了。她觉得因为和朋友们作对而毁掉了自己的友谊。

其次，课堂上对"效率"的要求让她很有压力。海蒂一直很认真地学习，可能有时候认真过了头。她无法像其他孩子那样把作业应付过去，她只能在仔仔细细地检查了作业之后才交上去。一个四年级的老师曾经告诉我："每个班都有一个这样的孩子！我们得帮助他们更好地管理时间。"可是海蒂不仅没有学到时间管理策略，每周还因为晚交作业受到惩罚。尽管她的作业可以说是近乎完美，但她每次都会因为没能按时进入"已完成作业"的学生名单而感到很丢脸。到了期中的时候，她很肯定自己不够"聪明"，已跟不上自己的朋友。她的自我批评占了上风，不想去上学。

当我提到这些问题时，很多父母误以为我想说的是"忍忍吧"或者"别在意"。一个妈妈看着我说："每个女孩都会被欺凌。她只要面对这个事实就好了。"这里的"她"还只是二年级的小姑娘。像"忍忍吧"或者"熬过去就好了"这样的劝说基本不起作用，它们只会增加女孩们已经感受到的羞辱。同样，过度纠正也会引起孩子的自我批评。"我希望我妈别老是说我每件事都做得不好"是女孩们在我办公室说得最多的一句话。女孩们需要的是无条件的支持。

在提升孩子自信心方面,父母们无意间会犯的一个错误就是,强行阻止或者压抑孩子的自我批评。"你怎么能那么说?""你可不能那么想!""别让我再听见你这么说!"女孩们把害怕告诉父母的事情跟我分享,就是因为她们在向父母倾诉自己的缺点时得到了这样的反应。这就是问题所在:只是简单地压制孩子的自我批评,没有任何作用。女孩们需要明白是什么样的情绪让自己的自我批评如此强烈。如果她们的自我批评是喃喃低语"我很笨",那么就要让这底下隐藏的情绪浮到表面。女孩们无法让自己的负面情绪和遭遇突然消失,她们要学会如何处理。

很多父母都希望"千万不要让我女儿遇到这些事",不用害怕,还是有好消息的。当父母和女孩们能够一起努力发现负面情绪和经历,学会如何应对阻碍和失败,女孩们就能够逐渐成长为领导者。关于亲子关系(尤其是母女关系)重要性的研究佐证了这一点。最近,凯兹女孩领导力学院(Keds and Girls Leadership Institute)进行了一项调查,调查内容是女孩对于勇敢的看法,77%的女孩说她们的妈妈会帮助她们勇敢追求梦想,63%的女孩说妈妈是自己的榜样,48%的女孩说她们会首先向妈妈寻求支持。[8]

那位一开始觉得自己的女儿该学着应对避免不了的欺凌的妈妈,后来终于发现为什么她拒绝理解女儿的感受。她自己在高中就曾经遭遇过欺凌,她女儿的经历唤起了一些最痛苦的回忆,而她费了很大的力气才将这些深埋在自己的记忆里。一旦她开始让自己的感受浮出水面,她就能够理解女儿的感受,并且在女儿诉说自己的恐惧和感受时,保持冷静和关心。她们一起经历了一番改变,后来她女儿成了一个主动在课间休息时帮助别人的人。如果她女儿发现有个女孩一个人孤零零地站在操场上,就会主动过去跟她一起玩。由于获得了妈妈无条件的支持,她从一个自我批评者变成了一个操场上的领导者。

重新定义"专横"

一天下午,我正跟女儿一起逛街,她看到一个女孩穿的T恤上写着"承担领导责任并不意味着我就是专横的"。我们盯着那几个字看了好一会儿,然后我打破沉默:"有时候我不是太喜欢那些T恤上写的话,但这个我挺喜欢的。我们应该知道,作为领导者意味着你要大胆说出自己的想法,可是这并不代表你就是专横的。"她表示同意,然后我们一路上都在讨论女孩主动承担了领导责任就会被认为"专横",而男孩这么做却被认为是有领导风范,这一点太让人恼火了。

女孩们有权利分享自己的想法,在集体中勇敢发声,主动领导一个项目或者主动提出自己的想法,清晰地表达自己的观点而不用害怕被贴上"专横"的标签。可是美国女童军组织所做的调查显示,女孩们害怕被认为"专横"。

我曾有一次问一个10岁的女孩专横到底是什么意思。她举了无数个例子,从上课不停举手显得"无所不知"到课间休息时每个游戏都要指挥别人,到自己任命自己为队长,到组织各种社交活动,等等。我被她举出的这么多例子惊呆了。我问她,跟朋友们聊天时是不是会聊这些。"哦,当然了。你得聊这个,因为没人想被大家认为爱指挥别人,所以你得知道哪些事情不能做。"可是她说完了以后,我还是不太清楚哪些事是女孩能做的,同时还能够避免被贴上这个可怕的标签。

美国女童军组织联合励媖国际志愿者组织(Lean In)发起了一项名为"不再专横"的运动,鼓励女孩们学习领导力技巧。我觉得它们的活动恰逢其时。由于想努力避免被贴上"专横"的标签,女孩们只能沉默地站在一边,而男孩们却仍然担当着"领导者"的角色。是该为女孩们灌输能量的时候了,让她们不再害怕被贴上"专横"的标签,而是开始思考能够做些什么,才能在学校、社区甚至家里负起领导者的责任。

提升领导力减少了同伴欺凌行为

现代社会流行的超级女孩文化犯了一个不该犯的错误,那就是催促女孩们互相竞争，只为成为赢家。不管你走到哪里，看到的都是女孩们很难团结在一起。她们学到的是要到达顶峰，你也许得把其他人踹下去。这是不正确的理念，只会增加女孩间的欺凌行为。如果我们想消除这种现象，就要提升女孩们的领导力。

当女孩们意识到人人都有成功的空间时，她们就会相互成就。当她们一起努力，互相帮助时，她们的领导能力就都会得到提高。我们应该教会女孩们互相支持，她们不用为了赢得生命这场比赛而相互攻击。她们应该互相帮助，一起达成更高的目标。

有时候，教育孩子就像走在一个巨大的迷宫里，我们都想给孩子最好的，但这种对成功和幸福的渴求会误导我们。我们可以拨乱反正。作为父母、教练、教育工作者，以及所有女孩的支持者，我们应该一起努力，教我们的孩子学会如何与其他女孩一起走向成功。

女孩可以

领导力清单

我们怎样才能成为一个领导者？也许你女儿已经有了一些好的想法。当我让一群女孩定义什么是"领导者"时，她们给了我数不清的答案：自信！友好！关心别人！有条理！好的聆听者！喜欢公众演讲！女孩们知道怎样成为一个领导者，但是知道并不代表就能够付诸实践。

让你女儿制作一个自己的领导力清单。让她先想想成为一个领导者需要哪些技能，在她制作清单时，跟她聊聊那些技能。鼓励她想出至少五个领导力技能。清单完成后，将它贴在冰箱上。告诉你女儿，你想和她一起训练，直到掌握这些技能。你们的任务是每天至少使用一项技能。晚上睡觉前检查一下你们俩今天都用到了哪些技能，这些技能在当时的情景下是否奏效。

这个做法让领导力技能的培养成为每天例行的练习。随着时间的推移，它会变成一种习惯。女孩们养成了持续使用这些领导力技能的习惯，当需要的时候，她们就能够更好地使用。

家庭游戏节目

有时候能够大胆站出来领头，也需要进行一些练习。我们的女儿从小就被教育要有礼貌，有教养，乐于付出。如果她们总是让其他人抢了话头或者插话，那是因为我们一开始就要求她们大方，有同情心（这些都是很好的品质，但有时候你也需要考虑自己的目标和需求）。

在家里进行一些健康的比赛有助于让她们在社会上更具有竞争精神。以家里人的信息为线索组织一个你们家专属的问答比赛，或者策划一个你家的《家庭问答》（Family Feud）节目。比赛既有趣又友好，你很容易加入进来，赢得比赛。我们家就喜欢玩父母与孩子之间的障碍对抗赛。每次我女儿当队长时，都能看到她散发出耀眼的光芒，即使我们玩的只是一个接力赛。

一周一次的"女性发展状况"演讲

女性为这个世界做出了巨大的贡献。从小规模、基层的社区服务，到改变学校的风气，到执掌小企业、大公司，甚至成为政治家，她们都在让我们这个世界变得更好。问题是，女孩们现在都太忙了，以至于看不到自己给这个世界带来了多少变化。

每周在你家举办一次"女性发展状况"演讲活动，以表彰妇女和女孩为推动社会进步做出的贡献。和女儿坐下来一起研究与女孩和妇女有关的时事，记录相关新闻发生的时间，并与历史上的女性进行比较。拿出你最标准的播音腔，和你女儿分享吧。

父母们常告诉我，她们的女儿到10岁的时候就"不怎么爱"玩了，我的回答通常是，随着女孩的成长，你们必须用不同的视角来理解"玩耍"这件事。这种演讲就是女孩们最喜欢和父母一起玩的，这个过程还能帮助她们了解关于女性力量的正面信息。

辩论之夜

这个社会不太允许女孩们发出自己的声音。她们从小就被告知要安静，即使是在她们真的很烦的时候。她们被告知要控制自己的情绪，即使她们已经完全崩溃。她们还被告知要倾听，即使是在她们真的想发言的时候。是的，这个世界总是在压抑女孩们的声音。

由于这些压制，女孩们没有机会学习如何有理有据地进行反驳。她们并不知道女孩能够发表不同的观点，以为同意别人的观点就是所谓的"友善"。她们需要了解我们都可以有不同的观点。与别人进行辩论其实是有益的，只要你不是将自己的意见强加给别人，你要学会接受别人对你的观点的否定，不同意别人的观点也是对对方的一种尊重。这就是辩论之夜举行的原因。

在每周的第一天选择一个议题（例如小熊软糖和巧克力哪个更好吃），然后宣布周末的晚上会举行一个家庭辩论赛。你女儿必须选择站在哪一边，准备好自己的论据（包括任何能够证明她的观点的研究成果），然后在指定的时间与一位家庭成员进行辩论。在辩论开始之前，制定相关规则，例如，说话时声音要有自信，但不用太大声；还没有轮到你讲话时要认真地听；阐述观点和反驳对方的观点都有时间限制；不能打断对方。

这个家庭游戏非常有趣，它可以帮助女孩们学会如何自信、有效地表达自己的观点。女孩们在家里越多参与这种活动，就越有可能在外面坚持自己的观点并为自己辩护。

翻转过来

我们都曾经为自己的错误和"应该"做却没做的事懊恼不已，对不对？这是我们对错误的正常反应，例如，我应该更仔细地规划时间，我在回那个讨厌的电话之前应该先去跑步。针对这些问题，事后我们都能够找到一些解决办法，但是纠结于那些"应该做却没做的事情"只会让我们越来越懊悔，而无法重新开始。你们知道领导者会怎么做吗？她们会评估事实，找到对自己有利的地方，然后重新开始。

帮助你女儿从自己的错误和失败中学会评估事实，然后重新开始，可以带着她玩一个叫作"翻转过来"的游戏。给她一张折成六个格的纸，让她写出六件先后导致她出现错误的事。按捺住自己想给出意见的冲动，允许你女儿慢慢回想自己的错误。告诉她，当你说"翻转过来"的时候，她需要把那张纸翻过来，找到四件她能从中学到经验的事。这些经验可以是任何有益的体会，可大可小。

当女孩们学会评估自己的错误并从中发现学习机会时，她们就不会陷入常常与失败相伴的负面情绪里不可自拔。错误被"翻转"成需要战胜的挑战，而女孩们肯定能找到解决的方法。

对失败进行积极的转换，可以帮助女孩们懂得：失败并不能阻止她们成为领导者。失败还可以帮助女孩们打磨自己的领导技能。如果害怕风浪，你就不能驾船远行。相反，你只能学会如何乘风破浪。

信心提示器

在我们遇到挑战和困难的那一刻，会迅速忘记我们曾经取得过多少成功，这一点着实令人唏嘘。当生活带给我们挫折时，我们只会想到那些负面因素。其实我们应该做的是记住那些带给我们信心、帮助我们一步步走到今天的成就。

我喜欢让女孩们填写信心调查表，然后每天放在书包里。这是个简单的练习，却能够帮助她们记住自己有能力、有信心克服任何困难。要填写信心调查表，需要回答以下三个重要的问题：

1. 你记得曾让你感到非常自信的一次经历吗？
2. 你是如何激发你的自信心的？
3. 你从那次经历中学到了什么？

有些女孩会描述自己在课堂上的成功经历（例如做报告或者主持一次班级讨论），有的回忆了自己在运动场上的出色表现，还有的回忆了与家人或朋友的交往，让她们感到信心倍增。不管她们有什么样的经历，记住并且写下来，有助于女孩们回忆自己充满信心、成为领导者或者克服困难的那一刻。如果她们将来遇到了挑战，需要激励自己，就可以把这张表拿出来，或者也可以贴在墙上每天看一看。不管是哪种方式，信心提示器都能帮助女孩们关注过去的积极时刻，而不是被当下的压力所吞噬。

增加合作经验

如果我们希望女孩们能成长为领导者，就应该多为她们提供集体合作的体验。在教练积极领导下的集体运动就是女孩们学会一起努力，为共同目标合作的一种方式，但是，我们不能仅仅满足于此。因为很多时候集体运动具有高度的竞争性，一切都只是为了赢得比赛。如果我们希望女孩们一起努力来提高领导力，她们还需要运动场外的体验。

女童军组织和其他女孩领导力课程都为女孩们参加集体活动、学习领导技能提供了充足的机会。我还发现课余的自由活动时间也是体验集体合作的好机会。我曾经观察过两个女孩试着用一个呼啦圈、一个可循环使用的塑料袋和一根跳绳来做一个挂在树上的秋千。她们花了将近一个小时才做成，中途还进行了重新设计，多次测试了秋千的安全性。但是她们的确用手头仅有的几样东西做出了一个可以荡的秋千，她们的合作获得了成功。

如果父母不参与，而是给孩子时间和自由来检验自己的研究和发现，你会惊讶她们设置的目标和完成的结果。如果你希望自己的女儿能与他人合作融洽，在集体环境中达成目标，有时候最好的做法就是让一群女孩一起进行自我挑战，创造属于她们自己的快乐。

练习自信地表达

领导者知道如何自信地发表演讲。他们站得笔直，说话时音量适中，和观众有眼神交流。他们会激发观众的兴趣，会停下来倾听观众的问题。领导者都是高效的沟通者。

为此，我们需要帮助女孩们摆脱在台上"高声讲话"、说些毫无意义的废话和畏畏缩缩的习惯。"我不知道，但是我觉得……""我猜……""我觉得……"这些话都会导致她们又回到自己的不自信状态，害怕其他女孩因为她们勇敢表达了自己的观点、带头参与而对她们进行评判。

在集体环境中，我会让女孩们两个一组，轮流讲自己感兴趣的东西。

听者的任务是注意演讲者是否和她有眼神接触，是否讲了无意义的废话以及声音大小。演讲者讲完后，听者要说出她的两个优点并给出两点建议。然后她们交换角色，听者进行演讲。通过一起合作，她们互相帮助，让自己演讲时变得更加自信，体现出自己的领导力。

　　有些女孩似乎天生就有领导者的特质，而有的则需要慢慢成长。我们需要记住，每个女孩会在不同的时间段拥有不同的能力。你无法强迫你女儿成为一个领导者，让她一夜之间"快速成长"。明白了这一点，你才能放下自己的焦虑情绪。你能做的就是支持她，帮助她建立信心，学会表达自己的需要和观点，学会如何在这个世界上占据一席之地。我经常告诉那些有女儿的父母：如果你强迫她，她可能从此一蹶不振，但如果你引导和支持她，她将会展翅高飞。

第 12 章
No More Mean Girls

培养孩子的社会责任感

想要爬到顶峰，不一定非要把别人踩下去。
——泰勒·斯威夫特

我长期在女孩足球队担任教练，常常发现才到二年级，父母们就已经教孩子要与别的女孩竞争了。可事实却是，我会在一个赛季里花大量的时间教女孩们互相支持，一起合作，而不是相互比较看谁最好或者谁最差。这个策略很有效，但是通常我需要花整整十周的时间才能得到我想要的结果。经常有女孩告诉我，她们的父母不让她们传球给那些表现不"好"的球员。也有女孩告诉我，她们的父母如何在家里给队员们排名。还有女孩悄悄告诉我，是谁让球队"输"掉了比赛。是的，我说的是 8 岁的女孩。团队精神到底去哪里了？

这个世界上有良性竞争，也有女孩们的互相推搡，只为了达到自己的目的。很遗憾，美国文化只推崇成功，而我们自己也只想要一个超级女孩，只支持这样的孩子。这是错误的。

我们能够扭转这种文化，让它变得更好。为了减少女孩间的欺凌现象，我们必须首先把这种现象拿到放大镜下仔细研究。这种现象是如何出现的？为什么女孩们觉得必须战胜其他女孩才能获得成功？这些问题很难回答，但是为了得到最真实的答案，我们必须进入自己的灵魂深处，检视自己的想法和动机。

我知道要改变目前的状况有多难，但我们想尽力保护自己的女儿，使她免遭不必要的打击。我不仅要求来我办公室的父母做出改变，而且我认为自己也该负起一部分责任。我也有一个女儿。我知道那些想为孩子创造最好的未来或者眼下创造最好条件的强烈冲动。我知道等待一个永远不会到来的邀请的痛苦，付出了辛苦努力却不被认可的失望。我也曾在某些时刻想怪罪外部因素，为自己找借口。我没有那么做，因为要培养一个理解女性友谊之珍贵、理解女性集体力量之强大的女儿，我必须以身作则，用自己的行动告诉她如何努力摆脱困境，摆脱那些可能会导致我们互相背叛，而不是互相支持的困境。

如果我们想让女儿成长为坚强、成功的女性，就必须培养她们的社会责任感。我们必须告诉她们不仅要关心个人的成功，也要关心社会公益事业。我们要教育她们成为聪颖、善良的领导者和慈善家。

去除"好女孩"标签

> 我不知道自己擅长什么。我只是做老师或者大人要我做的事情。
> ——一个二年级的女孩

在一个由 18 个女孩参加的工作坊中，有些事悄悄发生了变化。在一个有趣的集体活动中，大家因为一个简单的错误开始出现了负面情绪。在这些工作坊中，我们一直遵循"庆祝我们的错误"的规矩，也一直努力减少女孩们怕犯错的心理负担。可是这次，发生了一些变化。"我们来回顾刚才的步骤，想想可以通过哪些改变来得到不同的结果。"我的话音刚落，就有 60% 的女孩互相指着对方说："是她的错。"这个活动没有得到我想要的结果，女孩们没有一起合作，而是开始相互指责。

我能够轻而易举地指出这个小组里的"好女孩"，她们从不放过任何错误。无论是完成任务还是参加游戏，她们总是要问好几遍问题，弄清楚我的要求，因为她们不想做"错"。这些女孩希望因为"好"的行为得到表扬，只做别人要求她们做的事，但是在她们"好女孩"的外表下隐藏着深深的焦虑和不自信。在我的办公室里，这些好女孩告诉我，她们不想让父母、老师、祖父母和教练失望。当我问起她们的希望、梦想和兴趣时，她们似乎根本没有考虑过。

这些好女孩需要外界不停地告诉她们，她们做得对。她们也无法理解自己的同龄人，因为她们不知道该如何与那些勇于活出自我的同龄人打交道。她们不想做一些外界认为好女孩不应该做的事，所以她们拒绝与其他女孩交流。她们不仅疏远那些她们认为不听话（或者没有假装听话）的女孩，也要确保她们生活中的成年人对她们的认可。我在工作坊中经常见到这种操作，也在执业过程中多次见到这样的女孩。

就拿阿什莉来说吧，她很友善，很有好奇心，喜欢所有课程。她有一群相处得不错的朋友，她也喜欢学习。直到期中的时候，有一群"酷女孩"突然冒了出来。在阿什莉的描述中，这群"酷女孩"喜欢"开玩笑"，但实际上听起来好像是喜欢羞辱不属于她们团体的其他女孩。阿什莉告诉我，她们之所以这么做是为了引起男孩们的注意，她也想加入这群女孩，但是她有点左右为难。那群酷女孩对她太有吸引力了。如果她有时候和她们一起开玩笑，就会受到这个群体里几个女孩的欢迎。阿什莉挣扎了好长一段时间，她很想加入她们，又不想抛弃现在的朋友，给自己惹麻烦。

一天，阿什莉决定让两个小群体合在一起，她的做法是拿自己最好的朋友开玩笑。她被抓住了，也因为自己的"恶意"行为在课堂上受到了批评。她的那群好朋友当场抛弃了她，而那群酷女孩也没有接纳她（因为阿什莉被抓住了，所以不能让人看见她们在一起玩）。现在阿什莉孤零零的，老师也开始用不同的眼光来看待她。

我不知道从什么时候起女孩们开始追求完美，或者过去她们被允许试验或犯错，现在她们的行为只会被冠以对或错。在女孩的世界里，我看到的是她们受到父母、社会和同伴压力的极大影响，逼迫着她们快速成熟，以夺取最后的成功，正是这种压力导致现在女孩们之间的各种竞争。

"我们在孩子们还很小的时候，就想着让他们走上'正确的'道路，"罗莎琳德·怀斯曼（Rosalind Wiseman）这样解释道，"所以他们喜欢做或者擅长做的事情反倒成了他们焦虑、自大、缺乏安全感的来源。"[1]如果我们不再让女孩们一味追求成功，允许她们追求自己的梦想和发展自己的兴趣，会发生什么呢？这是我们应该扪心自问的问题，如果我们希望改变现状，就应该消除女孩们之间的同伴欺凌现象。

> **温馨提示**
>
> 审视一下自己的动机：不仅女孩们感受到了成功的压力，她们的父母也同样有这样的压力。他们会拿自己和别的父母比较，而这又导致他们回过头来给自己的孩子压力。在逼着你女儿成为下一个伟大的人物或者把你对女儿的期望写在这里之前，问问自己这些问题：
> - 我希望我女儿从中获得什么？
> - 为什么我要让我女儿在这类活动中出类拔萃？
> - 我对女儿未来的最大恐惧是什么？
>
> 父母们会把自己对女儿未来的焦虑投射到女儿身上，逼着她获得成功、变得完美，但这种做法往往只会带来意想不到的疲累和放弃。

社交媒体给养育带来的问题

在最近发生的一起悲剧中，一个十几岁的女孩自己驾车时，她最好的朋友则坐在旁边的副驾驶座位上，开始了"脸书直播"。这时一场交通事故发生了，两个女孩双双殒命。当这起事故通过社交媒体在不同渠道报道时，人们迅速开始了对她们的评判和批评。

她们怎么这么蠢呢？

> 简直是无知！她们太以自我为中心了！
> 为什么她们的父母不教育她们呢？

当我翻看这些评价时，顿时目瞪口呆，这两个家庭的悲剧为什么很快就变成了对她们"愚蠢"和"无知"的批判？而且也没有多少人提到这样一个显而易见的事实：也许这两个"青少年的无知"与她们的成长过程一直被"晒"在社交媒体上有关。

尽管你没有把自己的生活在社交媒体上全晒出来（杰妮又掉了一颗牙！），但今天所有的孩子都受到了社交媒体的影响。你可能是一个常常将自己和家人的照片晒在社交媒体上的人，我不是在批判你，因为我也曾是那样的人。当我第一次加入脸书的时候，我感到松了一口气。再也不用花时间一封封地发电邮和亲戚们分享我们的照片了（而且那时我家无线网络巨慢，一次只能上传一张照片）。只要按一个键，我就能和远方的亲戚朋友分享我家那些温馨的照片。简直是天才发明！但是当我的工作开始与家庭生活密不可分，当孩子们日渐长大时，我突然决定不再晒那些照片了。

在社交媒体时代，育儿突然变得不容易起来。一方面，父母利用社交媒体来获得支持，与其他父母互通有无，寻求建议，遇到育儿难题时能够获得帮助，同时利用社交媒体来缓解自己的压力。最近美国国家安全独立民调机构皮尤中心（Pew Research Center）的调查数据显示，74%的父母利用社交媒体来获得朋友的支持，59%的父母利用社交媒体获取有用的育儿信息。[2]与其他父母交流，只需更新家庭近况，就能在某些艰难的时刻获得情感上的支持，这对于父母们来说有着显而易见的好处。有些企业也利用社交媒体满足父母广泛的需求，例如聘请专家为父母答疑解惑和提供资源。

但另一方面，孩子们一直被我们晒在社交媒体上。当她们还是小婴儿和幼儿的时候，这似乎对她们没有什么坏处，因为父母们晒的总是她们好看的样子，就像明信片一样完美，尽管有的父母也会不走寻常路，晒晒她们出糗的样子，美其名曰"搞笑时刻"，例如在商场中崩溃大哭的小孩。随着女孩们渐渐长大，开始明白那些照片会被爸妈放在网上和其他父母分享，然后她们会出现两种不同的反应：一种是开始摆姿势，然后再上传（有多少人赞了我的视频？）；另一种是她们试图远离这一切（她们尽可能地避免照相，如果被拍了，还可能崩溃大哭）。

其实对于该把孩子的哪些照片放在网上以及该放多少，我们应该特别小心，但我发现很难让父母明白这一点。我们认为可爱或者搞笑的照片可能会让我们的女儿特别难堪，你也不知道其他父母会有什么反应。例如，有个女孩特别生气，因为妈妈把她的事分享到了脸书上。这个故事本来没什么，但是其他两个妈妈把她的故事告诉了她们的女儿，等到接下来一周她们去学校的时候，那两个女孩又把她的故事告诉了另外两个女孩。本来是件傻傻的家庭乐事，结果让一个六年级的女孩感觉受到了公开羞辱，只是因为她的妈妈抗拒不了在社交媒体上博大家一笑的诱惑。听起来对这个女孩挺不公平的，是不是？她的妈妈又给她树立了什么样的榜样呢？

温馨提示

使用这个三分钟法则！我为很多十几岁或者二十几岁的女孩提供过咨询辅导，无论年龄大小，她们绝大多数人至少拥有一个Instagram账户。我给了女孩们下面这些关于照片分享的建议，我觉得父母也应该遵循同样的约定。

- 在上传照片时，一定记得获得别人的同意。没有获得朋友的同意，是不可以把她们的照片分享出去的。
- 问问自己的直觉：为什么是那张照片？你的动机是获得点赞？博朋友一笑？会有人受到伤害或者感到难堪吗？会有人希望这张照片不被上传吗？
- 编辑照片，写下好玩的附言，准备上传，但是在按下发布键之前等三分钟。如果三分钟之后，你仍然觉得不会有人因此受伤，那就发送出去。但是，每次一定要在心里先问问自己该不该发。

给父母的建议：这个原则也适用于那些不需要照片的脸书或者推特上的发言。社交媒体不应该是你倾诉育儿烦恼的垃圾场。

最近一项对249对父母和孩子（10～17岁）进行的研究显示，希望规定父母在网上能分享哪些内容的孩子的数量是父母的两倍。[3] 孩子们说他们觉得父母过度分享与自己有关的内容（尤其是在脸书上），让他们感到很尴尬，如果父母一直不停地分享，他们就会很恼火。

> **温馨提示**
>
> 三思而后行！过度分享，尤其是事先没有征得孩子的同意，会引起不良后果。
> - 影响亲子关系。
> - 引发不信任和怨恨。
> - 树立不好的榜样，不尊重彼此之间的边界。

社交媒体时代，在育儿这件事上，我们很难找到一种平衡。父母将头埋在沙子里，完全不承认这一点，但是他们把孩子的生活晒出来，孩子会在无意中受到伤害。在为女孩们提供咨询的过程中，我一次次地认识到我们得一直努力，直到我们清楚地了解社交媒体对我们生活的影响。科技一直在发展，而且也不会有停下来的那一天。所以我们应该倾听孩子的心声，尽自己最大的努力走在她们的前面，这样在她们需要的时候，我们才能给她们提供指导。我们的女儿最不需要的就是她们的爸爸或者妈妈不小心或者故意让她们被公开羞辱，让她们的生活变得更艰难。她们需要维护自己的边界和价值观，包括在社交媒体上。

将价值观付诸实践

你跟孩子讨论过"价值观"这个词吗？当然，你有自己的价值观，你也会告诉孩子什么是价值观，但是你真的会将价值观贯彻在生活里吗？这样你女儿就能明白你们家的核心价值观是什么。我花了很长时间才意识到，价值观这个词在我家真的很重要。

我女儿经常参加我组织的女孩赋能小组。有一次，在一个小组中，我让女孩们想想她们每个家庭里有哪些价值观，并且跟小组其他人分享。我说完之后她们看着我，似乎在等我进一步解释。以前十有八九在我话还没说完之前，我女儿就会举起手，当然是因为她跟我生活在一起，所以我聊的那些事她都听过很多遍了。可是，这次她也沉默了，不知道该说些什么。我又换了一种方式。"我们的家庭核心价值观是在我们家里一直秉承的一些信念，能够帮助我们做出正确的选择。每个家庭都是不一样的，但是所有家庭都有自己的价值观。"这次所有人都举起了手。

后来我意识到，尽管我常常谈论一些核心价值观，并且尽自己所能给孩子灌输这些价值观，但我不太常用"核心价值观"这个概念。尽管给这些价值观贴上"核心价值观"的标签并不能改变我们必须用语言和行动来以身作则的事实，但这种标签确实能帮助孩子们理解它的含义并且贯彻执行。因为我们最希望的并不是让孩子把我们成天叨叨的一些话挂在嘴边（偷东西是不对的！对别人要友善！），而是从深层次去理解什么是价值观，用这些价值观来影响自己的为人处事（例如，我不偷东西是因为我不想伤害别人）。

研究显示，女孩比男孩更重视遵守既定社会道德准则相关的价值观。[4]男孩们更多考虑与公正和公平有关的价值观，而女孩们更重视与"人道关怀"有关的价值观。她们的感受、想法和行为都是为了别人、她们自己和社区的利益。价值观听起来挺高大上，但是它到底是什么意思呢？

苏茜一想到无家可归的人，就觉得他们太可怜了。她的父母离婚了，每次从爸爸家被接到妈妈家时，她都会在高速路边看到几顶帐篷。她不停地问关于那些帐篷和住在帐篷里的人的问题。要让她说心里话，她愿意把自己的家开放给那些住在帐篷里的人，因为她强烈地认为条件更好的人应该帮助条件不够好的人。那是她从父母那里学到的核心价值观之一。考虑到她家的现实，她的想法并不实际，但她还是让爸爸帮她一起制订了一个计划。他们做了一些爱心包，里面装了袜子、牙膏、牙刷、牙线和能量棒。

他们把这些爱心包放在车里，只要碰到有需要的人，就把爱心包送给他们。她充分理解了她家的核心价值观（帮助有需要的人），并且采取了实际行动。

苏茜的例子是为社会做出贡献，而我也看见了与人文关怀有关的价值观在其他女孩身上的体现，例如，她们精心照顾弟弟妹妹，帮助受到同伴压力困扰的朋友，陪伴孤独的祖父母或者邻居，在家里承担更多的责任。

当女孩们离开家庭、进入社会时，价值观将成为被她们内化的人生指导原则。价值观能够帮助你女儿应对复杂的道德困境（是将朋友嘲笑另一个孩子的事告诉老师还是保持对朋友的忠诚——诚实与忠诚二选一），应对、抵抗同伴压力，当她在媒体和社交媒体（所有女孩都会有这一天的）上遭遇一些负面信息的影响时，能够减轻她所受到的伤害。

我无法告诉你，你的家庭应该有哪些价值观。价值观与每个人都有密切的关系，每个家庭都有自己独特的价值观体系。我能够告诉你的是，培养有社会责任感的女孩，最重要的是教会她们什么是同情心、正直、责任感、尊重和同理心。我们都想将这些教给孩子，而且我们中不少人也认为自己正在向孩子强调这些品质的重要性，但是如今的孩子们听到的却是一些不同的信息。

温馨提示

拥有坚定价值观体系的女孩们会表现出以下这些正面行为：

❋ 是更好的决策者。
❋ 对他人表示尊重。
❋ 是更好的合作者。
❋ 理解道德的重要性而不是简单地遵守一些规定。
❋ 理解并且接受别人与她们的不同之处。
❋ 是积极的思考者。

哈佛大学共同关爱（Making Caring Common）团队对美国不同地区的33所学校的10 000多名初中生、高中生进行了调查，以了解他们对成绩、幸福或者对他人关爱的重视程度。80%的受访学生选择更重视成绩或者幸福，而不是对他人的关心。不仅如此，54%的学生表示他们的父母最重视的是成绩，27%的学生的答案是幸福。在我们这个以成功论成败的社会里养育孩子，学业成就上的压力似乎已经超越道德价值观。

当然，令人感到讽刺的是，追求成功从来不会增加一个人的幸福指数。一个人的成功会让他暂时感觉良好，但却不能带来长久的幸福。与幸福有着密切联系的是同理心、感激和乐于助人。也许社会压力会导致女孩们的父母将注意力放在成绩和成功上，但最明智的做法还是努力培养具有社会责任感的女孩。

从小事做起

我从女孩父母那里听到最多的抱怨就是她们的孩子缺乏责任感，不愿意干家务活。当我问父母们如何帮自己的女儿树立责任意识时，有些人不得不承认自己实在太忙，根本没有时间或者精力来执行那些培养孩子责任感的计划。他们希望女儿能够干些家务活，自己好好写作业，照顾宠物，可是自己又没有时间检查孩子是否做到位了。

请记住：所有的孩子都会挑战父母的底线，有时候家务活对她们来说就像一种惩罚。有时候，家务活甚至会变成一种惩罚。父母最聪明的做法就是设立清晰的边界，让孩子清楚了解你对她的期望。但是你也一样要清楚她做了哪些事情，是否完成了你给她规定的任务。

温馨提示

给女孩们选择的权利，引导她们改变对"干活"或者"家务劳动"的负面印象。

❀ 每周干不同的家务活或者给孩子选择权。

- 给她示范，而不是指手画脚。
- 即使活没干好，也不要抱怨。

我曾经看到一对母女常常为了干家务活互相埋怨。妈妈说女儿什么活也不干，女儿却说她干的每一件事妈妈都不满意。为了解决两人之间存在的问题，我们核查了事实真相：对于8岁的女儿来说，妈妈设置的标准过高，而女儿对付妈妈批评的办法就是坚决不干任何家务活。我们一起讨论了妈妈布置的家务活，砍掉了一半的内容，然后让妈妈示范该如何做（例如怎么把碗放进洗碗机）。这样两个人的压力都减轻了，女儿也开始干自己该干的家务活了。

当女孩们为自己的责任感自豪时，她们就会更愿意在家里和外面帮助别人。不要只觉得她们做得还不够，而应该看看她们做了什么，有什么进步。

自我尊重很重要

女孩们常常被教育要尊重大人，但是她们却很少听到要尊重自己。如果你希望女儿能够尊敬别人，那么你需要先告诉她如何尊重自己。女孩们需要从小就懂得设立（身体和情绪上的）边界，对不合理的要求勇敢表示拒绝（即使是对成年人）。

自我尊重与自尊、自信心都有着密切的关系，女孩们只有先尊重自己，才会尊重其他人。这个概念可能不太好解释，但是你可以从以下这几个方面入手，帮助你女儿形成对自我的尊重。

- 鼓励她勇敢表达自己的需求。
- 告诉她为自己的努力感到自豪。
- 一起做些对她很重要的事（这就又回到了价值观）。
- 相信她能够自己做主。

❀ 关心她有哪些兴趣和梦想。

要让女儿学会自我尊重，最好的办法就是以身作则，你尊重她的一切。当我们想掌控女儿的生活时，会让她们感觉像被全面打压。我们要做的是倾听和支持她们，这样才能赋予她们创造自己未来的能力。

鼓励负有社会责任感的思考方式

女孩们喜欢帮助别人，很多家庭也都会参与一些社区服务项目，尤其是在假日里。这个办法很好，能够教会她们思考何为社会公益，如何将自己的想法付诸实践。不论她们是在公园里打扫卫生，还是为贫困家庭送去免费食物，热心社会公益让她们和这个世界有更多互动，也可以激励她们从社会层面来增加自己的同理心。

我们还需要聚焦女孩日常生活中那些与社会责任感有关的话题，因为她们在学校或者在社会上会面临各种道德困境和复杂的议题。社会责任感可能表现在劝阻朋友不要在公园里扔垃圾，在操场上对欺凌行为说"不"。女孩们会碰到各种复杂的情况，需要想清楚该如何做出负有社会责任感的决定，不违背自己的价值观，同时也不会背叛自己的朋友。

明迪知道自己的朋友一直在数学考试中作弊，每次老师一转身，她朋友就把答案偷偷拿出来，抄在卷子上。明迪一直在挣扎要不要告诉老师，因为她不想让朋友惹上麻烦，也不想失去这个朋友。"我们来想想，为什么你的朋友在数学考试中要作弊。她的学习很吃力吗？数学题太难了？她是不是面临着很大的压力，必须让成绩更好？"我们谈到了孩子们隐藏的一些问题，而从她们的行为通常又看不出她们遇到的问题。然后，我们找到了两个可能的解决办法：明迪直接去找朋友谈谈，问她是否需要帮助，或者她可以去找老师，告诉她自己有个朋友在学校遇到了困难。最后，明迪去跟朋友谈心，然后她们一起去找了老师。

终结同伴欺凌现象

为了争相成为完美女孩，女孩们总是在关注其他女孩做错了什么，这有可能导致她们之间的相互竞争，也导致同伴欺凌现象。我们要做的是教会她们通过表象看本质，这样她们才会具有同理心，成为助人者而不是规则的监督者。这一点非常简单，所有的父母都能做到，并且有助于终结女孩中的同伴欺凌现象。

如果我们不再相互指责，而是在朋友有需要的时候提供帮助，并且记住成功并非只能由一个人专享，那么我们就赋予了女孩们力量，使她们能携手成长为善良、勇敢、坚强的人。我们要记住一点，每个欺凌别人的女孩在用自己的言语或者行为伤害别人的时候，她自己的内心也会受伤。要终结这种现象，我们必须携起手来帮助所有受伤的女孩，而不仅仅是我们自己的女儿。我们必须采取行动，鼓励她们，全社会一起努力解决这个问题。

只要我们共同努力，就能够改变这种现象，但是我们首先要培养富有社会责任感的女孩。

女孩可以

改变的推动者

当我的小客户们跟我聊起其他女孩有哪些问题时，我通常会提醒她们，每次遇到麻烦的时候，她们可以做一个简单的选择：她们可以是冷静的观察者或者改变的推动者。她们可以站在一边，默默祈祷一切顺利，或者她们能够找到推动变化的方法。当然，这件事听起来很简单，要做到也很不容易。

你可以先让女儿描述什么是"改变的推动者"，如何在你的朋友、你的班级或者你们团队中成为一个改变的推动者。然后，让你女儿描述让她感觉受挫的一个场景，动脑筋想想怎样做才能催生改变。例如，如果一个女孩被她的朋友们孤立了，你女儿可以暂时离开自己的朋友，跟那个女孩一起玩，邀请那个女孩跟她和自己的朋友一起玩，或者鼓励自己的朋友一起邀请那个女孩一起玩。和她一起进行角色扮演，这样你女儿在必要的时候就会知道应该怎么说，如何应对整个过程中可能会出现的各种情绪。

用心进行社区服务

如今的父母总喜欢安排孩子的生活。有时候，父母会安排好了，再告诉孩子。但问题是这样做女孩们会觉得自己失去了对生活的掌控，如果她们连如何安排自己的时间都无法选择，又怎么会努力做一个领导者呢？

做志愿者这件事适合各个年龄段的女孩，但如果是女孩们自己的选择，那她们的行为将更有意义。可以是照顾治疗犬，在流浪动物救助中心帮忙，或在爱心厨房和环保组织服务，如今这样的社区服务机构数不胜数，而且我们随时可以参与。问问你女儿她想如何为这个社会做贡献，使它变得更好。她的回答可能会让你吃惊。如果是以家庭为单位参加志愿活动，家人之间的关系也将更加紧密，还能够一起度过美好的家庭时光。所以，行动起来，和你女儿一起让这个世界变得更美好吧！

把零花钱和家务活分开

很多父母认为，用零花钱作为奖励来激励孩子做家务活是个好办法，但是可能会有反作用。事实上，外部奖励会降低内在的驱动力。女孩们应理解责任感这种价值观，她们应该为自己做了家务活感到自豪，了解帮助干家务活与"关爱"这种价值观密切相关。我们彼此帮忙，就是在互相关爱。

如果你觉得你女儿需要零花钱，就每周或者每个月定期给她一些，但是不要把零花钱跟你希望她每天做的家务活联系在一起。有些父母发现让孩子帮家里（祖父母或者邻居）干体力活（不是每天需要做的家务活）是个让孩子挣零花钱的好办法，还可以增加孩子的独立性和动手能力。

让孩子承担与年龄相符的责任

上小学和中学的女孩已经很能干了，她们可以担负很多责任，但这并不意味着父母们应该让她们做超过她们年龄的家务活。把家务活限制在她们的能力范围之内。你知道你女儿能做什么，也可以参考下面这些她可以做的事情。

- 自我管理（包括梳头和选择自己想穿的衣服）
- 擦桌子
- 把碗放进洗碗机，洗完后拿出来
- 每晚睡觉前检查书包
- 自己做零食吃
- 帮大人做饭
- 摆好碗筷
- 把衣服分门别类叠好
- 拖地，擦灰，清理抽屉
- 照顾宠物

画一座正直之岛

要让女孩们理解价值观和社会责任感的概念很难，但是我发现如果用图画来帮助她们理解就会简单一点。"正直"是大人们经常会提到的一个词，却很少停下来向孩子们解释它的含义。从根本上说，正直就是即使得不到别人的认可，也要做对的事情。但是，它对女孩们来说意味着什么呢？

让你女儿画一座小岛并涂上颜色，你在旁边向她解释正直的含义。告诉她，在生活中她会经常面临一些左右为难的困境，她必须做出正确的选择，这个选择应该是基于道义，而不是出于方便或者对自己有好处。

帮你女儿在岛上画一些有利于社会的行为，帮助她理解什么是正直。也许她想加一棵诚实树、一条宽恕河、一间道歉小屋、一座帮助桥、一个善良街角、一堵尊重墙和一座责任感山。让她明白这些行为加起来就组成了正直的品格，这座小岛就是她个人专属的正直小岛。告诉她，当她面临一个困境不知道该怎么做的时候，就看看这座小岛，她将会得到指引和想法。

练习关心别人

女孩们需要有足够的机会来实践如何关爱别人。我们不仅应该告诉她们应该关心照顾别人,更应该告诉她们如何用行动来实践。

　　首先你们不应该把她的时间安排得那么满,让她有时间停下来关心别人。其次,制订一些具体的计划。我发现女孩们在关心照顾别人的时候,总会有一些特别棒的主意,所以一定记得让你女儿帮你想想你们可以发起哪些关爱别人的活动。如果真的不知道从哪里开始,那就让她们尝试一下下面这些活动。

- 帮父母干活。
- 为小朋友朗读故事。
- 成为社区里某个妈妈的小帮手。
- 帮邻居家送菜。
- 为某个心情不好的人烤些小点心。
- 到当地的流浪动物收容所照顾小动物。
- 帮一位朋友干家务活。
- 探望一位年长的邻居或者祖父母。

组织母女冒险活动

　　一个鼓励女孩间进行友好竞争并且还很有趣的活动,就是每月组织一次母女集体出游。结伴出去玩对女孩们很有吸引力,还能让她们看到一群妈妈们也可以一起出去开心地玩。妈妈们之间的友好相处、互相支持,对女孩们来说是很好的示范。

　　保龄球、卡丁车、迷你高尔夫和踢球都是很好的集体活动,每个人都能动起来,当然也可以考虑一些其他有创意的活动,例如集体去博物馆参观、学习陶艺和参加读书会(很多小书店都有适合各个年龄段孩子的读书活动)。一定记住你们的小团体可以随时招募新成员,让你女儿看到友谊是不设限的,邀请新的伙伴会让你们的冒险活动更刺激。

　　小贴士:父女集体活动也同样很棒!让爸爸们也参与进来,和女儿建立更亲密的关系。

制作一本核心价值观剪贴簿

向你女儿解释什么是价值观,这个过程可能有点枯燥,而且还需要不断重复,有时候我们需要她们仔细聆听,她们却走神了。给这个讨论的过程加点色彩和创意,让她们情绪上感觉更安全(女孩们告诉我,当父母对她们"说教"什么是价值观的时候,她们总担心是不是自己做错了什么),而且以后还可以再玩。

我已经说过,和你女儿一起完成一个任务比仅仅给她讲道理更有价值,所以,卷起袖子,把家里的胶枪加热,跟她一起玩个游戏吧。首先让你女儿想想你家信奉的核心价值观是什么(例如要帮助别人、关心别人、尊重别人等)。从一个具体的例子开始,例如"当别人跌倒的时候,应该把他们扶起来"。让你女儿帮你制作一本每个人都认可的价值观剪贴簿,每个价值观占一页。让她想想如何设计得让每一页都精彩有趣,每个人都想继续读下去。采纳她的想法,并且一起制作。

这样的剪贴簿很适合放在咖啡桌上。孩子和父母可以一起或者单独翻看,他们能够借此了解对整个家庭来说非常重要的一些价值观。这种提醒的方式比长篇大论的说教要有趣多了。

社交媒体清单

即使你不让女儿使用社交媒体,你仍然可以关注一下这个问题。因为如果你使用社交媒体,她就会接触到。在学校、体育比赛中或任何课外活动中,她都会接触到。社交媒体占据了我们生活的方方面面,我们让女儿们越多地了解社交媒体,等到她们真正要用到的时候,才能越好地应用。女孩们其实可以充分利用社交媒体的优势。当她们知道了如何以具有社会责任感的方式使用社交媒体时,就可以利用它扩大自己的朋友圈,通过与朋友们在网络上互动,学习新的知识。

制作一个清单,将所有具有社会责任感地使用社交媒体的行为列举出来,例如下面这些。

❀ 每次把朋友的照片放上社交媒体时,我会征得她们的同意。

- 我不会用一些照片或者文字来伤害别人或者让她们感到难堪。
- 如果我注意到其他女孩在这么做,我会友好地劝说她们或者寻求大人的帮助。
- 我会用社交媒体传播善良和积极的想法。
- 发布更新之前我会想想其他人会有什么感受。

女孩们在成长的过程中肯定会遇到一些困境。女孩中的同伴欺凌现象的发生可能会有年轻化的趋势,但这种现象已经不是什么新鲜事。回顾一下历史,其实你会发现曾经有很长一段时间女孩们挣扎着想相互支持、相互鼓励,而不是互相倾轧(还有人记得粉红女郎⊖吗?)。如果我们对这种欺凌现象保持沉默,允许这种行为继续发生,那么女孩们还是会继续这种挣扎。她们的自信水平会因此严重下降,并且仍然会被贴上各种标签,欺凌现象将会一直继续。

其实,我们可以培养出改变历史的女孩。只要我们愿意花时间了解她们的想法,告诉她们我们对友谊的了解,鼓励她们一起努力,生活中遇到逆境时能够互相支持,她们就会明白她们有能力让这个世界变得更好。我们赋予她们力量,使她们敢于冒险,直面失败,追求自己的梦想,就是在告诉她们信任和尊重是多么重要。我们的女儿可以终结这种同伴欺凌现象,改变过去人们对女孩的一些负面看法,但是在这个过程中,她们需要我们的引导。

我见过那些人们口中所谓的"坏女孩"如何脱胎换骨,变得善良、富有同情心。我见过无数女孩认识到孤立别人是伤害别人的行为,吃饭的时候邀请别的女孩跟自己一起坐对大家都有益。我也见过"安静"的女孩学会大胆表达自己,而"专横"的女孩获得了领导能力。在二十多年的时间里,我为无数女孩提供过咨询和服务,也见证了她们身上发生的积极改变。

然而,我也一次又一次看到,女孩们光凭自己的力量是无法做到这一切的。她们会在媒体上看到令她们感到困惑、负面的信息。她们会经历友

⊖ 美国歌舞片《油脂》中分别与五个男主角约会的女性角色,喜欢穿粉色服装。——译者注

谊的破裂。她们会感受到幸福开心，也会体验到伤心难过，但是如果她们得到了自己需要的支持和引导，她们就会变得更优秀。

继续在生活中为你女儿提供各种支持吧。在她需要鼓励的时候鼓励她，需要倾诉的时候倾听她的心声。鼓励她接受新的挑战，在她失败的时候陪伴她。成为她的榜样，让她看到什么是友谊的力量和无条件的支持。让她知道她可以变得更好，告诉她只要她想做出改变，她就有能力改变。

如今女孩们已经拥有了改变历史、改变人们对女孩固有认知的能力，她们能够成为最终团结在一起的一代，并且能够站在一起大声喊出："团结起来，我们能够改变世界！"

致 谢

　　回忆少年时代，我觉得我很幸运拥有能够经得住时间考验的友谊，当然，这并不意味着我们就没有吵过架，拌过嘴。我们肯定有过。我们所经历过的那些情感和如今的女孩们所经历的完全一样。女孩间的嫉妒和竞争早已不是什么新鲜事，但是她们应对这些情绪的方式却在不断改变，1984年和闺蜜之间的吵架不会像今天一样被放在 Instagram 或者 Snapchat 这样的社交平台上。女孩间的吵架拌嘴来得快，去得也快。也许在这个过程中会伤心难过，但结果照样云淡风轻。尽管我在成长的过程中也经历过一些风雨，但是直到上了大学我才真正明白"坏女孩"是什么样的。我着实得到了一些教训。

　　如今，女孩们在很小的时候就开始面临诸如同伴欺凌、网络暴力等种种伤害，而这种伤害的影响可能将伴随她们很多年。她们面临的压力已经发生了很大的变化，而父母和学校又很难跟得上这种变化。我将自己的全部心血写进了本书中，因为我坚信女性之间友谊的力量。我知道当女孩们能够互相支持、团结友爱时，生活将会更加美好。我希望这本书能够帮助你们的女儿，让她们的生活变得更加美好。

　　每本书的背后都有一个不知疲倦、兢兢业业的工作团队，只为了让这本书更加完美。我很感激这些能够理解我的想法，并让它逐渐成形的幕后功臣。

　　感谢优秀的出版经纪人及我的好朋友劳伦·加里特，谢谢你坚定不移的支持，不分昼夜发给我的每封电邮和短信，以及每时每刻对我的信任。我们一起见证了这本书的诞生，我深深感激你的指导和友谊。

　　感谢可爱的编辑乔安娜·吴，谢谢你以最积极的态度推动本书的编辑工作，在这一过程中，让我成了一个更好的作者，能够脚踏实地地写作。

感谢莎拉·卡德尔接纳了我，让我成为企鹅兰登出版社的作者。

感谢林奈特·华曼为本书设计的大方、美丽的封面。它捕捉到了本书的灵魂，能让这个时代的女孩们油然而生一种希望。

感谢本书的文字编辑帕特丽西亚·福格蒂细致的审校，让我的文字更加优美。

感谢推广专家和知心大姐基莉·普拉特，谢谢你为我做的一切。我都深深记在了心里。

感谢本书最早的读者和支持者，他们是杰西卡·亚历山大、丽莎·达莫尔、瑞贝卡·埃亚内斯、艾琳·肯尼迪-摩尔、杰西卡·莱西、詹妮弗·莱尔、艾米·麦格雷迪、伊迪娜·门泽尔、埃米莉·罗伯茨、苏·谢弗、罗宾·西尔弗曼、里克·韦斯伯德、罗莎琳德·怀斯曼。我还要特别感谢瑞秋·斯塔福德对我的大力鼓励和我们一路走来的友谊。

感谢我亲爱的朋友和最大的支持者米歇尔·博巴。我深深感激你对本书的支持，但你的友谊对我来说才是最最重要的。

人们常说有其母必有其女。谢谢你，妈妈。从我记事起，你就是我力量的源泉。当我需要鞭策的时候，你鞭策我；当我需要拥抱的时候，你拥抱我。在我们相伴的日子里，你笑过、哭过、倾听过，也激励过我。我深深感谢你的爱和支持。

感谢我的大姐卡拉·科温，谢谢你为我加油，支持我追逐梦想，任何事情我都可以向你倾诉。不管生活将我们带到哪里，你将永远是夜空中的那一座灯塔。

感谢我的小妹布丽吉德·威克斯，咱俩永远在用短信交流，你知道该在什么时候发一则笑话让我开怀大笑，什么时候需要鼓励我，什么时候又该插入一个绝妙的表情包。

女性力量并非女性才能拥有，我的哥哥约翰·戈德布特深知这一点。谢谢你在过去的四十几年里一直陪伴在我身边。

我觉得自己总是很幸运，能够获得真挚的友谊，不管是小时候还是长大后，我身边总围绕着一群内心强大、积极向上的女性朋友。特别感谢我最好的朋友莎拉·托奈蒂，你见证了我最好和最糟的时刻，却始终如一地爱着我，我们之间一定有一种魔力吸引。我深深感激全国各地的朋友们，我深深感谢你们每一个人。谢谢桑德拉·艾布拉姆斯、希拉里·阿特里奇、埃米莉·多兰、谢里尔·埃斯金、珍妮·费尔顿、斯泰茜·福斯特、安德烈亚·弗里克、妮科尔·格林布拉特、凯特琳·赫克、斯泰茜·凯利、玛丽·伊利斯·克卢格、卡莱尔·麦克斯韦尔、特里西娅·默吉欧、考特尼·普拉特、埃登·佩雷斯、伊冯娜·波蒂略、克里斯汀·斯特里克兰和其他数不清的在我生命的各个阶段曾经鼓励过我的女性朋友。

感谢金斯伍德 – 牛津中学和波士顿学院的朋友们长期以来对我的支持。我很幸运能够进入这么好的学校，遇到这么好的老师和同学，就像中了头彩一样。感谢那些一直支持我，并将继续影响我的人。

我的女儿莱利·安和莉亚姆·詹姆斯就像两个小小的奇迹，我做的每一件事都是因为受到了你们的启发。我深深为你们感到骄傲，也很荣幸成为你们的母亲。你们俩的成长，给我带来了生命中最大的快乐。我永远爱你们。

生命中最令人感到温暖的是同伴的支持。衷心感谢我的丈夫和终身队友肖恩·赫尔利。我们能够肩并肩、手拉手地完成我们所有的梦想，对此我从没有一丝怀疑。

布朗·莱利、雷德·莱利、阿迪、多里特、汉娜、维奥莉特、埃拉、米娅、悉妮和马洛里，我最想对你们说的是，当你们支持别人的时候，你们也一定能够到达更远的地方；当你们能够挺身而出维护别人的时候，你们也会变得更加坚强；当你们和别人分享你们的梦想时，你们的梦想也会变得更伟大。你们每个人都有机会让这个世界变得更好。你们需要的只是携起手来，共同努力。

注　释

推荐序

1. P. Paul, "The Playground Gets Even Tougher," *The New York Times*, October 8, 2010.

前言

1. Dove Self-Esteem Fund, *Real Girls, Real Pressure: A National Report on the State of Self-Esteem* (Englewood Cliffs, NJ: Dove Self-Esteem Fund, 2008).

2. Girls, Inc., *The Supergirl Dilemma: Girls Grapple with the Mounting Pressure of Expectations* (New York: Girls, Inc., 2006).

3. Dove Self-Esteem Fund, *Real Girls, Real Pressure*.

第 1 章

1. L. M. Alcott, *Little Women* (New York: Random House, 1987).

2. The Ophelia Project, *Relational Aggression Overview* (Erie, PA: The Ophelia Project, 2012).

3. The Ophelia Project, *Relational Aggression Overview*.

4. S. M. Coyne, J. Archer, and M. Eslea, "'We're Not Friends Anymore! Unless . . .': The Frequency and Harmfulness of Indirect, Relational, and Social Aggression," *Aggressive Behavior* 32(4) (2006): 294–307.

5. M. Anthony and R. Lindert, *Little Girls Can Be So Mean: Four Steps to Bully-Proof Girls in the Early Grades* (New York: St. Martin's Griffin, 2010).

6. "Gossip," in Merriam-Webster's Online Dictionary (*Merriam-Webster's Learner's Dictionary*), retrieved from http://www.merri-amwebster.com/dictionary/gossip.

7. "Rumor," in Merriam-Webster's Online Dictionary (*Merriam-Webster's Learner's Dictionary*), retrieved from http://www.merriamwebster.com/dictionary/rumor.

8. "Sarcasm," in Merriam-Webster's Online Dictionary (*Merriam-Webster's Learner's Dictionary*), retrieved from http://www.merriamwebster.com/dictionary/sarcasm.

9. S. K. Murnen, C. Greenfield, A. Younger, et al., "Boys Act and Girls Disappear: A Content Analysis of Gender Stereotypes Associated with Characters in Children's Popular Culture," *Sex Roles* 74 (2016): 78–91.

10. M. Tiggeman and A. Slater, "Contemporary Girlhood: Maternal Reports on Sexualized Behaviour and Appearance Concerns in 4–10 Year-Old Girls," *Body Image* 11(4) (Sept. 2014): 396–403.

11. E. Stone, C. Brown, and J. Jewell, "The Sexualized Girl: A Within-Gender Stereotype Among Elementary School Children," *Child Development* 86(5) (Sept./Oct. 2015): 1604–22.

12. A. Durlak, R. Weissberg, et al., "The Impact of Enhancing Students' Social and Emotional Learning: A Meta-Analysis of School-Based Universal Interventions," *Child Development* 82(1) (Jan. 2011): 405–32.

13. S. Paruthi, L. J. Brooks, et al., "Recommended Amount of Sleep for Pediatric Populations: A Consensus Statement of the American Academy of Sleep Medicine," *Journal of Clinical Sleep Medicine* 12(6) (2016): 785–86.

14. *Stress in America Survey*, (Washington, DC: American Psychological Association, 2014), retrieved from http://www.apa.org/news/press/releases/stress/2013/stress-report.pdf.

15. K. Gregson, K. Tu, S. Erath, and G. Pettit, "Parental Social

Coaching Promotes Adolescent Peer Acceptance Across the Middle School Transition," *Journal of Family Psychology* (March 20, 2017).

第 2 章

1. *Girls' Attitudes Survey* (London: Girlguiding, 2016), retrieved from https://www.girlguiding.org.uk/globalassets/docs-and-resources/research-and-campaigns/girls-attitudes-survey-2016.pdf.

2. Dove Self-Esteem Project, *The Dove Global Beauty and Confidence Report* (2016).

第 3 章

1. E. Pomerantz and K. Rudolph, "What Ensues from Emotional Distress? Implications for Competence Estimation," *Child Development* 74(2) (March 2003): 329–45.

2. E. M. Cummings, A. C. Schermerhorn, et al., "Interparental Discord and Child Adjustment: Prospective Investigations of Emotional Security as an Explanatory Mechanism," *Child Development* 77(1) (Jan.–Feb. 2006): 132–52.

3. D. Finkelhor, H. Turner, et al., *National Survey of Children's Exposure to Violence* (Washington, DC: Office of Juvenile Justice and Delinquency Prevention, CDC, 2009), retrieved from https://www.ncjrs.gov/pdffiles1/ojjdp/227744.pdf.

4. D. Munson, *Enemy Pie* (San Francisco: Chronicle Books, 2000).

第 4 章

1. *Children, Teens, Media, and Body Image* (San Francisco: Common Sense Media, 2015).

2. D. Rosen, The Committee on Adolescence, "Clinical Report: Identification and Management of Eating Disorders in Children

and Adolescents," *Pediatrics* 126(6) (Dec. 2010): 1240–52.

3. R. Spencer, J. Walsh, et al., "Having It All? A Qualitative Examination of Affluent Adolescent Girls' Perceptions of Stress and Their Quests for Success," *Journal of Adolescent Research* (Sept. 29, 2016).

4. P. Hewitt, C. Caelian, et al., "Perfectionism in Children: Associations with Depression, Anxiety, and Anger," *Personality and Individual Differences* 32 (2002): 1049–61.

5. D. Hibbard and G. Walton, "Exploring the Development of Perfectionism: The Influence of Parenting Style and Gender," *Social Behavior and Personality* 42(2) (2014): 269–78.

6. J. Moser, J. Slane, B. Alexandra, and K. Klump, "Etiologic Relationships Between Anxiety and Dimensions of Maladaptive Perfectionism in Young Adult Female Twins," *Depression and Anxiety* 29(1) (Jan. 2012): 47–53.

第 5 章

1. J. Morehead, "Stanford University's Carol Dweck on the Growth Mindset and Education," OneDublin.org, June 19, 2012, retrieved from https://onedublin.org/2012/06/19/stanford-universitys-carol-dweck-on-the-growth-mindset-and-education/.

2. M. Borba, *Unselfie: Why Empathetic Kids Succeed in Our All-About-Me World* (New York: Touchstone, 2016).

3. R. Wiseman, *Queen Bees and Wannabees: Helping Your Daughter Survive Cliques, Gossip, Boys, and the New Realities of Girl World* (New York: Harmony Books, 2016).

第 6 章

1. M. Killen, A. Rutland, et al., "Development of Intra- and Intergroup Judgments in the Context of Moral and

Social-Conventional Norms," *Child Development* 84(3) (May/June 2013): 1063–80.

2. V. Ornaghi, J. Brockmeier, and I. Grazzani, "Enhancing Social Cognition by Training Children in Emotion Understanding: A Primary School Study," *Journal of Experimental Child Psychology* 119 (March 2014): 26–39.

第 7 章

1. Junior Achievement and Deloitte, commissioned by Harris Interactive, *Teen Ethics Poll* (2006).

2. J. L. Hamilton, J. P. Stange, L. Y. Abramson, and L. B. Alloy, "Stress and the Development of Cognitive Vulnerabilities to Depression Explain Sex Differences in Depressive Symptoms During Adolescence," *Clinical Psychological Science* 3(5) (Sept. 2015): 702–14.

3. *WebMD Stress in Children Consumer Survey* (July 2015), retrieved from http://www.webmd.com/news/breaking-news/kids-and-stress/20150827/stress-survey.

4. N. Crick, J. Ostrov, et al., "A Longitudinal Study of Relational and Physical Aggression in Preschool," *Journal of Applied Developmental Psychology* 27(3) (May–June 2006): 254–68.

5. S. Luthar, L. Ciciolla, A. Curlee, and J. Karageorge, "When Mothers and Fathers Are Seen as Disproportionately Valuing Achievements: Implications for Adjustment Among Upper Middle Class Youths," *Journal of Youth and Adolescence* 46(5) (May 2017): 1057–75.

6. C. Wang, Y. Xia, et al., "Parenting Behaviors, Adolescent Depressive Symptoms, and Problem Behavior: The Role of Self-Esteem and School Adjustment Difficulties Among Chinese Adolescents," *Journal of Family Issues* 37(4) (March

2016): 520–42.

7. S. Curtin, M. Warner, and M. Hedegaard, "Increase in Suicide in the United States: 1999–2014," *NCHS Data Brief No. 241* (Hyattsville, MD: National Center for Health Statistics, 2016).

8. D. Levinson, J. Smallwood, and R. Davidson, "The Persistence of Thought: Evidence for a Role of Working Memory in the Maintenance of Task-Unrelated Thinking," *Psychological Science* 23(4) (April 2012): 375–80.

第 8 章

1. C. Leaper and T. Smith, "A Meta-Analytic Review of Gender Stereotypes in Children's Language Use: Talkativeness, Affiliative Speech, and Assertive Speech," *Developmental Psychology* 4(6) (Nov. 2004): 993–1027.

2. M. Sadker and D. Sadker, *Failing at Fairness: How Our Schools Cheat Girls* (New York: Scribner, 1995).

3. Netmums, "Sugar and Spice and Nothing Nice? Mums Are More Critical of their Daughters" (2007), retrieved from https://www.netmums.com/coffeehouse/general-coffeehouse-chat-514/news-current-affairs-12/479453-sugar-spice-nothing-nice-mums-more-critical-their-daughters.html.

第 9 章

1. O. Lungu, S. Potvin, A. Tikasz, and A. Mendrek, "Sex Differences in Effective Fronto-limbic Connectivity During Negative Emotion Processing," *Psychoneuroendrocrinology* 62 (Dec. 2015): 180–88.

2. J. Lehr, *Parent Speak: What's Wrong with How We Talk to Our Children—and What to Say Instead* (New York:

Workman, 2017).

3. M. D. Lieberman, "Social Cognitive Neuroscience: A Review of Core Processes," *Annual Review of Psychology* 58 (2007): 259–89.

4. P. A. Wyman, W. Cross, et al., "Intervention to Strengthen Emotional Self-Regulation in Children with Emerging Mental Health Problems: Proximal Impact on School Behavior," *Journal of Abnormal Child Psychology* 38(5) (July 2010): 707–20.

第 10 章

1. J. Lahey, *The Gift of Failure: How the Best Parents Learn to Let Go So Their Children Can Succeed* (New York: Harper, 2015).

2. Center on the Developing Child at Harvard University, *Supportive Relationships and Active Skill-Building Strengthen the Foundations of Resilience: Working Paper No. 13* (Cambridge: Center on the Developing Child at Harvard University, 2015), retrieved from http://developingchild.harvard.edu/wp-content/uploads/2015/05/The-Science-of-Resilience.pdf.

3. Child Trends, *Parental Relationship Quality and Outcomes Across Subgroups*, Publication #2011-13 (Washington, DC: Child Trends, 2011).

4. R. Simmons, *The Curse of the Good Girl: Raising Authentic Girls with Courage and Confidence* (New York: Penguin Books, 2009).

5. "Dr. Dweck's Discovery of Fixed and Growth Mindsets Have Shaped Our Understanding of Learning," retrieved from https://www.mindsetworks.com/science/.

6. S. Blackwell, C. Dweck, and K. Trzesniewski, "Implicit Theories of Intelligence Predict Achievement Across an Adolescent

Transition: A Longitudinal Study and an Intervention," *Child Development* 78(1) (Jan./Feb. 2007): 246–63.

第 11 章

1. C. Cornwell, D. Mustard, and J. Van Parys, "Noncognitive Skills and the Gender Disparities in Test Scores and Teacher Assessments: Evidence from Primary School," *Journal of Human Resources* 48(1) (Winter 2013): 236–64.

2. D. Voyer and S. D. Voyer, "Gender Differences in Scholastic Achievement: A Meta-Analysis," *Psychological Bulletin* 140(4) (July 2014): 1174–1204.

3. R. Weissbourd and Making Caring Common, *Leaning Out: Teen Girls and Leadership Biases* (Cambridge: Harvard Graduate School of Education, 2015).

4. R. Weissbourd and Making Caring Common, *Leaning Out*.

5. A. Marwick and D. Boyd, "It's Just Drama: Teen Perspectives on Conflict and Aggression in a Networked Era," *Journal of Youth Studies* 17(9) (2014): 1187–1204.

6. *Change It Up: What Girls Say About Redefining Leadership* (New York: Girl Scout Research Institute, 2008).

7. R. Thompson and D. C. Zuroff, "Development of Self-Criticism in Adolescent Girls: Roles of Maternal Dissatisfaction, Maternal Coldness, and Insecure Attachment," *Journal of Youth and Adolescence* 28(2) (1999): 197–210.

8. Keds and Girls Leadership Institute, *Dare to Dream, Dare to Act: What Girls Say About Bravery*, Report of Research Findings (New York: Girls Leadership Institute, 2014).

第 12 章

1. Wiseman, *Queen Bees and Wannabees*.

2. Pew Research Center, *Parents and Social Media Report (2015)*, retrieved from http://www.pewinternet.org/2015/07/16/parents-and-social-media/.

3. A. Hiniker, S. Schoenebeck, and J. Kientz, "Not at the Dinner Table: Parents' and Children's Perspectives on Family Technology Rules," paper presented at the Association for Computing Machinery Conference, San Francisco, CA, Feb.27– March 2, 2016.

4. A. M. Beutel and M. Kirkpatrick Johnson, "Gender and Prosocial Values During Adolescence: A Research Note," *Sociological Quarterly* 45(2) (Spring 2004): 379–93.

5. Making Caring Common Project, *The Children We Mean to Raise* (Cambridge: Harvard Graduate School of Education, 2014).

科学教养

教育/发展心理学